Werner Ertel / Fritz Giglinger
Lieber Bruder Jesus

Zu den Autoren:

Ertel Werner, geb. 1942, ist verheiratet und Vater einer Tochter. Er arbeitet als freier Journalist (ORF und „kirche in"; ehrenamtlich ist er in der „Emmausgemeinschaft St. Pölten" tätig. Werner Ertel ist Gründungsmitglied der „Franziskusgemeinschaft Pinkafeld" und lebt in Melk.

Zuletzt erschien von ihm: „Wir sind Priesterinnen" (Düsseldorf, 2002).

Giglinger Fritz, geb. 1935, ist verheiratet, Vater von drei Töchtern und einem Sohn, Großvater von vier Enkelinnen und zwei Enkeln. Nach der Volksschullehrerausbildung war er 40 Jahre hauptberuflich im kirchlichen Dienst in der Erzdiözese Wien, auf Bundesebene (Kath. Jungschar, Kath. Jugend, Kath. Aktion), im Pastoralamt und im Wr. Neustädter Bildungshaus St. Bernhard tätig. Er ist Gründer der „Wüstenbewegung" (1977) und der „Franziskusgemeinschaft Pinkafeld" (1981), wo er mit seiner Frau lebt.

Fritz Giglinger veröffentlichte neun Bücher, zuletzt den „Franziskuskalender. Ein Jahreslesebuch" (Franziskusgemeinschaft, 2006).

Werner Ertel / Fritz Giglinger

Lieber Bruder Jesus
Auch ein Jesus-Buch

Reihe:
Religion heute

Fotos:
Archiv der Franziskusgemeinschaft.

Die Grafiken auf Seite 94, 134, 166 und 214 stammen von
Katrin Pernull, 9631 Jenig, Tröpolach 117.

Alle Rechte der Verbreitung vorbehalten.

1. Auflage 2011

Druck: Janetschek GmbH, 3860 Heidenreichstein

© „Edition Neue Wege"
A 3482 Gösing/Wagram

Tel. & Fax: (+43) 02738/8760
E-Mail: *edition.neue.wege@speed.at*
shop: *www.edition-weinviertel.at*

ISBN 978-3-902061-20-1

Inhaltsverzeichnis

Widmung und Einleitung *7*

Jesus, der Mann aus Nazaret *21*

Jesus, der arme Wanderer *53*

Jesus, der fragende Erzähler *93*

Jesus, der heilende Hirte *133*

Jesus, der revolutionäre Mystiker *165*

Jesus, der Freund und Bruder *215*

Jesus, der Christus und die Kirche *237*

Jesus, das Wort und das Brot *275*

Jesus, das Leben und die Liebe *297*

Ausführliches Inhaltsverzeichnis *350*

Der letzte Vers im Evangelium nach Johannes lautet:

„Es gibt aber noch vieles andere,
was Jesus getan hat. Wenn man alles
aufschreiben wollte, so könnte,
wie ich glaube, die ganze Welt
die Bücher nicht fassen,
die man schreiben müsste."
(Johannes 21,25)

Gewidmet der weltweiten Menschheit.

Zum 100. Geburtstag des „Kleinen Bruders von Jesus"
Carlo Carretto
am 2. April 2010

und
zum 30. Geburtstag
der Franziskusgemeinschaft
am Kalvarienberg in Pinkafeld
am 21. August 2011

Martha Heizer

Vorwort

Wie fromm darf ein Mann in einem österreichischen Dorf sein, ohne belächelt zu werden? Regelmäßig in die Kirche gehen, an den Bräuchen des Kirchenjahres teilnehmen, sich annähernd an die Zehn Gebote halten: das ist schon viel. Die eigene Überzeugung auch noch öffentlich kundzutun ist bereits grenzwertig. Bei Moralvorstellungen geht das noch. Bei der eigenen Beziehung zu Jesus Christus wird das schwierig. Das hängt dann sehr von den Umständen ab, ob das noch als normal bezeichnet wird. Der Plafond des Akzeptierten ist schnell erreicht.

Frauen haben es da leichter. Religion ist Frauensache (auch wenn sie für wesentliche Vollzüge ihres Glaubens Männer als „Vorsteher" zulassen). „Das Beten überlasse ich meiner Frau, das kann sie besser." Priester und Religionslehrer haben es auch leicht. Sie *müssen* ja sozusagen, schon aus Amtsgründen. Dass ihnen dann ihre Spiritualität nicht immer abgekauft wird, steht auf einem anderen Blatt.

Da gehen zwei Familienväter her und schreiben ihrem „Bruder Jesus" Briefe. Widmen ihm ihre Reflexionen, mehr noch: widmen ihm ihr Leben. Und was dem Ganzen die Krone aufsetzt: machen das auch noch öffentlich. Wie mutig!

Die Texte dieses Buches sind vielfältig und animierend. Es gibt die direkten Briefe an „Bruder Jesus", natürlich, aber es gibt auch vieles andere: Nacherzählungen biblischer Geschichten mit interessanten Interpretationen, Meditationen, Berichte über besondere Persönlichkeiten und ihr Engagement und viele Erzählungen über persönlich Erlebtes: Reflexionen, die oft auf Fußwallfahrten entstanden sind (wenn die Straße zum „Sakrament" wird) und auf Wüstentagen. Über die Gründung der Gemeinschaft in Pinkafeld wird berichtet und über das jahrelange Barfußgehen von Werner Ertel ...

Franz von Assisi ist den beiden das große Vorbild, der Maßstab. So ist es nicht verwunderlich, dass auch ein Baum, ein Stein, die Erde, die Sonne, die Vögel ihre „Redezeit" bekommen in diesem Buch. Franziskus redete mit den Vögeln, nun reden sie mit uns.

Und es geht um Armut. Um Menschen in bedrohlichen Notsituationen. Um arme Völker. Um unsere eigene innere Armut. Aber es geht auch um den Reichtum der selbst gewählten Armut.

Da atmen die Texte eine Radikalität, die manchmal den Atem stocken lässt und sehr nachdenklich macht. Glaube wird so unmittelbar gelebt, dass es an manchen Stellen fast naiv wirkt: wie jene zweite Naivität, von der der französische Philosoph Paul Ricoeur spricht, die durch alle Fragen kritisch durchgegangen ist, aber sich jetzt nicht mehr auf intellektuelle Komplexität beschränkt. Es ist also möglich, nach einem intensiven Reflexionsprozess wieder zu werden und zu

Einleitung

glauben „wie die Kinder", und dennoch die großen Fragen der Welt im Auge zu behalten und sich für Gerechtigkeit und ein gutes Leben für alle einzusetzen. Das beinhaltet auch Kritik an der derzeitigen Leitung der Kirche, das wird immer wieder deutlich.

Radikale Jesusnachfolge von zwei österreichischen Familienvätern. „Normal" sind die beiden schon lange nicht mehr, wenn „normal" verstanden wird als „üblich". Ich wünsche mir sehr, dass das, was uns die beiden vorleben, in unserer Kirche immer normaler wird ...

Martha Heizer[1]

---

1 Prof. Dr. Martha Heizer, Religionspädagogin in Pension, Stellvertretende Vorsitzende von „Wir sind Kirche" – Österreich.

Jakob Mitterhöfer

Vorwort

Unglaublich, wie viele Jesus-Bücher im Laufe der Jahrhunderte erschienen sind. Und es gibt immer neue. Dazu zählt „Lieber Bruder Jesus". Der Untertitel „Auch ein Jesus-Buch" macht stutzig. Ich unterstelle den zwei Autoren, dass sie ihn nicht (nur) aus Bescheidenheit gewählt haben. Die Leserin und den Leser erwartet keine nachempfundene Biographie Jesu, keine dogmatische Auseinandersetzung, schon gar keine Erbauung, sondern ein Zugang zum Glauben an Jesus.

Bei aller Religions- und Kirchenverdrossenheit übt die Gestalt Jesu auf die Menschen eine große Faszination aus. Und noch immer scheiden sich an ihm die Geister. Zwei Beispiele aus der Gegenwart seien angeführt. Ein Jesus-Buch in Spanien war rasch vergriffen, die kirchliche Zensur aber verbot die Auslieferung einer Neuauflage und leitete gegen den Autor ein Verfahren ein (José Antonio Pagola: „Jesus. Eine historische Annäherung", 2009). Der Autor eines anderen Jesus-Buches ist kein geringerer als unser Papst Benedikt XVI. („Jesus von Nazareth"). Von kirchlichen Kreisen hoch gelobt, fand es bei Josef Ratzingers ehemaligen akademischen Fachkollegen durchaus auch kritische und kritisch-wissenschaftliche Aufnahme.

Dem spanischen Autor (ebenso wie dem Befreiungstheologen Jon Sobrino) wirft das Lehramt vor, den „historischen Jesus" zu stark zu betonen, den „göttlichen Christus" aber zu vernachlässigen. Dem Lehramt wieder wird entgegengehalten, es bevorzuge ein „domestiziertes Evangelium" und beraube Jesus seiner die Welt verändernden Kraft.

Das vorliegende Buch „Lieber Bruder Jesus" geht eher einen dritten Weg: Es wendet sich an Suchende, um den Glauben ringende Menschen und möchte ihnen einen Weg zeigen. Es stellt nicht die „Orthodoxie" in den Vordergrund, sondern die „Orthopraxie", also die konkrete Glaubenspraxis.

Die beiden Autoren gehören zu den Gründern der Franziskusgemeinschaft. Der eine ist noch immer Mitglied, der andere ist heute Journalist und Fernsehreporter, bleibt aber dem Geist dieser Gemeinschaft zutiefst verbunden. Daraus ergibt sich auch die Aufteilung der Beiträge im Buch. Der eine ist ein begnadeter, meditativer Erzähler, der andere bereist die Welt und weitet mit seinen Reportagen den Blick – vor allem auf die Schauplätze des Elends. Beide Autoren drängt es, ihren Glaubensweg im Rückblick nachzuvollziehen. Zwangsläufig gewähren sie so auch einen Blick in ihr persönliches Leben.

Die Fülle des Stoffes mag zunächst verwirren: Gedichte, Meditationen und Gebete; Bibelzitate, Briefe und Ereignisse aus dem Leben Jesu; Zeugnisse von arbeitenden und „gescheiterten" (obdachlosen) Menschen. Immer wieder taucht

Einleitung

der Pilgerweg nach Assisi auf – das Bild der Straße vor allem in seinen verschiedensten Facetten. Gottes Schöpfung beginnt zu sprechen: Steine, die Sonne, die Erde, die Tiere, das Wasser, die Bäume ... Diese „Achtsamkeit" auf die Umwelt mündet in den „Sonnengesang" des Franz von Assisi.

Immer aber bleibt die Gestalt Jesu der „rote Faden" des Buches.

Ohne jede Polemik öffnen sich dabei Räume für brisante Themen unserer Kirche – Gottesdienste und Hierarchie, Zölibat und die Rolle der Frau, Bischofsernennungen und aktuelle Kirchenskandale, Priestermangel, Kirchensteuer, Homosexualität und vieles andere. Kaum ein Thema wird ausgespart, aber immer mit den Augen Jesu gesehen.

Zurück zum Glaubensweg der beiden Autoren: Dieser Jesus, den sie von Kindheit an kennen, dem sie nicht immer nahe gestanden sind, kommt ihnen im Laufe ihres Lebens näher und näher. Dabei waren Begegnungen mit glaubwürdigen „Jesusjüngern" hilfreich – Bischof Florian Kuntner, die „Kleinen Schwestern Jesu" in Regelsbrunn, die „Kleinen Brüder Jesu" in Spello bei Assisi – und ganz entscheidend der „Kleine Bruder" und weltbekannte Schriftsteller Carlo Carretto.

Begegnungen, die sie zwangsläufig zum „Armen Franz von Assisi" führen – und sie bewegen, diesem Jesus von Nazareth wie Franziskus radikal nachzufolgen. Der Weg führt über „Wüstentage" und die „Wüstenbewegung" mit dem „Wüstenkurier" zur endgültigen Entscheidung ihres Lebens. Gemeinsam mit ihren Familien geben sie Beruf und Besitz auf und gründen nach der „Utopie der urchristlichen Gemeinde" die Franziskusgemeinschaft.

Die innere, mystische Begegnung mit Jesus führt sie zu einem „anderen" Jesus, als sie bisher gekannt und verehrt haben. Der hohe, erhabene Jesus, wie er in ihrer Kindheit in der Kirche und im Religionsunterricht vermittelt wurde, lebt sosehr in ihrem Innern, verlässt seinen „Thron" und umarmt sie wie ein Bruder. Jetzt wagen sie zu sagen „Lieber Bruder Jesus".

Eine Frage hat die Autoren während ihres Lebens immer verfolgt: Was will Jesus heute von mir? Ihre Antwort, am Ende eines langen Weges, liegt nun als Buch vor. Wer zu ihm greift und sich davon ergreifen lässt, der fühlt sich nicht nur angesprochen, sondern wagt vielleicht auch selbst einen „neuen" Weg.

Jakob Mitterhöfer[1]
20. Februar 2011

---

1 P. Jakob Mitterhöfer SVD, 1936, Missionshaus St. Gabriel, 28 Jahre Generalsekretär der Päpstlichen Missionswerke in Österreich, Lehrer an den Hochschulen St. Gabriel und Heiligenkreuz, Lehrbeauftragter an der Kath.-theol. Fakultät der Universität Wien, seit 2003 Pfarrer in Hinterbrühl und Südstadt.

Lieber Bruder Jesus

Pinkafeld, Frühjahr 2010

Lieber Bruder Jesus,

als ich vor bald 30 Jahren Briefe an Deinen und meinen lieben Bruder Franz, den heiligen Narren von Assisi, schrieb, sagte mir eine Frau: „Nun musst du auch Briefe an Jesus schreiben. Er ist ja der Chef." Ich nickte nur zu diesem Vorschlag, spürte aber, dass die Zeit dafür erst kommen würde, dass ich noch länger mit Dir gehen müsste, um Dir Briefe schreiben zu können, schreiben zu dürfen.

Nun, da ich durch Jahrzehnte versucht habe, Dir und Deiner Botschaft in Treue nachzufolgen, wage ich es, Dir zu schreiben. Meine Erfahrungen auf diesem Weg, Erkenntnisse und Fragen, Erlebnisse und Träume, Sicherheiten und Zweifel, alles will ich Dir vorlegen.

Lieber Bruder Jesus, es drängt mich und freut mich, Dir und über Dich zu schreiben. Die Geschwister in der Franziskusgemeinschaft haben mir dafür Urlaub gegeben. Bruder Werner, mit dem ich Deinen Weg seit über 30 Jahren zu gehen versuche, begleitet mich, indem er Dir ebenso Briefe schreibt und seine Erfahrungen zu Papier bringt. Mitsammen verfassen wir dieses „Jesus-Buch".

So sitze ich an meiner uralten Schreibmaschine „Erika" und tippe drauflos. In meinem Arbeitszimmer am Kalvarienberg bei Pinkafeld, wo ich als Mitglied der Franziskusgemeinschaft lebe. Dies ist schon die dritte Schreibphase, in der wir uns befinden, und es muss die letzte sein. Die zweite verbrachten wir in einem kleinen, alten Presshaus nahe der Stadt Bicske in Ungarn. Dort hatten wir mit Schwester Marietta und anderen vor Jahren begonnen, ein „Nazaret" aufzubauen. Bei Gebet und Arbeit hatten wir das Häuschen renoviert, den Garten bebaut und am Dachboden eine kleine Kapelle eingerichtet. Begonnen aber hatten wir unser „Jesus-Buch" in der Eremo Abramo im Ruinendörfchen Nottiano, knappe zehn Kilometer von Assisi entfernt, hinter dem gewaltigen Monte Subasio. So dauert unsere Schreibarbeit schon drei Jahre und es wird Zeit, sie abzuschließen, um die Briefe an Dich endlich zur Post zu bringen.

Als einer, der 75 Lebensjahre erreicht, der sich ein Leben lang mit Dir vertraut gemacht hat, rede ich Dich als „Bruder" an. Aber Du bist auch „mein Herr und mein Gott". Mit diesem Ausruf Deines Freundes Thomas, als er Dich als Auferstandenen erkannte, spreche ich Dich beim Gebet sehr gerne an. Nur „König Jesus" sagt mir nicht mehr zu, was Du aber sicher verstehst, da Du ja, wie bei Johannes zu lesen ist, denen davongelaufen bist, die Dich zum König machen wollten.

Lieber Bruder Jesus, nachdem der Herr Papst über Dich ein Buch geschrieben hat, schreiben Werner und ich, zwei ganz gewöhnliche Laien, Minderbrüder aus

Einleitung

dem Volk Gottes, auch ein Buch über Dich und an Dich. Auch ein Jesus-Buch. Sende uns Deinen freundlichen, heiligen und liebevollen Geist als Begleiter beim Schreiben, damit es ein freundliches, heiliges und liebevolles Jesus-Buch wird.

Dein dankbarer Bruder Fritz

Lieber Bruder Jesus

Bicske, November 2008

Lieber Bruder Jesus,

wie komme ich 2000 Jahre nach Dir dazu, Dir zu schreiben, Dich so anzusprechen? Ich kenne Dich nur aus den Erzählungen der vier Evangelisten, habe Dich nicht gesehen, nicht gehört, nicht berührt.

Dennoch rede ich Dich als „lieber Bruder" an, nicht als „Herr Jesus". Als „Herr" haben Dich Deine Jünger angesprochen. Die waren persönlich beeindruckt von Dir als ihrem Rabbi, ihrem Meister, ihrem Herrn und Meister.

2000 Jahre später nenne ich Dich „Bruder". Ich würde auch Deinem Repräsentanten auf Erden, dem Papst, als „lieber Bruder Benedikt" schreiben. Ob ich das auch als Anrede wagen würde, wenn ich ihm in der Erhabenheit und Pracht seines Hauses, des Vatikans, entgegentreten würde? Wenn er mir den Ring an seiner Hand zum Kuss reichte, der an den Fischer erinnert, der Dir als Erster nachgefolgt ist? Du selbst hast keine solchen Ergebenheitsadressen von den Menschen erwartet, hast das nie verlangt. Manche wollten nur den Saum Deines Gewandes berühren, weil sie glaubten, dadurch geheilt zu werden. Aber Du hast Dich allen entzogen, die einen „Führerkult" um Dich aufbauen wollten.

Ich gebe zu, es fällt mir leichter, Dich als Bruder anzuschreiben, als Dich im gemeinsamen Gebet vor anderen „meinen Bruder" oder „unseren Bruder Jesus" zu nennen, Dich so anzurufen, so von Dir oder über Dich zu reden. Es könnte vielleicht als Respektlosigkeit angesehen werden, als Versuch, Dich zu mir, auf meine Ebene, herabzuziehen oder mich zu Dir zu erheben, deinesgleichen sein zu wollen. Ehrlich gesagt, fällt mir spontan auch niemand ein, der Dich öffentlich oder auch in kleinerem Kreis so ansprechen würde.

Lass es mich trotzdem tun.

Ich wünsche mir das, Dich als Bruder sehen und Dir ein Bruder sein zu dürfen. Du bist mir damit viel näher. In Brüderlichkeit möchte ich Dich umarmen. In Deiner Herrlichkeit, der Herr-lichkeit des Auferstandenen, der in den Himmel aufgefahren ist und zur Rechten Gottes, des Vaters, thront, bist Du mir weit entrückt.

Wenn ich's recht bedenke, steht damit vieles auf dem Kopf.

„Herr, was willst du, das ich tun soll?", hat ein Franziskus von Assisi gefragt – Dich, seinen Herrn, den Herrn seines Lebens.

Und: „Mein Vater, ich überlasse mich dir ...", hat Charles de Foucauld seine Hingabe zum Ausdruck gebracht.

Ein Frère Roger Schutz aus Taizé hat von Dir in tiefer Ehrfurcht und Demut als dem „Auferstandenen" gesprochen, dem auferstandenen Christus.

Wer bin ich, dass ich es wage, Dich Bruder zu nennen?

Einleitung

Gekommen ist es so: Bruder Fritz und ich wollen ein Buch schreiben. Gemeinsam. In Brüderlichkeit. Zunächst noch ohne Titel. Einfach Erfahrungen unseres Lebens aufschreiben, miteinander teilen, mit anderen teilen. Eines Tages überrascht mich Fritz mit seiner Eingebung, dass es „ein Jesus-Buch" werden solle. Und weil sein Buch „Lieber Bruder Franz – Briefe an Franz von Assisi", damals, Anfang der Achtzigerjahre, viele Menschen sehr berührt hat, schlage ich vor, diesmal Briefe an Dich zu schreiben.

An Dich, unseren Bruder. Nicht, wie es im Kirchenlied heißt: „Mein Heiland, Herr und Meister", sondern „Lieber Bruder Jesus".

Es sollen keine taktischen Meisterleistungen werden, keine Briefliteratur von Weltrang. Ich möchte Dir, Bruder Jesus, schreiben, was mich bewegt, was mich freut, was mich traurig macht. Ganz ehrlich, oder, wie die jungen Leute heute sagen: „in echt".

Ein Gitarrist würde es „unplugged" nennen, ein Psychotherapeut „authentisch".

Vielleicht wird es auch eine Art Selbsterfahrung. Denn Dir kann ich, brauche ich nichts vorzumachen.

Dein Bruder Werner

Lieber Bruder Jesus

Bicske, 11. November 2008

Lieber Bruder Jesus,
„Wer ist denn der,
der Jesus Briefe schreibt?"
So werden manche fragen.
Du fragst nicht.
Denn Du kennst mich.

„Wieso redet der den Sohn Gottes
mit Bruder an?"
So werden manche denken.
Du denkst nicht so.
Denn Du willst der Bruder aller Menschen,
Du willst mein Bruder sein.

„Wozu sollen Briefe an Jesus gut sein?"
So werden manche meinen.
Du meinst das nicht.
Denn Du weißt,
dass jeder Brief wie ein Gebet ist.
Aus meinem Herzen zu Deinem Herzen.

„Warum schreibt er Jesus,
der nicht antwortet?"
So werden manche sagen.
Du aber hast gesagt: „Ich bin der Weg
und die Wahrheit und das Leben."
Ich schreibe Dir,
weil Du die Antwort bist,
die Wissenschaftler und Politiker
und oft auch Theologen
und Priester nicht wissen.
Weil Du der Sinn bist,
den Künstler und Talkmaster
und Manager nicht geben.
Weil Du die Mitte und die Zukunft bist,
die Wohlstand und Fortschritt,
Geld, Besitz und Macht nicht sind.

Dir glaubt, auf Dich hofft, Dich liebt

Dein Bruder Fritz

Einleitung

Nottiano, November 2007

Lieber Bruder Jesus,

eine wärmende Novembersonne geht über den Hügeln von Nocera Umbra auf. Kalt war die erste Nacht in der Eremo Abramo in Nottiano, an den Hängen des Monte Subasio. Jetzt leuchten die Eichenwälder in herrlichen Farben, vom welken Gelb bis zum glühenden Rotgold. Am Weg zur Hauskapelle reflektieren Bruder Fritz und ich die Strahlen von *frate sole* mit dem Sonnengesang des Franziskus. Ein Reh springt auf im Garten der Nussbäume gleich an der Eremo.

Es war etwa zur gleichen Jahreszeit, Spätherbst 1979, als ich Friedrich Giglinger bitte, den Weg von seinem Haus in Oberwaltersdorf zu seinem Büro im Bildungshaus St. Bernhard in Wiener Neustadt noch einmal mit dem Fahrrad zu fahren. Für die ORF-Kamera, Sendung „Orientierung". Noch einmal bitte das Straßenstück mit den Weingärten im Hintergrund und den spinnenartigen Hochspannungsleitungen am oberen Bildrand. Und noch einmal für die Großaufnahmen aus dem nebenher fahrenden Kamerawagen.

Bald radeln wir gemeinsam durch die Lande. Schreiben einen „Wüstenkurier", gründen – mit Pater Franz Edlinger – zunächst die „Tau-Gemeinschaft", dann – zu acht – die Franziskusgemeinschaft. Nehmen unsere Frauen mit in die Gemeinschaft – oder lassen sie zurück. Für mich jedenfalls ist damals die Herausforderung des „einfach anders leben" größer als das Ausharren in einer Lebenspartnerschaft. Die Betonung liegt auf damals.

Und nun, lieber Bruder Jesus, eine Generation später – seine vier Kinder sind längst aus dem Haus, meine Tochter wird eben großjährig – kehren wir für dieses Buch gemeinsam zu unseren Wurzeln zurück. Gehen in Klausur in Nottiano.

Ein verlassenes Bauerndorf. Zwei Einsiedeleien, unbewohnt, ein kleines, versperrtes Kircherl. Dazwischen Ruinen. Darunter jene des *Giovanni semplice*, des ersten Gefährten von Franziskus aus bäuerlicher Herkunft. Carlo Carretto war es, der uns Anfang der Achtzigerjahre in die Stille von Nottiano führte.

Wir sind die 860 km von Pinkafeld nach Assisi schon zu Fuß gegangen, mit dem Fahrrad gefahren oder mit der Bahn. Heute bringt uns mein kleiner Renault Clio in einem Tag an diesen Ort, der für uns wie kein anderer die franziskanische Einfachheit versinnbildlicht.

Alt sind wir geworden. Nur der Wind der Veränderung wirbelt uns im Herbst unseres Lebens noch immer auf wie dürres Laub auf der Straße.

In der Bibel schlägt Bruder Fritz in der Früh die Stelle vom verlorenen Sohn auf. Wenn ich so sein will wie jemand anderer, dann wie dieser gütige, barmherzige Vater.

Lieber Bruder Jesus

Güte, Barmherzigkeit, Liebe – was sonst sollte in dieser Welt zählen? Der Sohn ist hinaus in die Welt, hat sein Erbe verprasst. Kein Wort des Vorwurfs bei seiner reumütigen Rückkehr. Eine herzliche Umarmung.

Aber diese Geschichte kennst Du, Bruder Jesus, am besten. Sie ist ja Deine große Geschichte über Gott und seine Liebe zu uns Menschen.

Wenn ich der Einladung von Bruder Fritz folge, an diesem Buch mitzuschreiben, dann aus dem Grund, etwas von der Liebe spürbar zu machen, die mich durch mein Leben trägt. Über franziskanische Einfachheit, ja Armut, getraue ich mich nur in Ansätzen, in einem Bemühen zu reden.

Von der Liebe weiß ich, habe es erfahren, dass ich imstande bin, sie zu leben. Auch wenn mir bewusst ist, dass ich – wie Carlo Carretto zum Ende seines Lebens – wünschen würde, noch viel mehr geliebt zu haben.

Dein Bruder Werner

Jesus, der Mann aus Nazaret

Dann kehrte Jesus mit ihnen nach Nazaret zurück und war ihnen gehorsam ...

Jesus aber wuchs heran, und seine Weisheit nahm zu, und er fand Gefallen bei Gott und den Menschen. (Lukas 2,51f)

Jesus kam in seine Heimatstadt und lehrte ... Da staunten alle und sagten: ... Ist das nicht der Sohn des Zimmermanns? ... Und sie nahmen Anstoß an ihm und lehnten ihn ab. (Matthäus 13,54-57)

Da sagte Natanael zu Philippus: Aus Nazaret? Kann von dort etwas Gutes kommen? (Johannes 1,46)

Pilatus ließ auch ein Schild anfertigen und oben am Kreuz befestigen; die Inschrift lautete: Jesus von Nazaret, der König der Juden. (Johannes 19,19)

Ihr sucht Jesus von Nazaret, den Gekreuzigten. Er ist auferstanden. (Markus 16,6)

Die drei Bücher Gottes

Gott hat drei Bücher geschrieben.
Das erste Buch Gottes ist die Erde.
Die Natur. Der Kosmos. Die Schöpfung.
Das zweite Buch Gottes ist die Bibel.
Alle heiligen Schriften aller Menschen aus allen Zeiten.
Das dritte Buch Gottes ist der Mensch.
Alle Menschen aus allen Zeiten.
Die Menschheit.

Das erste Buch hat Gott
durch seine Schöpferkraft geschrieben.
Diese Kraft ist das Leben, das durch Vereinigung und Veränderung
immer wieder neues Leben schafft.
Das zweite Buch hat Gott
durch seinen Geist geschrieben.
Dieser Geist ist die Liebe, die den Tod überwindet und alles Leben
in glücklicher Harmonie vereint.
Das dritte Buch hat Gott durch seinen Menschen geschrieben.

Der Mensch als Mann und als Frau,
als Frau und als Mann ist
das Abbild Gottes, ihm ähnlich.
Der Mensch ist Leben aus Gott.
Im Menschen wohnt Gottes Geist.
Der Mensch ist Liebe durch Gott.
Dieses dritte Buch hat Gott durch
seinen Menschen Jesus geschrieben.
Durch Jesus von Nazaret.
Durch den Menschensohn Jesus.
Durch den Gottessohn Jesus.
Dieser Jesus von Nazaret ist
durch sein Leben und Arbeiten,
sein Beten und Erzählen,
sein Dienen und Heilen,
sein Sterben und Auferstehen
der neue Gottmensch geworden
und hat alle Menschen
zu Gottmenschen erlöst.

Jesus, der Mann aus Nazaret

Kann denn …?

Kann denn von Nazaret
etwas Gutes kommen?
Kann denn ein Ausländer,
ein Serbe, ein Russe,
ein Afghane, ein Inder,
ein Nigerianer, ein Chinese,
oder gar ein Preuße ein Österreicher,
ein Einheimischer werden?
Kann denn schon ein Kind
ein vollwertiger Mensch sein?
Kann denn die Frau
dem Mann ebenbürtig sein?

Kann denn von Nazaret
etwas Gutes kommen?
Kann denn ein Politiker
eine reine Weste haben?
Kann denn ein Behinderter gleich viel
wert sein wie ein Nichtbehinderter?
Kann denn ein Homosexueller
normal sein?

Kann denn von Nazaret
etwas Gutes kommen?
Kann denn ein Embryo
schon ein Mensch sein?
Kann denn aus einem Verbrecher
ein anständiger Mensch werden?
Kann denn einer ohne höhere
Schulbildung Großes leisten?

Kann denn von Nazaret
etwas Gutes kommen?
Kann man in dieser waffenstarrenden
Welt gewaltlos leben?
Kann man mit wenig Geld
und Besitz glücklich werden?

Kann denn ...?

Kann man ohne Strafe und
nur mit Liebe mit den
anderen durchs Leben gehen?

Kann denn von Nazaret
etwas Gutes kommen?
Kann denn unsere kleine,
begrenzte Erde so viele
Milliarden Menschen ernähren?
Kann denn ohne Wirtschaftswachstum der
Wohlstand aufrechterhalten werden?
Kann es denn eine
atomwaffenfreie Welt geben?

Kann denn von Nazaret
etwas Gutes kommen?
Kann denn aus der heutigen Jugend
noch etwas Rechtes werden?
Kann denn der Klimawandel
noch gestoppt werden?
Kann denn der Terrorismus
eingedämmt werden?

Kann denn von Nazaret
etwas Gutes kommen?
Kann denn der kleine Mann
gegen das Diktat der großen
Mächtigen und Reichen etwas ausrichten?
Kann denn deine und meine Spende
wirklich bis zu den Menschen im Elend
kommen und sie daraus befreien?
Kann denn ein Gebet etwas bewirken?

Kann denn von Nazaret
etwas Gutes kommen?
Kann denn ein Atheist
ein guter Mensch sein?

Jesus, der Mann aus Nazaret

Kann denn das katholische Volk,
können denn die gewöhnlichen Laien
den Bischöfen oder gar dem Papst
sagen, was zu glauben ist?
Kann denn der sündige Mensch
vor Gott bestehen?

Kann denn ...?
Nein.
Kann nicht.
Nein?
Sicher nicht?
Wahrscheinlich nicht.
Oder doch?
Vielleicht?
Als Ausnahme?

Kann denn von Nazaret
etwas Gutes kommen?
Von Nazaret ist Jesus gekommen.
Durch Jesus sind alle seine Freunde
auch von Nazaret gekommen.
So ist das gesamte Christentum
von Nazaret gekommen.
Warum blicken wir nur
auf Jerusalem und Rom,
auf New York und Peking,
auf Paris und Berlin,
auf Moskau und Teheran,
auf ...?

Kann denn ...?

Auch von dir und mir
kann etwas Gutes kommen,
auch von einem Embryo
und einem Terroristen,
auch von einem Politiker
und einem Behinderten,
auch von einem Asylanten
und einer Priesterin,
auch von einem Bettler
und einem Milliardär,
auch von ...

Es kann.
Wenn Du kannst.
Wenn ich kann.
Jesus konnte.

Jesus, der Mann aus Nazaret

Melk, Winter 2007

Lieber Bruder Jesus,

die Brutalität, mit der Menschen ihre Mitmenschen verletzen und vernichten, hat Dich schwer bedrückt, hat Dich das Leben gekostet. Sie ist nicht geringer geworden. Übervoll ist unsere Welt von brutaler und bestialischer Gewalt.

Aber es gibt auch das Gegenteil, das man sehr leicht übersehen kann, weil man davon nichts hört. Es gibt echte Wunder an Mitmenschlichkeit und Liebe. Davon will ich Dir erzählen. Von einem Wunder an einem Baby, das sein „Ablaufdatum" überlebt hat.

Der kleine Bleart Ciqaki aus Doberdolan, Kosovo, geboren im Februar 2006, überlebt trotz schlechtester ärztlicher Prognosen dank des selbstlosen Einsatzes einer Österreicherin eine angeborene Herzkrankheit.

Das „Blaue Baby" wird im Juni 2006 von Mag. Maryla Hermann – Integrationsbeauftragte der Stadt Graz und Lehrbeauftragte für Behindertensport an der Karl-Franzens-Universität – mit Hilfe der CIMIC, der „Zivil-militärischen Zusammenarbeit" der österreichischen KFOR in Suhareka, zur lebensrettenden Operation in die Kinderklinik des Grazer Landeskrankenhauses gebracht.

Nach einwöchiger stationärer Untersuchung erklärt der Primarius bedauernd: „Das Kind kann leider nur bis maximal Ende dieses Jahres überleben. Eine Operation muss ich als sinnlos ablehnen. Die Mutter hätte mit ihrem Baby bis zu dessen Lebensalter von sechs Wochen kommen müssen, dann hätte sich vielleicht noch etwas machen lassen." Bleart wird – mit diesem „Ablaufdatum" punziert – von der AUA zum Heimtransport nach Prishtina abgelehnt. Man könne keine schwer herzkranken Passagiere befördern, die vielleicht den Flug nicht überlebten.

Der Leiter des Wiener Architekturbüros Cuubuus, Ing. Eduard Mair, setzt sich nach einer vorsichtigen Anfrage meinerseits spontan ans Steuer seines Firmenjets und bringt Bleart und dessen Mutter im Rahmen eines Charity-Fluges von Graz zurück in den Kosovo. Um nicht leer zurückzufliegen, nimmt er gleich ein anderes herzkrankes Baby, das Töchterchen eines Imam aus Prishtina, mit nach Linz-Hörsching. Dort wird dem Baby ein Herzkatheter gesetzt. Frau Mag. Hermann gibt nicht auf und mobilisiert die italienische KFOR. Die Italiener fliegen umgehend Mutter und Baby vom Militärstützpunkt Dakovica im Kosovo nach Rom. Dort vollbringt der Kardiologe Stephen Pruett Sanders im Ospedale Pediatico bambino Gesu am 27. Oktober 2006 – gerade noch innerhalb des „Ablaufdatums" das kleine Wunder: In einer fünfstündigen Operation wird Blearts Leben entgegen aller ungünstigen Prognosen der Grazer Kinderklinik gerettet. Bis 4. Juli 2007 befindet sich der kleine Bleart – mit Unterbrechungen – im römischen Kinderspital der „Schwestern vom Kinde Jesu".

Lieber Bruder Jesus

Heute, nach den entsprechenden Nachuntersuchungen im Kosovo, transportiert das Herz des Kindes wieder genügend Sauerstoff, es hat eine gesunde Gesichtsfarbe und springt quietschvergnügt umher. Die Mutter des inzwischen fünfjährigen Kindes ist überglücklich. Ihr Dank gilt vor allem der in Graz tätigen Frau Mag. Maryla Hermann, die – mit Hilfe des österreichischen Bundesheeres – bereits seit 20 Jahren Integrationswochen für behinderte Kinder und Jugendliche in Graz ebenso wie im Kosovo durchführt und sich „nebenbei" um viele Einzelschicksale von Kindern wie das des kleinen Bleart kümmert.

Von Herz zu Herz ein Leben gerettet – vom großen Herzen einer polnischstämmigen Österreicherin aus Graz zum Kinderherzen eines „Blauen Babys" aus der 200-Seelen-Gemeinde Doberdolan im Kosovo.

Irgendwie bin ich stolz, dass ich diese Geschichte, dieses Wunder als Reporter miterleben durfte und Dir, lieber Bruder Jesus, nun erzählen kann.

Dein Bruder Werner

Jesus und Josef

auf dem Heimweg nach dem Paschafest in Jerusalem. Nachdem Josef und Maria den zwölfjährigen Jesus tagelang gesucht und ihn schließlich im Tempel gefunden hatten. Mit der bitteren Erfahrung im Herzen, dass sich das Kind selbstständig gemacht hatte. Im Ohr noch der Vorwurf von Jesu Mutter Maria: „Kind, wie konntest du uns das antun? Dein Vater und ich haben dich voll Angst gesucht." Und die Antwort Jesu, die die Eltern nicht verstehen konnten: „Warum habt ihr mich gesucht? Wusstet ihr nicht, dass ich in dem sein muss, was meinem Vater gehört?"

Jesus und Josef mit Jesu Mutter Maria auf dem Heimweg von Jerusalem nach Nazaret. Schon weit weg von der Stadt und vom Tempel. Alle schweigend in Gedanken über die Erlebnisse der letzten Tage.

Nun machen sie eine Rast. Im Schatten eines Baumes lässt sich Maria nieder und schläft ein. Jesus steht und schaut zurück nach Jerusalem, von dem nichts mehr zu sehen ist. Josef tritt zu ihm. Er legt seine Hand auf Jesu Schulter. Bis jetzt hatte er geschwiegen. Nun spürt er, dass er mit Jesus reden muss.

Josef: „Du schaust zurück nach Jerusalem? Hättest du noch bleiben wollen?"

Jesus wendet sich Josef zu: „Nein. Es war ein gutes Gespräch mit den weisen Männern. Sie beantworteten gerne meine Fragen und sie hörten mir aufmerksam zu. Josef, aber auf die wichtigste, die entscheidende Frage konnten sie keine gemeinsame Antwort geben."

Josef: „Auf welche Frage?"

Jesus: „Auf deine und meine, über die wir schon so oft miteinander gesprochen haben: Wann wird der Messias kommen? Wer wird er sein? Wie wird er leben? Wovon wird er sprechen? Wird er das Reich Gottes errichten?"

Jesus richtet seine Augen wieder gegen Jerusalem. Auch Josef blickt zurück zur Heiligen Stadt, die sie nur noch erahnen können in der Ferne. Lange schweigen beide.

Josef: „Du hast ganz recht, Jesus, dies ist die Frage, die alles entscheidet. Unser Glaube, unser Leben, unsere Zukunft, unser Volk hängt von der Antwort ab. Wann wird der kommen, der uns retten und befreien wird, der das Heil und den Frieden bringen wird?"

Jesus: „Josef, du verstehst, dass ich deshalb zurückgeblieben bin. Dass ich nicht ungehorsam sein wollte. Dass ich euch nicht ängstigen und kränken wollte. Aber ich musste zurückbleiben. Ich musste in den Tempel gehen, um unsere besten Lehrer befragen zu können. Ich musste es tun, weil mich jemand rief, eine Stimme in mir oder außer mir, ich kann es dir nicht mit Worten beschreiben. Vielleicht war es so wie bei dir, damals, als ein Engel zu dir im Traum sprach."

Josef: „Ja, ja, ich verstehe dich, Jesus. Ich glaube dir, dass dich diese Stimme, die Stimme Gottes rief. Aber hättest du uns das nicht sagen können?"

Jesus: „Es war nicht möglich. Du und Mutter Maria, ihr wart ganz hinten. Alle brachen auf. Da hörte ich die Stimme: ‚Jesus, geh in das Haus deines Vaters. Er will dir alles geben, was ihm gehört.' Da wandte ich mich um und sah zurück zum Tempel. Ein wunderbares Licht strömte aus ihm heraus. Und nochmals der Ruf: ‚Jesus, geh in das Haus deines Vaters. Es ist auch dein Haus.'"

Wieder schweigen die beiden.

Jesus: „Da ging ich zurück, nein, ich lief, ich stürzte in den Tempel hinein. Hier saßen die Lehrer mit den Schriftrollen. Sie schauten mich freundlich an. Sie luden mich ein, bei ihnen Platz zu nehmen, als ob sie auf mich gewartet hätten. Einen Augenblick lang dachte ich an Mutter Maria und an dich, Josef. Ob ich euch eine Nachricht geben könnte, dass ich im Tempel bleiben muss. Aber die Stimme beruhigte mich: ‚Es ist alles gut so.'"

Josef: „Ach, mein lieber Jesus. Komm jetzt, trink und iss. Ruh dich aus. Wir haben noch einen weiten Weg bis zur Herberge. Wir müssen vor Einbruch der Dunkelheit dort sein. Du weißt, es gibt Räuber und Aufständische. Und die römischen Soldaten sind nicht unsere Freunde. Jahwe, du Hochgelobter, wann schickst du uns den Retter, wann endlich, wann?"

Josef und Jesus auf dem Heimweg von Jerusalem nach Nazaret. Schweigend essen und trinken sie. Sie legen sich hin. Aber schlafen, jetzt schlafen– nein, das kann Jesus nicht. Er setzt sich auf.

Jesus: „Josef, schläfst du?"

Josef: „Nein. Wie könnte ich jetzt schlafen?"

Jesus: „Josef, einer der Lehrer im Tempel, ein ganz junger, der sagte: ‚Der Messias ist schon mitten unter uns. Wir dürfen ihn nicht unter uns Schriftgelehrten und unter den Hohenpriestern suchen. Er ist auch nicht wie einer der Mächtigen im Land, keineswegs wie ein König oder wie ein römischer Kaiser. Er ist wie ein Prophet, wie ein Mose, wie ein Elias. Er ist wie ein Mensch und doch wie Gott, wie ein Sohn Gottes. Wir dürfen ihn nicht mit dem Verstand, mit unserem Wissen suchen und beurteilen. Wir müssen ihn mit dem Herzen suchen und verstehen. Er wird mitten im Volk leben und den Armen und Kranken helfen. Wir müssen unsere Augen und Herzen weit auftun, damit wir ihn erkennen und an ihn glauben können.' Josef, so sprach dieser junge Lehrer. Sie nannten ihn Nikodemus. Und Nikodemus schaute mich lange an, während alle schwiegen. Zuletzt sagte er noch: ‚Der Messias könnte so einer sein wie unser Jesus hier, über dessen Weisheit wir alle staunen.'"

Josef: „Jesus, wir müssen voll Vertrauen hoffen, glauben und warten. Gott macht alles gut. So steht es schon in der ersten Rolle des Mose, wie du weißt. So haben es uns alle Propheten verkündet. Es war gut, dass du mit den Lehrern im Tempel gesprochen hast. Ja, es war gut. Dieser Nikodemus hat etwas gesagt, das auch ich im Herzen glaube. Der Messias wird kein irdischer König, kein Mächtiger, kein Reicher sein. Er wird aus dem Volk kommen und für das Volk leben. Wie die Propheten. Er wird es nicht leicht haben. Wie es die Propheten nie leicht hatten. Er wird ..."

Maria ist erwacht. Josef geht zu ihr und hilft ihr auf. Auch Jesus geht zu seiner Mutter Maria, kniet auf einen Fuß nieder und spricht sie an.

Jesus: „Mutter, verzeih mir."

Maria streicht ihrem halberwachsenen Sohn zärtlich übers Haar.

Josef: „Kommt, wir müssen gehen. In zwei Tagen werden wir zuhause sein. In Nazaret. Johannes aus der Berggasse hat einen Stall für seine Esel bestellt. Es wartet also eine Menge Arbeit auf uns."

Josef blickt noch einmal zurück nach Jerusalem. Auch Jesus und Maria blicken zurück.

Josef: „Dank sei dir, Jahwe, du Hochgelobter, für diese Tage. Segne unsere Heimreise."

Dann wandern sie weiter. Nach Hause. Nach Nazaret.

Rede des Baumes

Liebe Menschen! Es fällt mir nicht schwer, euch eine Rede zu halten. Seit eh und je leben wir miteinander. Ich stehe vor eurem Haus, in eurem Garten, in euren Wäldern. Ihr lehnt euch an mich, sitzt in meinem Schatten, pflückt meine köstlichen Früchte und eure Kinder klettern auf mir herum. Ich weiß: Ihr habt Angst um mich. Schon seit einiger Zeit sorgt ihr euch, weil viele Bäume sterben. „Rettet den Wald!" ruft und schreibt ihr einander zu. Tief in euch spürt ihr, dass ihr Menschen und wir Bäume unzertrennlich verbunden sind. Einer von euch sagte einmal: „Zuerst sterben die Wälder, dann die Felder und dann die Menschen."

Liebe Menschen! Ja, ihr sorgt euch um mich. Aber gleichzeitig erscheint euch das, wovon es viel gibt, grenzenlos zu sein. Das Land, das Wasser, die Luft, das Gras und die Bäume. Und das, was ihr immer habt, schätzt ihr am wenigsten. Die Tiere, die Früchte, das Brot und den Baum. Und das, was ihr kaufen könnt, verschwendet ihr und werft es weg. Die Nahrung, die Kleider, das Holz. Ich glaube mich nicht zu täuschen, dass viele von euch zuviel Geld haben. Und – was noch schlimmer ist – dass ihr fast alle glaubt, alles kaufen zu können. Deshalb kommt es so weit, dass mich eure Abfälle sterbenskrank machen und dass eure Riesenmaschinen Millionen Bäume in den Urwäldern ermorden. Dort aber sitzt das Leben. Dort wird das Klima geregelt und behütet. Unvorstellbar wird die Not der ganzen Erde sein, wenn es keine Urwälder mehr gibt.

Liebe Menschen! Es liegt mir fern, euch Angst einzujagen. Sie ist längst euer ständiger Begleiter. Aber ihr braucht das Gegenteil von Angst, um den Baum und den Menschen zu retten. Ihr braucht die Liebe. Liebt euren Bruder Baum!

Was man lieben will, muss man kennen. Vielleicht kennt ihr mich noch zu wenig. Wisst ihr, dass ein großer Baum in einer Stunde mehr als 4.000 Kubikmeter Luft atmet? Das ist in etwa die Luftmenge eines Wohnhauses mit 12 bis 15 Wohnungen. In dieser Stunde nimmt der Baum über 2 Kilogramm Kohlendioxyd auf und gibt 2 Kilogramm Sauerstoff ab. Und in einem Jahr bindet dieser Baum 100 Kilogramm Staub. Das tut er für euch umsonst. Oder denkt einmal an das Holz, das ich euch gebe. Aus Holz baut ihr eure Häuser, eure Möbel, eure Wiegen und eure Särge. Mit Holzsachen spielen eure Kinder. Holz verbrennt ihr in euren Öfen und das macht euer Heim im kalten Winter wohnlich. Aus Holz schnitzt ihr eure Kreuze und ein Baum ist euer Weihnachtsbaum.

Liebe Menschen! Unersetzlich bin ich als euer Baum. In mir redet der Wind zu euch. Meine Blüten duften für euch. Eure Bienen holen von mir den Honig. Meine Früchte fallen euch in den Schoß. In mir singen die Vögel für euch. Ich schütze euch vor Sonne und Regen. Unter mir träumt ihr, schließt ihr Freundschaft und küsst ihr euch. Mir jubelt ihr eure Freude zu und an mich lehnt ihr euch in den bitteren Stunden. Ich künde euch den Frühling und neues Leben, wenn ich Knospen ansetze. Ich werfe die Blätter ab und verweise euch auf Tod und Auferstehung. In tausenden Arten existiere ich. Ihr werdet keine zwei Bäume finden, die einander gleich sind. Denn auch ich, der Baum, bin ein Gedanke Gottes.

Liebe Menschen! Es ist nicht überheblich, wenn ich behaupte, dass der Mensch und der Baum verwandt sind. Gar manche von euch nennen mich „Bruder Baum". Ich werde von Menschen umarmt, besungen, gemalt, fotografiert, und Verliebte ritzen Herzen und ihre Namen in meine Rinde. Wenn ich auch nicht gehen kann, so stehe ich doch aufrecht wie der Mensch. Ich breite meine Zweige wie Arme aus und bekleide mich mit Blättern und Nadeln. Und wie der Mensch erhebe ich meinen Wipfel als mein Haupt zum Himmel und strebe stets nach oben zum Gott der Menschen und der Bäume. Ihr sagt sogar: „Der Baum hat eine Krone." So war und bin ich ein Zeichen für das Leben und für den Menschen. Ich, euer Bruder, der Baum.

Mein lieber Jesus,

mein lieber Sohn, Du weißt, wie sehr alle Menschen, vor allem die Armen und Kleinen, Liebe brauchen. Ich liebe alle, wie eine Mutter, wie eine Frau, wie ein Mensch liebt, der von Gott reich beschenkt wurde.

Ich weiß, dass alle Menschen ihr Glück bei Dir finden. Deshalb will ich alle zu dir führen. Nicht zu mir.

Warum wollen so viele – vor allem Männer – aus mir eine Göttin machen? Sie heben mich auf den ersten Platz, weil sie die Frauen schon immer auf dem letzten Platz festhalten.

Ich will keine Krone. Ich will Gerechtigkeit für alle Frauen.

Ich will keinen Wallfahrtsrummel. Ich will Würde für alle Frauen.

Ich brauche keine Marienaltäre. Ich verlange Befreiung aller Frauen.

Josef, mein Mann, kann Vorbild sein. Er war mein gerechter Helfer, mein liebevoller Befreiter. Er und ich, wir glaubten rein und tief wie Kinder. Alles andere war Geschenk vom Vater im Himmel.

Es umarmt und küsst Dich

Deine Mutter Maria

Die Mystik der Straße
Auf der Fußwallfahrt von Pinkafeld nach Assisi im September 1993

Wir gehen, gehen, gehen.
Eine beinharte Sache.
Eine Sache der harten Beine.
Was soll daran Mystik sein?
Das, was die Beine hart macht.
Das tägliche Gehen.
Das Alltägliche am Gehen.

Das täglich Alltägliche
ist das Mystische.
Wenn es gedeutet wird, Zeichen ist,
über das Gehen hinausgeht,
über das Alltägliche hinausweist,
Sinn gibt.

Das Gehen sagt mir,
dass ich gehen muss,
um an ein Ziel zu kommen.
Der letzte alltägliche Schritt
hebt mich über die Schwelle
der Sehnsucht und Vision
auf den Punkt
der Wirklichkeit und Vollendung.
So geschieht an mir
Erlösung und Verwandlung,
Auferstehung und Himmelfahrt.
Das ist meine Mystik.

Das ist meine Mystik:
Das tägliche Gehen
wird zum mystischen Gehen.
Die tägliche Straße
ist die Mystik der Straße.
Mystik bedarf der Ausdauer, der Treue,
der harten Beine und brennenden Herzen.

Die Mystik der Straße

Alltag bedarf der Vision, der Deutung,
der harten Beine und brennenden Herzen.
Auf der Straße nichts Neues?
Nur dann nicht,
wenn das Gehen nicht mystisch wird,
wenn die Mystik nicht
wie tägliches Gehen wird.

Wer nur am Ziel sein will,
nur auf dem Gipfel stehen,
nur Höhepunkte genießen,
auf dem Berg Tabor wohnen will,
sich an Erscheinungen anklammern
und in Ekstasen baden will,
der wird zum schalen Salz,
zum Licht unterm Scheffel,
zur Ruine in der Schlucht.

Wie mit dem Gehen ist es
mit dem Arbeiten, Essen, Schlafen,
Sprechen, Lieben, Leiden, Beten …
… mit allem Alltäglichen.
Die wahren Mystiker
sind die Menschen des Alltags,
die Mütter und Väter,
die Fließbandarbeiter und Lehrer,
die Krankenschwestern, Schalterbeamten
und Fensterputzer,
die Leute, die täglich
ihren alltäglichen Dienst tun,
die täglich ihren Alltag leben,
und dies als ihr Leben,
ihre Berufung, ihr Persönliches,
ihr Besonderes, ihren Sinn,
ihr Glück, ihren Himmel deuten.

Jesus, der Mann aus Nazaret

Das Gehen wird zum Glauben.
Die Mystik liegt auf der Straße.

Wen wundert es, dass Jesus
am liebsten bei diesen kleinen Gehern,
Arbeitern, Zöllnern, Kindern,
Bettlern und Dirnen war?
Da er doch drei Jahre
auf Wegen und Straßen durchs Land zog.
Er ging, ging, ging.

Lieber Bruder Jesus

Pinkafeld, November 2009

Lieber Bruder Jesus,

eben komme ich aus dem Garten. Vom mühevollen Sieben von Komposterde. 100 Scheibtruhen feine, krümelige, duftende Erde brauche ich, um im Frühjahr unsere 50 großen Gemüsebeete für die Aussaat mit Komposterde bestreuen und richten zu können.

Da komme ich ordentlich ins Schwitzen, wenn ich die abgestorbene Unkrautschicht der Kompostmieten abtragen, dann die durchwurzelte Masse in die Scheibtruhe schaufeln und zum großen Durchwerfgitter etwas bergauf führen muss. Und dann wieder Schaufel um Schaufel voll Erde aufs Gitter werfen. Die Erde ist schwer.

Ist die Scheibtruhe leer, fasse ich das abgerollte Material zusammen und bringe es zu frischem Kompost als Starter. Hier beginnen die Bakterien, die winzigen Lebewesen, neuen Kompost zu erzeugen. Durch ihre Arbeit, die sie umsonst für mich, für uns verrichten.

Sechs Scheibtruhen voll habe ich gesiebt und hinterm Gitter lagert nun diese kostbare Komposterde, mein Gartengold.

Wird der gesiebte Erdhaufen zu groß, so dass er ans Gitter ansteht, muss ich die gesiebte Erde wieder in die Scheibtruhe schaufeln, zum nahen Lagerplatz schaffen und als einen kleinen Erdberg aufschütten. Alles insgesamt eine schwere Arbeit, die mich ins Schwitzen bringt. Auch heute, jetzt in den Morgenstunden eines späten Novembertages, an dem die ersten Schneeflocken leise und sanft herabfallen.

Trotzdem: Schön ist das alles, lieber Bruder Jesus. Noch immer liebe ich die Arbeit. Die körperliche Arbeit. Die Handarbeit. Die Garten- und Feldarbeit. Die Holzarbeit im Winter. Das Heumachen und das Hausbauen.

Fast überall wo ich lebte, wohnte, Glaubenswochen begleitete, habe ich mit vielen Geschwistern gearbeitet. Gearbeitet wie die Mehrzahl der Menschen. Wie die Arbeiter und Handwerker. Wie die Bauern und Häuslbauer. Wie die kleinen Leute. Wie Du.

„Ora et labora", „bete und arbeite", war die Wunderregel des heiligen Benedikt, mit der er nicht nur allen christlichen Gemeinschaften eine Basis als neue Kirche gab, sondern allen Glaubenden einen Wegweiser für ein geglücktes Leben aufstellte. „Bete und arbeite" war schon Dein Lebensmotto, lieber Bruder Jesus.

Viel wird heute herumgedacht, wieso Du in eine Arbeiterfamilie hineingeboren wurdest. Wieso Du Zimmermann, also Arbeiter mit Holz und Stein, Häuslbauer wurdest. Wieso Du dreißig Jahre Deines Lebens damit zugebracht und Dir und den Deinen das Leben damit verdient hast. Wieso Du nicht auf eine Pharisäerschule gingst, um Dich für Deine große Prophetenaufgabe ausbilden zu lassen.

Jesus, der Mann aus Nazaret

Von Geburt an warst Du der in bescheidenen Verhältnissen lebende, der arbeitende Jesus von Nazaret. Von Nazaret, diesem unbedeutenden Nest, von dem nichts Gutes kommen konnte. Von Nazaret, das Dich abgelehnt hat. Nur von Nazaret und nicht von Jerusalem. Aus einer Arbeiterfamilie und nicht aus dem Geschlecht eines mächtigen Hohenpriesters. Gleichsam aus einem Stall und nicht aus einem Palast oder wenigstens schönem Landhaus. An einem vom Zimmermann Josef gefertigten Holztisch und nicht an einem kostbaren Marmortisch.

Aber eines Tages hast Du Hammer und Säge weggelegt, um umherzuwandern und den Menschen die Frohe Botschaft zu sagen, die Du in einem arbeitsreichen und einfachen Leben in Dir gehört und von den kleinen Leuten abgeschaut hast. Eine Botschaft eines Arbeiters für Arbeiter. Eine Botschaft, die Du Dir erarbeitet hast. Im Schwitzen, im Plagen, im Durstig- und Hungrigsein, unter der Last von Steinen und Holzstämmen, von hunderten Gesetzesregeln und Steuerlasten der Römer und der Tempelobrigkeiten. Da muss schon etwas in Dir gewachsen sein, das nach Freiheit und Gerechtigkeit für alle verlangte. Das Dir Barmherzigkeit und Nächstenliebe einhämmerte. Das Dir Gott zum helfenden, sorgenden, liebevollen Vater machte. Das Du nun als Erzähler, als Prophet, als Arzt, als Anführer von Arbeitern, von Fischern und Zöllnern, von Sündern und Ausgestoßenen, als deren Diener verkünden und vorleben wolltest.

Jesus von Nazaret. Als Arbeiter bist Du mein Bruder. Als Prophet, Arzt und Dichter bist Du mein Bruder. Als von Gott geliebter Sohn bist Du mein Bruder. Und ich bin Dir als Arbeiter, als kleiner Prophet, kleiner Arzt und kleiner Dichter Dein Bruder. Ich bin Dir Bruder, weil ich wie Du von Gott geliebt bin. Das aber weiß ich eigentlich erst durch Dich und von Dir.

Einmal sagte ein wunderbarer Priester zu mir, der weise und hoch angesehene Karl Strobl, Gründer der Katholischen Hochschulgemeinde in Wien: „Wissen Sie, ich bin ein Bauernsohn aus Poysdorf und kenne die Bauernarbeit. Ich glaube, dass die Priesterausbildung einen schweren Mangel hat. Neben dem Hochschulstudium müsste es auch täglich die körperliche Arbeit geben. Denn wie kann einer den Glauben des Jesus verkünden, wenn er nicht wie Jesus gearbeitet hat?" Dem konnte ich nur zustimmen.

Lieber Bruder Jesus, sind nicht Deine Jünger, Deine Freunde, nach der schweren Depression, die Dein Tod in ihnen ausgelöst hatte, nach Galiläa an den See zu ihrer Arbeit zurückgekehrt, um wieder Boden und Wasser unter den Füßen zu haben, um in der Arbeit zu Dir und Deiner Sendung zurückzufinden?

Ich bin dankbar, dass ich aus einer armen Arbeiterfamilie stamme. Mein Vater aus einem Bauernhaus, auch Zimmermann wie Du, in zwei Weltkriegen zerrüttet, der aber, wie er mir stolz erzählen konnte, nie auf einen Feind geschossen hat. Meine Mutter, aus der Familie eines Dorfgendarmen, ihr Leben lang Hilfsarbeiterin in der Landwirtschaft. Beide Eltern begabt, frohe Menschen und überaus gütig. Wenig gebildet, weil Zeit und Geld für eine Schulbildung fehlten. Aber wunderbare Menschen und Eltern. Arbeiter wie Du. Sie haben mir die Liebe zur Arbeit vorgelebt. Und damit die Liebe zum Prophetischen, zum Dichterischen, zum Glauben und Hoffen, zu einem geglückten Leben mit vielen, eigentlich mit allen Menschen und Geschöpfen.

Wenn der große Benedikt zu seiner Zeit die Kirche erneuerte durch die Gründung seines Ordens und aller später nachfolgenden Ordensgemeinschaften, die als Lebens- und Glaubenshaltung Gebet und Arbeit annahmen, wenn Franz von Assisi seinen Minderbrüdern den Müßiggang verbot und körperliche Arbeit von ihnen verlangte, wenn die kleinen Leute, die ganz große Mehrheit der Menschen, von ihrer Hände Arbeit leben, wie wird es dann mit uns allen weitergehen, da die Maschinen die Arbeit schneller, wirkungsvoller, billiger verrichten können? Was wird aus der so genannten Masse der Arbeiter werden? Jesus von Nazaret, was wird aus Deinen Milliarden Arbeiterbrüdern und Arbeiterschwestern werden?

Arbeit ist mehr als Brotverdienst. Arbeit ist für den Körper und für die Seele notwendig. Arbeit erfüllt das Leben mit Sinn.

Das was sich einer erarbeitet, ein Produkt, den Lebensunterhalt, erfreut ihn, beglückt ihn, macht ihn zufrieden. Arbeit schließt andere ein und nicht aus. Arbeit bewirkt Hilfsbereitschaft und Freundschaft. Bei der Arbeit sind alle aufeinander angewiesen. Bei der Arbeit sind alle gleich, weil sich alle plagen müssen. Arbeit macht solidarisch. Arbeit macht den Menschen zum Menschen. Arbeit erzieht zur Dankbarkeit und zur Ehrfurcht vor allem, was wächst und was geschaffen wird. Arbeit begründet und erhält Leben. Arbeit macht die Arbeitsruhe schön. Das Lied von der Arbeit ist ein wunderbares und gläubiges Lied. Arbeit macht den Menschen Gott ähnlich. Denn Gott steht in der weisen Erzählung von der Erschaffung der Erde eigentlich als Arbeiter vor uns, der alles gut gemacht hat und am siebten Tag ganz selig ruht.

Jesus, Arbeiter aus Nazaret, das alles ist für mich eine Antwort auf die Frage, warum Du als Arbeiter unter Arbeitern aufgewachsen bist und fast die ganze Zeit Deines Lebens als Arbeiter verbracht hast.

Es erfüllt mich mit tiefer Freude, dass ich wie Du, lieber Bruder Jesus, ein Arbeiter sein kann.

Dein Arbeiterbruder Fritz

Jesus, der Mann aus Nazaret

Sehr geehrter Herr Jesus,

Sie kennen mich sicher nicht und werden sich wundern, dass ich Ihnen schreibe. Ich bin nur ein Fließbandarbeiter. Zu viert stellen wir die Flaschen vom Band in die Schachteln. Wenn einer aufs Klo geht, müssen die anderen noch schneller sein.

Ich komme von der Nachtschicht. Im Radio hat gerade ein Pfarrer gesagt, dass Sie ein Arbeiter waren. Ein Zimmermann. Sie hätten es mit den armen Leuten gehalten, mit den Arbeitern. Na ja. Das kann ja sein. Aber Ihre Nachfolger, die Pfarrer und die Höheren, die sehe ich nie arbeiten. Nur einmal hat unserer, als wir den Kindergarten renovierten, fleißig mitgearbeitet. Jeden Samstag. Wie wir, die Väter der Kindergartenkinder. Er hat auch mit uns gegessen und Bier getrunken. Der hat mir imponiert. Den grüße ich jetzt immer. Der redet mit mir wie ein normaler Mensch.

Es sollen auch ein paar Pfarrer in einer Fabrik gearbeitet haben. Aber das wurde ihnen bald verboten. Na ja.

Ich muss mich jetzt niederlegen. Nichts für ungut, Herr Jesus, und Gute Nacht!
Karl Schaufler

Rede des Steines

Liebe Menschen! Meine Rede an euch ist ein Schrei. Er bricht hervor aus Allem, was ihr Materie nennt. Mein Schrei ist ein Lob für Gott und ein Dank an Gott. Denn er hat mich erschaffen. Lange vor euch war ich am Leben. Ich bin nicht toter Stein, wie ihr sagt, ich bin nicht lebloser Stoff, wie ihr meint, ich bin nicht mindere Materie, wie ihr glaubt, ich bin nicht böses Fleisch, wie ihr urteilt. Hat nicht Jesus, der Sohn Gottes, denen gesagt, die das Hosianna seiner Jünger verbieten wollten: „Wenn sie schweigen, werden die Steine schreien!" (Lukas 19,40).

Viele von euch Menschen sind heute stumm und wie tot, wenn es um Gott geht. So schreit alles, was für euch wie Stein ist, ein Lob auf Gott in die Welt, in den Himmel und in eure Herzen hinein.

Liebe Menschen! Ich lebe wie ihr. Ihr lebt auf Menschenart und ich lebe auf Steinart. Schaut mich doch einmal an, berührt mich, riecht mich, hört auf mich. Ich bin spitz und rund, hart und weich, kostbar als Diamant und schön als Bergkristall. Ich glänze im Wasser und spiegle die Sonne. Ich gebe euren Häusern Halt und Bestand. Mein Leben ist lang. Für mich sind tausend Jahre wie ein Tag. Und doch verändere auch ich mich. Das Wasser schleift mich, der Wind reibt mich, der Frost spaltet mich. Und in Millionen Jahren zerfällt in mir mein Leben. Irgendwann hört auch mein Herz zu schlagen auf.

Liebe Menschen! Schon immer schmerzte es mich, dass ihr mit Steinen aufeinander werft. Wie viele wurden schon zu Tode gesteinigt. Ich bin kein Mordwerkzeug. Ich bin auch kein Abfallprodukt der Schöpfung. Ich bin nicht ein unnützer Stein, den ihr achtlos verschleudern könnt. Lasst ab von eurem Wahn, dass ihr alles grenzenlos zur Verfügung habt. Gleichsam zum Wegwerfen. Merkt ihr es nicht, dass bereits alles Wegwerfsache geworden ist? Es gibt Wegwerfverpackungen, Wegwerfkleider, Wegwerfspielzeug, Wegwerfmöbel. Wozu kauft ihr eure Häuser voll, um sie nach kurzer Zeit zu entrümpeln und alles wegzuwerfen, um wieder Neues einkaufen und einstellen zu können? Macht ihr nicht vieles schon so, dass es nur kurz hält und weggeworfen werden muss? Unterwerft ihr nicht bereits alles dem Diktat der Mode? Werft ihr nicht auch schon die Ungeborenen weg und die Behinderten und die Alten? Bald werdet ihr auf den Müllbergen eurer weggeworfenen Dinge, Geschöpfe und Menschen sitzen wie Weggeworfene, weil ihr die menschliche Art, in Liebe für das Leben zu sein, verworfen habt.

Ich weiß, ich rede hart, ich schreie euch an. Ich bin eben ein Stein. Ich bin nur Materie. Aber ich bin immer in Mode. Ihr braucht mich wie einen Bissen Brot. Auch in meinen Teilchen und Kräften ist etwas von Gott. Sonst würde ich nicht existieren. Und aus mir ist alles zusammengebaut. Ohne mich könnte nichts Irdisches, nichts Kosmisches sein. Vielleicht bin ich der lebendige Staub der Welten, der liebesträchtige Lehm des Kosmos?

Alles, was aus Gott hervorgegangen ist, lebt und betet, liebt und stirbt, verändert und vereint sich auf seine Art, um verwandelt zu werden, um in die ewige Harmonie, in die von Christus herbeigeführte Communio mit Gott und untereinander einzugehen. Deshalb wage ich zu sagen: Liebe Menschen, hört auf meine Botschaft, auch wenn sie nur ein Schrei, ein Aufschrei des Steines ist. Gott hat alles gut gemacht. Habt Ehrfurcht vor allem. Auch vor mir, eurem Bruder, dem Stein. Wenn ihr zur Ehrfurcht vor allen Geschöpfen zurückfindet, dann werdet ihr auch Gott wieder loben, ihm danken, ihn lieben können. So werdet ihr neue Menschen werden, so wird die Erde eine neue Erde für euch werden, so werden Geist und Materie Erlösung finden. „Lasst euch als lebendige Steine zu einem geistigen Haus aufbauen!" (1 Petrus 2,5)

Arbeitslos – ein hartes Los

Mitte der Neunzigerjahre geschah es, dass ich einmal arbeitslos wurde. Weder vor- noch nachher ist mir das im Leben je passiert.

Im ORF, dem österreichischen nationalen Fernsehen, war ich bis zur Gründung der Franziskusgemeinschaft als „Redakteur / Reporter" angestellt gewesen. Ich kündigte 1981 – wie alle, die wir an einem anderen Ort ein neues Leben in Gütergemeinschaft führen wollten. Als Freier Mitarbeiter stellte ich mich dem Fernsehen aber weiterhin zur Verfügung. Darum hatte mich der damalige Leiter der Abteilung Religion, der liebenswerte Dr. Anton Fellner, ausdrücklich gebeten.

Für eine Nachmittags-Talkshow hatte ich dann einmal das Thema „Kirche und Frauen" vorgeschlagen. Als ich nach mehrwöchigen Bemühungen endlich eine einigermaßen ausgewogene, interessante Diskussionsrunde beisammen hatte, vermisste der Chefredakteur ein „Krokodil" – und nannte dieses auch beim Namen: Bischof Kurt Krenn.

Ich weigerte mich mit der Begründung, dass dieser Mann die Frauen immer wieder lächerlich mache, süffisant von „Muttis auf den Kanzeln" und „Schwangeren am Altar" spreche – Frauen, die doch niemand in solchen Positionen in der Kirche ernsthaft haben wolle, oder? Drei Tage vor der Sendung wurde ich als verantwortlicher Redakteur für „Frauen und Kirche" enthoben. Ein anderer Kollege versuchte, den St. Pöltner Bischof auftragsgemäß in die Diskussionsrunde einzuladen. Kurt Krenn hatte glücklicherweise keine Zeit – aber meine Unbotmäßigkeit führte in weiterer Folge dazu, dass ich keine Aufträge mehr bekam.

Eine Zeitlang zog ich mich in den Schmollwinkel zurück.

Meine Frau war neben ihrer Ausbildung zur Psychotherapeutin in der Lehranstalt für systemische Familientherapie der Erzdiözese Wien als Religionslehrerin mit einer halben Lehrverpflichtung tätig, so dass wir nicht ganz auf dem Trockenen saßen.

Was Arbeit wirklich bedeutet, spürte ich erst, als ich keine mehr hatte.

Ich musste irgendetwas tun – und da bot sich in Wolfsgraben in Wien-Umgebung einer unserer Nachbarn an, mich auf Montage mitzunehmen. Er war Tischler, Freiberufler, mit einer kleinen, aber feinen Werkstätte im Keller seines Einfamilienhauses. Er konnte auf individuelle Kundenwünsche eingehen, stellte Möbel, besonders Kücheneinrichtungen, nach Maß her.

Als sein – um einige Jahre älterer – Assistent schleppte ich mit ihm die Möbel in die Wohnungen, reichte ihm Werkzeug, Nägel und Schrauben, kontrollierte mit der Wasserwaage, kurz, ich war ihm wie ein Lehrling hilfreich zur Hand. Als

Arbeitslohn erhielt ich ein kleines Taschengeld. Das reichte auf die Dauer nicht aus für unsere Familie.

Unsere Tochter Hannah besuchte damals, gemeinsam mit den anderen Kindern unserer Wohngemeinschaft, die freie Waldorfschule Wien-West. Da der Staat bei der Rudolf-Steiner-Pädagogik weder die Kosten für das Schulgebäude noch für das Lehrpersonal übernimmt, mussten wir Eltern monatlich 4.000 Schilling Schulgeld bezahlen – heute ungefähr 300 Euro.

Die Kinder wurden dort zu „liebenswerten Analphabeten" erzogen, wie wir es gerne nannten, denn in der anthroposophischen Schulform existiert kein Leistungsdruck. Anstelle von Schulnoten gab's in den Heften ein lachendes oder ein weinendes Auge. Regelmäßig wurden die Eltern in die Schule zu musikalischen Darbietungen oder Rezitationen aus deutscher Weltliteratur eingeladen. Und die soziale Kompetenz, die sich die Schüler dort schon im zarten Alter von sechs bis zehn Jahren erwarben, war uns das hohe Schulgeld allemal wert.

Bald blieb mir nichts anderes übrig, als in das weitläufige Reich des Fernsehens mit seinen zahllosen Möglichkeiten journalistischer Betätigung zurückzukehren.

Monika Lindner, später Generalintendantin des ORF, nahm mich als Chefin einer Lebenshilfe-Sendung ohne viel zu fragen wieder auf.

Geblieben ist mir aus dieser Episode die Wertschätzung der Arbeit, einer existenzsichernden, möglichst sinnvollen Arbeit. Ich erinnere mich, nach meinem Rauswurf aus der Talkshow sogar am Arbeitsamt in Gablitz vorgesprochen zu haben – wo man eher kopfschüttelnd reagierte und mich nicht wirklich ernst nahm. Anspruch auf Arbeitslosenunterstützung hatte ich jedenfalls nicht. In den Räumen dieses kahlen Hauses kam ich in Kontakt mit Menschen, die Arbeit suchten – mit jungen Menschen, die sich noch gewisse Chancen ausrechneten, mit älteren Langzeit-Arbeitslosen, die von einer Aura von Resignation umgeben waren.

Keine Arbeit zu haben – dafür finde ich keine Ausdrücke, keine Vergleiche. Ich halte es mit für das Schlimmste, das einem Menschen passieren kann.

Wenn einer keine Arbeit mehr hat – was hat er dann noch?

Arbeit, diese Minimalforderung des „Habens" bedingt auch das „Sein", das Menschsein.

Ohne Arbeit, ohne einen Arbeitsplatz hast du nichts – und bist auch nichts.

Gott der Christen,

seit gestern arbeite ich unter Christen. Ich bin ihnen nur ein Fremder. Sie rufen mich „Tschusch". Aber einer von ihnen nennt mich mit meinem Namen Kemal. Ich darf ihn Franz rufen. Er sagte mir abends beim Zusperren der Bauhütte: „Du bist für mich wie ein Bruder." Einige haben mich am Bart gezogen. Einer hat mich mit Wasser angeschüttet. Unabsichtlich. Hat er gesagt. Alle außer Franz haben gelacht. Sie haben mir meinen Turban vom Kopf gerissen und einander zugeworfen. Aber Franz hat ihn mir gebracht. Er hat mir auch eine trockene Hose geborgt.

Ich musste alle bedienen. Sie schimpften, wenn ich etwas nicht verstand oder nicht richtig machte. Aber Franz zeigte mir, wie es geht. Er tröstete mich: „Sie machen es immer so mit einem Neuen. Sie meinen es nicht böse. In ein paar Tagen ist alles besser."

Gott der Christen, ich will ihnen nicht böse sein. Ich bin glücklich, dass ich Arbeit habe. Dass meine Familie aus dem Lager darf. Und dass Franz mir wie ein Bruder ist.

Es dankt Dir und verehrt Dich

Kemal

Nottiano – Erfahrungen der Kargheit

Es gibt Orte, an denen ich mich selber besser kenne lerne. Und es gibt Menschen, in deren Gegenwart, durch deren Berührung andere Saiten in mir anklingen. Das bringe ich auch zeichenhaft zum Ausdruck.

Wie Obelix habe ich einmal einen burgenländischen Serpentin mit der Bahn im Rucksack hierher geschleppt und im Gegenzug einen rötlichen Kalkstein nach Pinkafeld mitgenommen. Der Serpentin, in die kleine Kirche Nottianos vor den Altar gelegt, war ein sichtbares Zeichen unserer Verbundenheit mit diesem Ort hier und inspirierte uns frei nach Petrus, uns als lebendige Steine zu einem geistlichen Tempel aufbauen zu lassen. Der Kalkstein landete im Arbeitszimmer von Bruder Fritz in der Franziskusgemeinschaft.

Nottiano ist irgendwie ein Trümmerhaufen. Zwischen zwei intakten Eremi – gerettet von Familie Morra aus Mailand die eine, von den Minoriten aus Assisi die andere – ist der Boden übersät von Kalksteinen, die einst Mauern waren. Mit einem „morphing"-Programm moderner Computergrafik könnte man am Bildschirm diese Steine in Sekundenschnelle zu Häusern zusammenwachsen lassen. „Ristoranno le vecchie rovine, rialzeranno le antiche ruderi", klingt mir der Jesaja-Vers in der gesungenen Version des Liedermachers Pierangelo Comi in den Ohren, wenn ich an den Steinhaufen vorbeigehe: „Dann bauen sie die uralten Trümmerstätten wieder auf und richten die Ruinen ihrer Vorfahren wieder her" (Jesaja 61,5).

Der Ort ist wie geschaffen für Wüstenwochen.

In die Wüste gehen, im übertragenen Sinn. Still werden. Gemeinsam mit anderen. Keine Ablenkungen wie in Assisi selbst. Schon Franziskus ist aus der Stadt hinausgesiedelt nach Porziunkula. Auch wir haben uns nach ein paar Jahren Vollpension bei geistlichen Schwestern in der Via Metastasio von Carlo Carretto nach Nottiano führen lassen – ein Name, der selbst Einheimischen wenig sagt. Armenzano kennt man vielleicht noch, aber den Ortsteil Nottiano?

„Ja, nach dem Krieg hat es hier noch ein paar Bauern gegeben", erinnern sich die ganz Alten.

Die Jungen sind längst weggezogen. Dem „Kleinen Bruder von Jesus" in Spello hatten sie die alten Hütten ihrer Eltern und Großeltern als Eremi, als Einsiedeleien, zur Verfügung gestellt. Bis zu 7.000 Menschen jährlich haben das Angebot von fratel Carlo zu einer Zeit der Stille in der verlassenen Gegend an der Rückseite des Monte Subasio genützt. Heute führen die „Kleinen Brüder" aus Spello diese Tradition fort. In kleinerem Rahmen. Bruder Carlo ist gestorben (4. Oktober 1988) – die *colline della speranza*, die „Hügel der Hoffnung", bestehen weiter.

Bei Wüstenwochen in der Eremo Abramo höre ich Geschichten aus dem Leben der anderen, wie ich sie sonst nirgends höre. Und selber gebe ich Dinge von mir preis in einer Offenheit, wie ich es nicht einmal daheim in der eigenen Familie tue. Die Kargheit des äußeren Lebens fördert die Fülle des inneren Lebens ans Licht des Tages. Man vertraut einander.

Ein Akademiker liegt in den gleichen Stahlrohrbetten wie der Arbeitslose, wäscht sich in den gleichen Sanitärräumen außerhalb der Eremo, muss einen Ofen mit Kleinholz anheizen, um warmes Wasser für die Dusche zu haben. Das Essen wird selbst zubereitet. In der Hauskapelle sitzen wir auf einfachen Bänken im Kreis um den Altar aus einem knorrigen Olivenbaum.

Hier habe ich Zeit. Zeit, den anderen zuzuhören. Zeit, in mich hineinzuhören. Und das ist es, was ich hier – bei allen Besuchen der Erinnerungsstätten in Assisi, bei Wanderungen am Monte Subasio, bei Arbeitseinsätzen auf der benachbarten „*terra buona*" des Vorarlbergers Herbert Marent finde: Zeit für mich, Zeit für andere. Zeit, die Umrisse von Gottes Ebenbild in mir auszumachen.

Jesus, der Mann aus Nazaret

Mein lieber Herr,

wie gut meinen alten Knochen die Sonne tut. Bin ich doch schon über neunzig. Schwer war mein Leben. Und trotzdem schön. Ein Bauernleben. Wenn ich so zurückschaue, dann war es ein wenig wie Deines, mein lieber Herr.

Wie Du habe ich Brot vermehrt. Aber es gibt noch immer, leider immer mehr Hungrige. Wie Du habe ich vielen zu helfen versucht. Aber nur ein paar fanden aus ihrem Unglück heraus. Wie Du habe ich gegeben, was mir gehörte. Um mit dem Nachbarn Frieden zu haben. Aber er spricht kein Wort mit mir.

Du hast Judas nicht fortgejagt, als er für sich in die Kassa griff. Auch ich habe den Knecht nicht hinausgeworfen, der mich bestohlen hatte. Aber er lief weg und endete im Gefängnis.

Wie Du habe ich zu allen über den Herrgott geredet. Nach Bauernart. Aber wie Dir hat auch mir kaum einer geglaubt. Nicht einmal mein Sohn.

Jetzt werde ich bald kommen. Zu Dir. Für immer. Ich spür's schon in mir. Es ist so, wie wenn es grau wird am Morgen und Zeit, aufs Feld zu gehen.

Dein uralter Michael

Rede der Erde

Liebe Menschen! Ihr lebt auf der Erde. Ihr lebt auf mir. Ich lasse euch auf mir leben. Ihr lebt von der Erde. Ihr lebt von mir. Von den Pflanzen und Bäumen, die auf mir wachsen, von den Tieren, die auf der Erde, im Wasser und in der Luft gedeihen, von den Stoffen und Elementen, die ihr aus mir herausholt, von den Kräften und Energien, von all dem Lebendigen, das ich in mir und auf mir habe.

Ich lasse euch gerne von mir leben. Ohne Erde könntet ihr nicht existieren. Ihr geht auf mir, ihr liegt auf mir, ihr steht auf mir, ihr arbeitet, betet und flucht auf mir, ihr denkt, träumt und liebt auf mir, ihr mordet auf mir und spuckt auf mich, ihr beutet mich aus und werft euren Unrat auf mich, ihr baut eure Hütten und Paläste auf mir, ihr heiligt euch auf meinem Grund und Boden.

Ich bin eure Heimat, euer Zuhause. Für ein paar Tage, für ein Jahr, für dreißig oder fünfzig, für achtzig oder gar hundert Jahre. Eigentlich nur für kurze Zeit. Für ein Menschenleben lang. So kurz oder lang es ist. Für eure Zeit bin ich euch Haus und Tisch, Herd und Bett, Wiege und Grab. Für eure Erdenzeit.

Liebe Menschen! Ihr kommt auf die Erde und ihr geht von der Erde. Ich lasse euch auf mich kommen und ich lasse euch von mir gehen. Das, was Erde an euch ist, müsst ihr mir lassen. Das, was nicht von der Erde ist, geht dorthin, wo keine Erde ist, oder eine andere, eine neue, eine verwandelte, eine ewige Erde. Wie ihr sehne auch ich mich nach der ganz anderen Erde. Vielleicht komme auch ich am Ende meiner Zeit dorthin. Denn die Bibel sagt im ersten Satz: „Im Anfang schuf Gott Himmel und Erde." Und auf der letzten Seite verspricht sie: „Dann sah ich einen neuen Himmel und eine neue Erde; denn der erste Himmel und die erste Erde sind vergangen … Seht, ich mache alles neu."

So haben wir eigentlich die gleiche Bestimmung. Wir sind Verwandte. Wir gehören zusammen. Deshalb habt ihr schon immer „Mutter Erde" zu mir gesagt. Das höre ich heute immer öfter von euch: Mutter Erde. Mutter und Vater bin ich euch. Mutter und Vater des Lebens und der Liebe bin ich allen Geschöpfen. In geheimnisvoller Weise sind wir alle wie ein Leib. Das Gesetz unseres Lebens ist Harmonie, Einheit und Verwandlung.

Liebe Menschen! Ich rede zu euch nicht deshalb von mir, um mit meiner „Größe" zu prahlen. Ich rede so zu euch, weil ihr in Gefahr seid, meine und eure Wahrheit zu vergessen und zu verdrehen. Meine und eure Wahrheit ist die, dass uns Gott geschaffen hat und dass wir nur miteinander existieren können. Ihr lebt von mir und ich lebe von euch. Ich lebe von eurer Liebe zu mir. Diese Liebe schwindet aber immer mehr. Ihr seid dabei, mich zu zerstören. Ihr versucht, alles aus mir herauszuholen und zu Geld zu machen. Ihr wollt mich in oft bester Absicht verbessern, kultivieren, manipulieren. Ihr greift in meine kleinsten Teilchen und in meine großen Dimensionen immer mehr ein und hinein, um etwas Vollkommenes aus mir zu machen, wie ihr es in euren Köpfen und Maschinen plant, berechnet, aufzeichnet. Ich bin aber schon die beste Erde, die es auf dieser Erde geben kann. Das, liebe Menschen, ist meine und eure Wahrheit.

Als eure Mutter muss ich euch die entscheidende Frage stellen: Meine lieben Menschen, wer glaubt ihr zu sein? Ein paar Quadratmeter Boden braucht ihr, um auf mir zu leben und zu sterben. Und wenn einer von euch sich vielleicht eines Tages die ganze Erde kauft oder verwaltet oder beherrscht, auch er muss sich beim Kommen und Gehen mit ein wenig Erde begnügen.

Liebe Menschen! Ihr Lieblinge Gottes, kommt! Esst mein Brot! Trinkt aus meinen Quellen! Atmet meine Luft! Wärmt euch an meiner Sonne! Träumt mit meinen Sternen! Kleidet euch wie meine Blumen! Singt wie meine Vögel! Arbeitet wie meine Ameisen und Bienen! Spielt wie meine Falter und Kätzchen! Verliebt euch in meine Schönheit! Pflegt mich, aber zerstört mich nicht! Genießt mich, aber vergeudet mich nicht! Ich gehöre euch. Lebt auf mir und von mir. Lebt und liebt wie ich. Dann wird der Himmel auf die Erde herabsteigen. Gott wird in uns allen und wir alle werden in Gott sein.

Jesus, der arme Wanderer

Sie gebar ihren Sohn, den Erstgeborenen.

Sie wickelte ihn in Windeln und legte ihn in eine Krippe, weil in der Herberge kein Platz für sie war. (Lukas 2,7)

Wer so klein sein kann wie dieses Kind, der ist im Himmelreich der Größte. (Matthäus 18,4)

Er hat mich gesandt, damit ich den Armen eine gute Nachricht bringe. (Lukas 4,18)

In der folgenden Zeit wanderte er von Stadt zu Stadt und von Dorf zu Dorf und verkündete das Evangelium vom Reich Gottes. Die Zwölf begleiteten ihn. (Lukas 8,1)

Er richtete seine Augen auf seine Jünger und sagte: Selig, ihr Armen, denn euch gehört das Reich Gottes ... Aber weh euch, die ihr reich seid; denn ihr habt keinen Trost mehr zu erwarten. (Lukas 6,20 und 24)

Wenn du vollkommen sein willst, geh, verkauf deinen Besitz und gib das Geld den Armen; so wirst du einen bleibenden Schatz im Himmel haben; dann komm und folge mir nach. (Matthäus 19,21)

Die Füchse haben ihre Höhlen und die Vögel ihre Nester; der Menschensohn aber hat keinen Ort, wo er sein Haupt hinlegen kann. (Matthäus 8,20)

Nachdem sie ihn gekreuzigt hatten, warfen sie das Los und verteilten seine Kleider unter sich. (Matthäus 27,35)

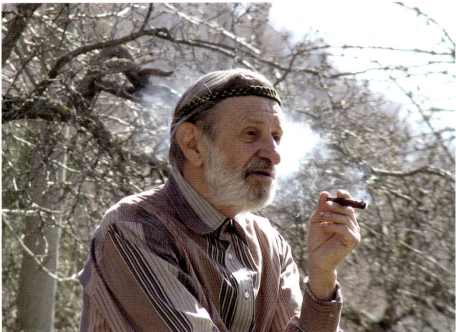

Lieber Bruder Jesus

Bicske, November 2008

Lieber Bruder Jesus,

wenn ich mit Bruder Werner in der Stille der Eremo Abramo von Nottiano oder im Presshaus „Nazaret" am Franziskushof in Bicske oder am Kalvarienberg nahe Pinkafeld an diesem Buch über Dich oder mit Dir schreibe, dann beginnen wir jeden Schreibtag mit Gebet, Gesang und Bibellesung und beenden ihn auch so. Im Gebet sagen wir Dir und einander, was uns bewegt. Wir bitten Dich um Deinen Heiligen Geist, wir danken Dir für so viel Schönes in unserem Leben, wir denken an unsere Familien, Geschwister und Freunde, an die Armen und Reichen, an das Volk Gottes und auch an die Obrigkeiten. Wir singen den Sonnengesang des *Poverello* und die vielen Lieder, die in den letzten Jahrzehnten entstanden sind, aber auch das „Salve Regina" im Gregorianischen Choral. Wir lesen in der Bibel einen Psalm oder das, was einer von uns aufschlägt. Wir verneigen uns tief vor Dir bis zum Boden am Beginn und Ende in der Kapelle.

Heute quälte mich schon nach dem Aufstehen die Frage, ob unser Schreiben nicht nur ein Schwärmen über Vergangenes ist, eben das, was solche Oldies wie wir an Nostalgie zu bieten haben. Ob denn das, was wir da aufs Papier bringen, etwas fürs Leben heute ist, für all die Menschen mit ihren täglichen, oft unlösbaren Problemen und Nöten. Ob wir denn wenigstens Ansätze für Lösungen haben, was die Wirtschaft, die Politik oder auch den Glauben angeht. Ob wir der Wirklichkeit ins Angesicht schauen. Und das sagte ich beim Morgengebet Werner und Dir, Jesus. Werner schlug dann die Bibel auf und fand die berühmte Stelle in der Apostelgeschichte: „Die Gemeinde der Gläubigen war ein Herz und eine Seele. Keiner nannte etwas von dem, was er hatte, sein Eigentum, sondern sie hatten alles gemeinsam. Mit großer Kraft legten die Apostel Zeugnis ab von der Auferstehung Jesu, des Herrn, und reiche Gnade ruhte auf ihnen allen."

War das die Antwort auf meine mich quälende Frage? Zuerst glaubte ich, Werner hätte die Stelle gesucht, um mich zu trösten. Aber nein, er hatte sie wirklich „zufällig" aufgeschlagen. Zufällig ist eben das, was uns zu-fällt.

Sicher sagt dieses Zeugnis über das Leben der ersten Christen Entscheidendes aus, was auch wir seit Jahrzehnten zu leben versuchen. Aber ist es eine Antwort darauf, was die Menschen heute brauchen, um mehr Gerechtigkeit, die Durchsetzung der Menschen- und Geschöpferechte für alle, den Frieden, die Beseitigung des Elends, den Stopp der Umweltzerstörung zu erreichen? Lässt sich da herauslesen und heraushören, wie man die Jungen erziehen und bilden soll, wie der bald unendlich lange Strom der Flüchtlinge, Asylwerber und Migranten zu integrieren ist, welche Rechte Homosexuelle erhalten sollen, wie man Aids und

Jesus, der arme Wanderer

Süchte bekämpft, wie der millionenfache Mord an Ungeborenen eingedämmt werden kann, wie die Gier der nimmersatten Milliardäre und Aktienschieber, die Herrschsucht der Diktatoren aller Art – auch der religiösen – zu beseitigen ist, wie man Selbstmordattentäter zu friedensstiftenden Menschen macht, wie Angst durch Liebe ersetzt werden kann, wie …?

Lieber Bruder Jesus, sicher gibst Du mir recht, wenn ich feststelle, dass Du in Deiner Zeit mit vielen anderen, wohl mit ganz Israel, fest geglaubt hast, dass das Ende der Welt bevorsteht, dass das Reich Gottes als „neue Erde und neuer Himmel" anbrechen wird, dass endlich das kommen wird, was die Propheten in wunderschönen Bildern ihren Zuhörern mit Worten hingemalt haben. Voll sind die Reden, die die Evangelisten uns überliefert haben als die Deinen, voll sind sie von der Endzeit, von den Erwartungen, was da kommen wird und wie die Menschen sich dafür rüsten sollen. Markus fasst es kurz zusammen: „Die Zeit ist erfüllt, das Reich Gottes ist nahe. Kehrt um, und glaubt an das Evangelium!" Davon warst Du, Jesus, überzeugt, davon waren die Zwölf, die vielen anderen, die ersten Gemeinden in Jerusalem, Korinth, Ephesus und in Rom überzeugt. Auch Paulus, dieser einmalige Missionar, dem wir Europäer den Glauben an Dich verdanken, steht als einer vor uns, der täglich zum Himmel blickt, um Dein Kommen auf den Wolken des Himmels mit Jubel begrüßen zu dürfen. Deshalb gibt er auch solche Anweisungen, dass die Sklaven gute Sklaven bleiben sollen und nicht die Freilassung anstreben, und dass man sich gar nicht mehr die Mühe machen soll zu heiraten, denn es zahlt sich ohnehin nicht mehr aus, eine Familie zu gründen.

Aber bis heute bist Du nicht gekommen. Dein Reich, das Reich des himmlischen Vaters ist zwar oft sehr deutlich und beglückend unter uns zu spüren, zwischen uns, in ganzen Völkern und Ländern, aber ebenso schnell versinkt wieder alles in Krieg, Mord, Ausbeutung, Elend und Tod. Was also hat Deine Botschaft, was hat unser Lebensversuch den Menschen in unserer Umgebung, in unserem Land, in Europa, in den armen Ländern des Südens, in der postmodernen Gesellschaft, in der „Fun-Generation", nach den gescheiterten Ideologien des Nationalismus, des Marxismus, des Kapitalismus, des Katholizismus anzubieten?

In dieser meiner fragenden und quälenden Not stehst Du, Bruder Jesus, plötzlich vor mir und fragst mich ganz persönlich, von Mensch zu Mensch, von Bruder zu Bruder, von Herz zu Herz: „Willst auch du weggehen?" Und Bruder Petrus stellt sich neben Dich und antwortet für mich: „Bruder Jesus, zu wem sollen wir gehen? Du hast Worte des ewigen Lebens. Wir sind zum Glauben gekommen und haben erkannt: Du bist der Heilige Gottes." Und ich nicke leise zustimmend und muss die in mir aufgestiegenen Ängste und Zweifel verjagen. Habe ich nicht bei meiner Lebensübergabe in dieser Stunde eines tiefen inneren Friedens und einer beglückenden Freude Dein Wort für mich aufgeschlagen: „Der Geist ist es, der lebendig macht. Die Worte, die ich zu euch gesprochen habe, sind Geist und sind Leben."?

Was hattest Du, Jesus, in Deinem Erdenleben anzubieten für die Armen und Kleinen? Du hast sie geliebt, Du hast sie gespeist, Du hast sie geheilt, Du hast ihnen gedient bis in den Tod und ein ewiges Leben beim himmlischen Vater zugesagt.

Und dann haben viele andere nach Dir dies ebenso getan. Und dann hat ein Franz von Assisi alle Menschen und Geschöpfe zu Geschwistern erklärt und sie auch so behandelt. Und dann hat ein Frère Roger in Taizé hunderttausende Jugendliche für ein Leben in Gerechtigkeit, Frieden und Bewahrung der Schöpfung begeistert. Und vor kurzem wurde ein Farbiger, Bruder Barak Obama, Präsident der Vereinigten Staaten von Amerika und setzt sich für eine atomwaffenfreie Welt ein, die er im Dialog mit allen Menschen erreichen will.

So weiß auch ich jetzt, dass Werner und ich, dass wir dieses Buch, das nur armselige Ansätze von Antworten und Lösungen enthalten kann, schreiben müssen. So haben alle unsere Lebensversuche des Teilens mit allen, des Bewahrens der Geschöpfe, des Betens und Arbeitens einen zeichenhaften Sinn.

Und vielleicht schon bald wird ein Afrikaner oder ein Asiat oder ein Indio ein Bruder Papst für alle Menschen werden, oder eine Klara, eine Sonja oder Beate wird als Mama im Vatikan leben, ihn aber bald verlassen, um als wandernde Schwester in aller Welt den Weinenden die Tränen wegzuwischen, den hungernden Kindern Brot und Schokolade zuzustecken, die Gefangenen von den Herrschern freizubitten, die Behinderten im Rollstuhl in die Sonne zu schieben und mit den Sandlern und Süchtigen, mit den Prostituierten und Gaunern, aber auch mit den Präsidenten und Exzellenzen in den Kathedralen und Domen Brot und Wein zu teilen und …

Jetzt lächelst Du, Bruder Jesus, über meine Träume und Visionen, über meine Utopien und Legenden, von denen dieses Buch voll ist. „Der Sieg des Geistes ist gewiss", hat Reinhold Schneider mitten im Zweiten Weltkrieg seinem Freund Leopold Ziegler geschrieben. Der Sieg Deines Heiligen Geistes ist gewiss. Dafür möchte ich weiterhin leben und daran glauben bis zum letzten Atemzug.

Dein Bruder Fritz

Jesus, der arme Wanderer

Pinkafeld, 11. November 2009

Lieber Bruder Jesus,

3.712 Kilometer haben wir unter die Pedale genommen, um Dir entgegenzueilen. 37 Tage im Sattel, um Jerusalem, Deine Stadt, zu sehen und ihr Frieden zu bringen. 6 Wochen Anstrengung, manchmal bis zur Erschöpfung, wenn es einmal 160 km am Tag geworden sind und wir erst spätabends ein Quartier erreichten.

Die Erde, auf der Du zu Fuß gegangen bist, haben wir mit unseren Fahrrädern aufgerollt, vorbei an Schafherden, Olivenhainen, Obstplantagen.

Dann die große Ernüchterung.

Der Tod, den sie Dir vor 2000 Jahren gewünscht und angedroht, zu dem sie Dich schließlich verurteilt haben – er ist heute beklemmend gegenwärtig.

„Tod den Arabern", skandieren die jüdischen Jugendlichen, die am „Jerusalem-Tag" zur Erinnerung an die Eroberung Ost-Jerusalems im 6-Tage-Krieg von 1967 zu Tausenden durch die Altstadt ziehen. „We need a new Hitler", kommt das Echo von arabischen Jugendlichen zurück. Es ist beklemmend für uns, die wir dieses Szenario, mitgehangen in den Horden der Demonstranten oder mitgefangen im Österreichischen Hospiz in der Via Dolorosa, erleben.

Wie weggewischt sind unsere Begegnungen mit Friedensgruppen am Weg von Österreich nach Israel / Palästina. Gespräche mit Palästinensern für Gewaltlosigkeit in Bethlehem oder Rabbinern für Menschenrechte in Jerusalem werden übertönt von diesem Schreien: „Weg mit ihnen!" Hast das nicht auch Du in Deinen letzten Tagen zu hören bekommen? – „Hinweg mit ihm!"

Zurück in Österreich, ein halbes Jahr nach unserer Friedensradfahrt.

Der Kinosaal des „Cinema Paradiso" in St. Pölten ist zu klein, um die 130 Menschen aufzunehmen, die zu einem Sonntagnachmittag unter dem Motto „3.712 Kilometer für den Frieden in Nahost – die Friedensradfahrt Wien - Jerusalem" gekommen sind. Eine Trennwand muss verschoben werden, damit sie alle Platz haben auf Stühlen, auf Ablagen, auf den Stufen der Seitengänge.

Die Filmdokumentation findet Anklang, geht nahtlos über in eine Diskussion zur Frage: Wie kann Frieden werden in Israel / Palästina?

Eine Frau aus dem Publikum bringt es auf den Punkt: Kann nicht endlich ein Schlussstrich gezogen werden unter die dauernden Auseinandersetzungen und ein Neuanfang gemacht werden? Der Meinung sind auch die Podiumsteilnehmer Prof. Paul Haber, Chef der HAKOAH Wien, des traditionsreichen, hundert Jahre alten, unter der Nazi-Herrschaft aufgelösten jüdischen Sportvereins sowie Mag. Tarafa Baghajati, der Obmann der Initiative „Muslimische Österreicher". Die Sehnsucht nach einem Neuanfang ist überall da, nur die Bedingungen dafür sind so schwer auszuhandeln.

Der berühmte jüdische Dirigent Daniel Barenboim, Begründer und Leiter eines gemischten israelisch-palästinensischen Orchesters, hat das in einem Fernsehinterview einfach und klar ausgedrückt: Die Tragödie Israels ist, dass es hier ein Land gibt, das zwei Seiten für sich beanspruchen, und dass sie nicht bereit sind, dieses Land miteinander zu teilen.

Es ist der „Welttag des Teilens", an dem ich diese Zeilen an Dich, Jesus, niederschreibe. Es ist der 11. November, der Festtag des Hl. Martin von Tours, der seinen Mantel auseinandergeschnitten und mit einem frierenden Mitmenschen geteilt hat. Die Kleidung teilen, das Essen teilen, Grund und Boden teilen.

Das Heilige Land teilen – ein Land, das Juden, Christen und Muslimen heilig ist.

Vergeblich haben Christen vor 800 Jahren versucht, dieses Land in blutigen Kreuzzügen zurückzuerobern. Für wen und wozu? Zum Scheitern verurteilt werden heute auch alle Bemühungen von Israelis und Palästinensern sein, dieses Land für sich allein haben zu wollen. Dazu braucht man kein Prophet sein, um das vorauszusehen.

Und was Jerusalem betrifft, die Stadt des historischen jüdischen Tempels, die Stadt, in der Du, Jesus, gefeiert wurdest und in der sie Dich zum Tod am Kreuz verurteilt haben, die Stadt des muslimischen Felsendoms – kann diese Stadt nicht einen Internationalen Status erhalten, wie es vom Vatikan vorgeschlagen wird und so allen Kindern Abrahams, Isaaks, Jakobs und Ismails gleichermaßen gehören?

Muss es einen unheiligen Krieg geben, um im Heiligen Land auf verbrannter Erde einen Neuanfang zu machen?

Geduld, Beharrlichkeit, Solidarität und Gebet haben die Berliner Mauer ohne einen Schuss implodieren lassen. Mögen die in unseren Tagen neu aufgezogenen Mauern und Stacheldrähte zwischen Israel und der Westbank ebenso in sich zusammenfallen. Nach dem Beispiel der Mauern von Jericho oder der ideologischen Mauern von Jericho oder der ideologischen Mauern zwischen Kommunismus und Kapitalismus, der unsichtbaren, aber spürbaren Trennwände zwischen Ost und West, zwischen Nord und Süd.

Eine Welt, *ein* Gott, *eine* Menschheit.

Vereinte Nationen. Vereint – als kleinster gemeinsamer Nenner – in der Anerkennung von Menschenrechten, die unteilbar für alle gelten. Das kommt auch im Gebet der Vereinten Nationen zum Ausdruck – ein Gebet, das Juden, Christen, Muslime, Hindus, Buddhisten, Menschen aller Bekenntnisse, das Humanisten und Atheisten sprechen können:

„Herr, unsere Erde ist nur ein kleines Gestirn im großen Weltall. An uns liegt es, daraus einen Planeten zu machen, dessen Geschöpfe nicht von Kriegen gepeinigt werden, nicht von Hunger und Furcht gequält, nicht zerrissen in sinnlose Trennung nach Rasse, Hautfarbe oder Weltanschauung.

Gib uns den Mut und die Voraussicht, schon heute mit diesem Werk zu beginnen, damit unsere Kinder und Kindeskinder einst mit Stolz den Namen Mensch tragen."

Wir Kinder, wir Freunde des einen Gottes Abrahams, Isaaks, Jakobs und Ismails – haben wir heute die große Chance, Frieden zu schließen, oder lernen wir's nie?

Wie Abraham hofft gegen alle Hoffnung auf dieses Wunder

Dein Bruder Werner

Die Straße der Armen
oder: Selig, die arm sind vor Gott

Auf der Fußwallfahrt von Pinkafeld nach Assisi im September 1993

Verdreckt und befleckt
stehen Gräser, Kräuter und Büsche
am Straßenrand.
Beschimpfen sie die Autofahrer,
die ihnen das angetan haben?
Sie wachsen der Sonne entgegen
und warten auf das Bad
durch den nächsten Regen.

Halbnackt und verschwitzt
schuften die Arbeiter
mit Druckluftbohrer und Bagger.
Verfluchen sie Frau und Kinder,
für die sie
das sauer verdiente Geld brauchen?
Jeden Tag treten sie an.
Einige gaben mir von ihrem Wein.
Und einmal sah ich einen,
der fischte eine dreckige Puppe
aus dem Straßengraben
und steckte sie wie eine Blume
ans Fenster der Bauhütte.

Fröstelnd und krank
bieten Dirnen ihre Dienste an.
Vergiften sie ihre Zuhälter,
die sie dazu gezwungen haben?
Grell lächeln sie in ihrer Schminke
und bringen sich durchs Leben
mit ihrer Liebe.

Jesus, der arme Wanderer

Verzweifelt stehen
die schwerreichen Eltern
vor der zermalmten Leiche
ihres depressiven Sohnes,
der sich vor einen Lastwagen
geworfen hat.
Ihre Villa und ihre Aktien
sind sinnlos geworden.

Bettelnd, stehlend und gejagt
schleichen Obdachlose, Süchtige,
kleine und große Gauner
durch düstere Straßen
und verrauchte Spelunken.
Auch sie streben nach dem,
was wir Menschen für Glück halten.

Abgerackert und fremd
radeln Gastarbeiter ihrer Bude zu,
für die der angesehene Besitzer
eine horrende Miete kassiert.
Begehren sie auf?
Mit Tränen im Herzen erhoffen sie,
eine bescheidene Existenz
aufbauen zu können.

Hungrig und durstig
suchen Krähen, Ratten und Clochards
nach Speiseresten und Wasserpfützen.
Klagen sie über das Schicksal,
das sie dazu verdammt hat?
Sie freuen sich über jeden Fund
und schmatzen in Straßengräben
und unter Brücken.

Die Straße der Armen

Müde und noch ohne Quartier
hatschen wir Wallfahrer,
den Rucksack auf dem Buckel,
Holzkreuz und Gitarre geschultert,
auf einen Heustadel zu.
Jubel beschließt den Tag,
weil wir bleiben dürfen
und zu Brot und Milch vom Bauern
ins Haus geladen werden.
Danke, guter Gott!,
beten wir still in uns.

Wer sind die Armen?
Wer sind die Reichen?
Sind nicht die Armen die Reichen
und die Reichen die Armen?
Selig, die arm sind vor Gott.

Das Brot der Freude

Es ist schon eine Weile her.
Der Osten war noch total verschlossen.
Ich verbrachte einige Tage
in der Fraternität der
„Kleinen Schwestern von Jesus"
im Dörfchen Regelsbrunn an der Donau.
Da kam Kasimir,
ein schmächtiger Pole,
mit einem Rucksäckchen,
gefüllt mit einem halben Dutzend
Armseligkeiten.
Einige Monate blieb er.
Er schlief auf dem Dachboden.
Am Gästehäuschen
war ein Umbau zu machen.
Das besorgte er.
Stets zufrieden und fröhlich.
Ohne Probleme,
wie er mir öfter sagte.
Bescheiden beim Essen.
Ein frommer Beter.

An einem schönen Frühwintertag
zog er weiter.
In seiner dünnen Kleidung.
Mit seinem Rucksäckchen,
gefüllt mit einem halben Dutzend
Armseligkeiten.
Ich war zufällig wieder dort.
Jetzt wusste ich,
dass er noch etwas im Rucksäckchen hatte.
Viel Brot.
Besonderes Brot.
Das Brot der Freude.
Der Freude an allen Menschen
und an allen Dingen.
Das war das Geheimnis Kasimirs.

Herbergsuche in der „Stadt des Geldes"
oder: Ein Hauch der „vollkommenen Freude"

900 km Fußwallfahrt von Pinkafeld nach Assisi. Im Jahr 1993. Der ganze Monat September ist dafür vorgesehen. Zwei Drittel des Weges haben wir schon hinter uns, als wir – ein Fähnlein der Sieben Aufrechten – zum letzten Mal Quartier an der Adriatischen Küste suchen. Tags darauf soll's dann West-Süd-West ins Landesinnere gehen, durch die Marken nach Umbrien. Rimini, touristisches Zentrum, eine Stadt toller Sommer-„events", Kongresse, Ausstellungen, Musikfestivals. Auch Ende September flankieren hier noch genug Nachsaison-Gäste am *Lungo Mare*. Ein Quartier zu finden sollte keine Probleme bereiten.

Dass die Franziskanerinnen gleich eingangs der Stadt keine Männer in ihrem Klösterchen übernachten lassen wollen, sehen wir ein. Wir sollten es doch bei den Kapuzinern versuchen. Nach einigen Kilometern Gehweg öffnet uns dort einer, der uns furchtsam mustert und dann erklärt, er sei alleine; überhaupt würde seine Gemeinschaft keine Wanderer, auch keine Wallfahrer mehr aufnehmen. Was Furchtbares da einmal passiert sein muss, dass sie ihre Klosterpforte derart dicht machen – danach fragen wir um sechs Uhr abends nicht. Nach 33 km Fußmarsch wollen wir nur noch einen Platz zum Ausruhen.

Der Kapuziner schickt uns zum Caritas-Bahnhofssozialdienst. Dort bedauert man ebenfalls und empfiehlt uns eine charismatische Pfarrgemeinde, die immer Gäste aufnehme. Nach weiteren zwei Kilometern Fußmarsch durch die Stadt hören und sehen wir schon von weitem, dass in dieser Pfarre eine größere Veranstaltung stattfindet. „Tut uns leid, ihr seht ja, was bei uns heute los ist." Wieder nichts.

„Probiert es doch bei den Salesianern Don Boscos, die sind der gastfreundlichste Orden!" Also abermals zurück durch die Stadt. Haben wir nicht schon fast 40 Kilometer in den Beinen? Und Gerhard quält sich nur noch Schritt um Schritt weiter. Bruder Fritz ist zuversichtlich: „Die Salesianer haben uns bei unserer Radwallfahrt nach Lourdes überall freundlich aufgenommen."

Doch das Unglaubliche, Unerwartete, Niederschmetternde trifft ein: „Wir haben alles verpachtet", sagt ein Salesianer vor einer stattlichen, mehrstöckigen Schule mit Sportplätzen, „wir dürfen euch gar nicht aufnehmen". Am Ende unserer Kräfte und angesichts eines drohenden Gewitters bitten wir nur noch um einen Platz auf einem Korridor oder sonst wo unter Dach, wo wir unsere Schlafsäcke ausrollen dürfen. Nein, es tue ihm leid, aber wir müssten auch Verständnis für seine Situation haben. Und: „Habt ihr nicht gewusst, dass Rimini eine Stadt des Geldes ist? Da werdet ihr nirgends gratis übernachten können." Was bleibt uns anderes übrig als weiterzuziehen?

Jesus, der arme Wanderer

Ein Kiosk-Besitzer hat unsere vergebliche Herbergsuche mitbekommen, telefoniert mit einem Verwandten und schickt uns dann ein paar Häuser weiter zu einer alten Villa mit Garten. Im Keller sind zwei Zimmer frei, unaufgeräumt, die Betten nicht überzogen – aber wer fragt am Ende seiner Kräfte noch danach? Auch die 10.000 Lire pro Person und Nacht nehmen wir ohne Murren in Kauf. Es ist das erste und einzige Mal, dass wir auf unserer dreißigtägigen Fußwallfahrt von Pinkafeld nach Assisi für einen Schlafplatz zahlen müssen.

Ich gehe in den nächsten Supermarkt eine Jause für uns Sieben einkaufen, Brot, Wurst, Käse, einen Doppler guten italienischen Rotwein. Kaum bin ich zurück, bricht die Sintflut über Rimini herein. Ein Unwetter mit Blitz und Donner und schweren Regengüssen. Aus unseren Kellerfenstern sehen wir, wie die Straße innerhalb kürzester Zeit überflutet ist. Aber wir sitzen gottlob im Trockenen.

Nach diesem härtesten Tag unserer Wallfahrt haben wir noch die Kraft, in unserem Kellerquartier den Sonnengesang voll Freude zu singen.

Der Gedanke an folgende Begebenheit aus den „Fioretti", wo der heilige Franziskus den Bruder Leo belehrt, was die vollkommene Freude sei, kommt mir erst lange nach der Heimkehr nach Österreich zu Bewusstsein.

„Bruder Leo, wenn ein Minderbruder Blinden das Augenlicht wiedergäbe, Krüppeln die freie Bewegung schenkte, böse Geister austriebe, Taube hören und Lahme gehen macht und Stumme zum Sprechen brächte, ja wenn er einen Toten nach vier Tagen zu neuem Leben erweckte – schreibe: Auch darin liegt nicht die vollkommene Freude."

Franziskus führt noch „gut zwei Meilen des Weges", den er mit Bruder Leo geht, andere Beispiele von Wundern an, die, von Minderbrüdern gewirkt, dennoch nicht die vollkommene Freude wären.

Sondern: "Wenn wir, ganz durchnässt vom Regen und von Kälte durchschauert, von Straßenkot schmutzig und von Hunger gepeinigt, nach Santa Maria degli Angeli kommen, und wenn wir dann an der Pforte läuten und der Pförtner käme und spräche: ‚Wer seid ihr?' und wenn er auf unser Wort: ‚Wir sind zwei deiner Brüder', uns anführe und spräche: ‚Was? Zwei Landstreicher seid ihr und streift in der Welt herum und nehmt den Armen ihr Almosen weg!' und er würde uns nicht aufmachen, sondern ließe uns stehen, in Schnee, Wasser, Frost und Hunger bis in die Nacht hinein – wir aber würden all die Beleidigungen ruhig und ohne Murren geduldig tragen und würden in Demut und Liebe denken, der Pförtner kenne uns wirklich gut und Gott werde ihm solche Worte auf die Zunge gelegt haben: da, Bruder Leo, schreibe es, liegt die vollkommene Freude!"

Das war Rimini, die Perle der Adria, für uns: ein Hauch dieser vollkommenen Freude, wie sie Franz von Assisi beschreibt.

Die Freude – die Schwester der Liebe

Die Freude ist leise.
Wenn du erwachst, zaubert sie dir
ein Lächeln in die Augen.
Du freust dich, weil die Sonne scheint
oder weil es regnet.
Du freust dich, weil du dich gesund
fühlst oder weil du nicht mehr
so krank bist wie gestern.
Du freust dich, weil du
liebe Verwandte und Freunde hast.

Die Freude ist schön.
Du freust dich und alle
bewundern deinen Charme.
Du freust dich und alle
wollen in deiner Nähe sein.
Du freust dich und machst andere froh.

Die Freude ist einfach.
Du freust dich über einen Schluck Kaffee,
über einen freundlichen Gruß,
über ein lachendes Kind.
Du freust dich über alle und alles.

Die Freude ist stark.
Sie überwindet in dir ein Missgeschick.
Sie gibt dir Mut zu einem Neuanfang.
Sie führt dich heraus aus bitterem Leid.

Die Freude ist treu.
Hast du sie gefunden,
wirklich gefunden,
wirst du sie nicht mehr verlieren.
Niemand kann dir die Freude nehmen.
Sie ist stärker als der Tod.
Denn sie ist die Schwester der Liebe.

Jesus, der arme Wanderer

Straßen lachen – Lachen auf Straßen
Auf der Fußwallfahrt von Pinkafeld nach Assisi im September 1993

Am Morgen bei meinem ersten Schritt
lächelt mir die Straße zu.
Heiterkeit steigt in mir auf
und ich kann die Nacht verlachen.

Die Sonne hält sich den Bauch vor Lachen,
als sie durch die Baumwipfel
meine mit Rucksack und Kreuz beladene
Pilgergestalt daherhatschen sieht.
Was bleibt mir übrig, als
in ihr Gelächter einzustimmen.

Der Regen lacht dicke Tränen
über meinen steilen Wallfahrerhut.
Sie tropfen von der Krempe auf die Nase,
vom Bart auf die Regenhaut,
von den Ärmeln auf die Zehen.
Da kosten mich die vielen Straßenlachen,
die ich durchwaten muss,
nur noch einen Lacher.

Der Kilometerstein muss mich schon
von weitem gesehen und
sich dabei totgelacht haben.
Denn als ich meinen Fuß auf ihn setze,
um einen lästigen Stein
aus der Sandale zu kitzeln,
gibt er keinen Laut von sich.
Nur meine Fußsohle grinst ein wenig.

Auf einer stillen Nebenstraße lächeln mir
aus dem Fenster eines Wohnwagens
zwei Dirnen vielsagend zu.
Verlegen lächle ich zurück.

Zwei Mäuse flitzen kichernd davon.
Ich schmunzle ihnen nach.

Straßen lachen – Lachen auf Straßen

Am Steinboden liegend, in Staub gehüllt,
bricht aus mir ein befreiendes
Lachen hervor. Ich lache mich aus.

Selig, wer über sich selbst lachen kann.
Stets hat er etwas zum Lachen.

Jesus, der arme Wanderer

Armut
Aus dem Munde des „Kleinen Bruders" Carlo Carretto

Armut ist Loslösung, Freiheit, ist vor allem Wahrheit. – Geht in die gutbürgerlichen Häuser, auch in die christlichen, und ihr könnt euch vom Mangel dieser Seligpreisung überzeugen. Möbel, Einrichtungsgegenstände, Ausstattung sind in allen Häusern erschreckend gleich. Der Lebensstil wird von der Mode, vom Luxus bestimmt, nicht vom Bedürfnis, von der Wahrheit. Dieser Mangel an Freiheit oder, besser gesagt: diese Versklavung durch die Mode ist einer jener Dämonen, von denen viele Christen an die Kette gelegt werden. Das Herz eines Armen haben heißt, vor allem frei sein von dem, was sich Mode nennt, heißt Freiheit.

Ich kaufe keine Decke, weil sie gerade in Mode ist. Ich kaufe eine Decke, weil ich sie brauche, weil ohne sie ein Kind friert. Brot, Decke, Tisch, Feuer sind in sich notwendige Dinge. Sich ihrer bedienen heißt Gottes Plan verwirklichen. „Alles Übrige kommt vom Bösen", könnte man ein Wort Jesu über die Wahrheit variieren. Dieses „Übrige" ist die Mode, die Gewohnheit, der Luxus, der Reichtum, die Versklavung, die Welt. Man sucht nicht, was wahr ist, sondern, was anderen gefällt. Man braucht diese Maske; ohne sie könnte man nicht mehr leben.

Aus: „Wo der Dornbusch brennt. Lebenswissen aus der Wüste",
Freiburg, 2001, S. 94.
Titel der italienischen Originalausgabe:
„Lettere dal deserto, La scuola editrice", Brescia.

Auf der Straße der Geister
Auf der Fußwallfahrt von Pinkafeld nach Assisi im September 1993

Auf der Straße gibt es viele Geister.
An Geister glaubt man
in unserer materialistischen
Geisterzeit nicht mehr.
Aber der Zeitgeist schreit:
Noch schneller, noch mehr, noch größer,
global, sofort, alles,
ohne Mühe, im Spaß, supergeil!
Der Zeitgeist verwandelt alles
in eine Geisterzeit und
die Straße in eine Geisterstraße.

Da geht auf einmal einer auf der Straße,
den Gottes Geist treibt.
Wie ein Narr kommt er daher,
als Bettler, als Pilger, als Prophet,
als Unmensch, als Geist.
Er hat nur einen Rucksack,
eine Bibel darin,
in der Hand ein Kreuz,
eine Gitarre geschultert.
Er lärmt nicht wie die in den Autos.
Er marschiert am Straßenrand dahin.
Er lässt sich anspritzen und auslachen.
Er muss Halt machen, wenn
er nicht mehr gehen kann.
Ohne Worte verkündet er:
Langsamer ist auch schnell genug,
mit wenig Hab und Gut geht alles leichter,
small is beautiful,
die Welt ist ein Dorf,
ohne Mühe kommt man nicht weiter,
die Freude kommt aus dem Schmerz,
alles braucht seine Zeit
und seinen Platz,
es genügt das Wenige, Kleine, Geringe,

denn am Ende geht jeder so aus der Welt,
wie er in sie gekommen ist:
besitzlos und nackt.

So einer zeigt Grenzen auf.
So einer macht Halt und gibt Halt.
So einer hat Kraft in seiner Ohnmacht.
So einer weiß, dass er mit Geld
die Sonne, die Blume, das Vogellied,
das Lächeln nicht kaufen kann.
So einer kehrt um, wenn er
in die Irre gegangen ist.
So einer wirft nichts weg,
verschwendet nichts, zerstört nichts.
So einer hat Ehrfurcht vor allem.
So einer trägt einen Wurm ins Gras,
damit er nicht überfahren wird.
So einer braucht nur, was er braucht.
So einer ist ein Nomade
ohne fahrbares Zelt.
So einer ist Trend gegen alle Trends.
So einer entgeistert den Zeitgeist.
So einer entgeht als Globetrotter
der Globalisierung.
So einer verlässt das Haben
und wandert ins Sein.
So einer begeistert viele.
So einer verwandelt die Geisterstraße
in einen heiligen Weg.
So einer ist ein guter Geist.
So einer hat als Ziel,
aus dem Geist Gottes zu leben.

Armut
Aus dem Munde von Bischof Florian Kuntner († 30. März 1994)

Lernt von den Lilien! Wer eine Reise durchs Heilige Land macht, wo Jesus seine große Rede über das Reich Gottes den kleinen Leuten verkündet hat, wird bei einem Blick auf Land und See sofort erspüren, dass Jesus seine Worte aus diesem Stück Schöpfung gleichsam pflückte und wie Blumen über seine einfachen Zuhörer streute:

„Und was sorgt ihr euch um eure Kleidung? Lernt von den Lilien, die auf dem Felde wachsen: sie arbeiten nicht und spinnen nicht. Doch ich sage euch: selbst Salomo war in all seiner Pracht nicht gekleidet wie eine von ihnen. Wenn aber Gott schon das Gras so prächtig kleidet, das heute auf dem Feld steht und morgen ins Feuer geworfen wird, wie viel mehr dann euch, ihr Kleingläubigen!"

Die Sorge um die Kleidung ist heute eine Hauptsorge der Menschen der reichen Länder. Dabei geht es nicht mehr wie damals um einen Anzug oder das Kleid für Sonn- und Feiertag. Heute geht es um alles, was uns kleiden, was uns hervorheben, was uns jung und schön, wohlhabend und honorig ausweisen soll. Fast alles ist uns schon zum „Kleid" geworden.

Die Mode ergreift die billigsten alltäglichen und die teuersten Luxusgüter. Wir schlüpfen vielleicht mehrmals täglich in Verkleidungen, maskieren uns, bauen Fassaden auf. Auch Titel und Positionen, Reisen und volle Terminkalender, Autos und Villen, alles ist ja Kleidung und soll auf die anderen wirken.

Das Kleid dient nicht mehr dazu, die menschliche Nacktheit zu verbergen oder Schutz vor Kälte und Hitze zu sein. Die Kleidung macht den Menschen. Und in unseren Breiten hat jeder so viel, dass er aus sich etwas machen kann, indem er sich nach Charakter, Geschmack und Einkommen umkleidet und in etwas einkleidet. Und es gibt ungeschriebene Vorschriften, wie man gekleidet sein muss, welche Worte zu wählen sind, worüber man Bescheid zu wissen hat, wo man im Urlaub gewesen sein muss.

Ist es da verwunderlich, dass sich die Jungen in ohnmächtigem Protest am liebsten in Fetzen kleiden und verwahrlost durch die Welt schlendern wollen? Aber auch daraus versteht die Mode den Fetzenlook zu machen.

Auch in der Kirche spielt das Kleid eine große Rolle, und mancher hohe Hut darf nicht von allen Händen berührt werden. Ich will in keiner Weise polemisieren. Aber ich will Ihnen und auch mir bewusst machen, wie sehr Jesus für uns heute redet: „Lernt von den Lilien!"

Aus „alle Welt", Zeitschrift von Missio Austria, Nov./Dez. 1990.

Jesus, der arme Wanderer

Pinkafeld, Frühjahr 2010

Lieber Bruder Jesus,

wie herrlich ist es, im Wald zu arbeiten, Holz zu machen. Bruder Franz schneidet mit Kraft und Geschick die Bäume. Er weiß, welche er fällen muss, damit die anderen Raum und Luft bekommen, um groß und stark zu werden. Ich hacke die Äste weg und schleppe die Stämme und Scheiter zum Weg. Ich liebe diese Arbeit, auch wenn mein Skelett ein wenig kracht und mir die Luft ausgeht. Ich bin ja schon bald 75 und muss mich damit abfinden, dass ich schwächer und langsamer geworden bin. Ein Riese war ich nie, aber immer in Bewegung, sogar Marathonläufer, und zäh, wie ein Dickschädel eben ist.

Der Wald ist eines der großen Wunder von Mutter Erde. Man spürt es sofort, wenn man in einen Wald hineingeht. Die reine Luft, das stille Wachsen, die Stärke und Vielfalt des Lebens, das Miteinander der verschiedenen Bäume und Lebewesen, diese Fülle von Kraft, Ausdauer, Bescheidenheit. Geburt und Tod nebeneinander und ineinander verflochten. Was gestorben ist, wird zu Humus für neues Leben. Bei Windstille und Sturm, bei Hitze und Frost, bei Dürre und Regenfluten bedeckt der Wald große Flächen der Erde und dient Pflanzen, Tieren und Menschen.

Jesus, ich weiß nicht, ob Du im Wald gearbeitet hast. Aber mit Holz hast Du Dich ausgekannt. Und so kann ich mit Dir darüber reden, was mir der Wald ganz eindringlich gesagt hat.

Es lag ein wenig Schnee auf den Bäumen und am Boden. Dann brach die Sonne durch. Alles begann zu glitzern und zu duften. Kleine Nebel wanderten von Baum zu Baum. Und es war herrlich still. Es gibt diese Stille, in der alles lautlos zu sprechen beginnt.

Mein Herz flüsterte: „Es ist so schön zu leben." Mein Körper redete mit Händen und Füßen: „Wir sind noch stark genug, dich alten Mann zu tragen und arbeiten zu lassen." Und mein Kopf fragte die Bäume: „Wieso seid ihr so groß und stark, so lebendig und zum Himmel strebend?" Da antwortete mir eine alte, hohe, knorrige Föhre: „Schau mich an! Die Wurzeln, meine Füße, stehen fest im Leib von Mutter Erde. Die Äste, meine kräftigen Arme, halten mich im Gleichgewicht. Der Wipfel, mein mächtiger Kopf, wächst zum Himmel empor. Der harzige Stamm, mein Leib, wird von der Rinde, meinem Kleid, bedeckt und geschützt. Und nun höre auf meine Seele. Denke nicht, dass ich keine Seele habe. Knie dich zu mir, lege dein Ohr an meinen Leib und lausche. Nur wenn du demütig kniest und still in mich hineinhorchst, wirst du das Geheimnis meines Lebens erfahren und begreifen. Es ist das Geheimnis aller Geschöpfe."

Lieber Bruder Jesus, da kniete ich mich zur Schwester Föhre. Ich schämte mich nicht, vor einem Baum zu knien. Lautlos und langsam sprach die Föhre: „Groß und stark, lebendig und zum Himmel strebend bin ich, sind meine Schwestern und Brüder hier und in allen Wäldern, weil wir einfach und bescheiden leben. Wir brauchen nur einen kleinen Fleck Erde, ein paar Ballen Luft, ein Fass Wasser und tausend Sonnenstrahlen. Das genügt uns, dass wir groß und stark, lebendig und zum Himmel strebend werden. So ist es, weil es Gott so gemacht hat. Und er hat es gut gemacht."

Dann schwieg Schwester Föhre. Als ich mich erhob, nickte mir ihr Wipfelkopf freundlich zu. Und nun sitze ich bei meinem Brief an Dich, Jesus, und sinniere, ob die lautlose Rede der Föhre eine Antwort auf die Frage meines Lebens ist. Auf die Frage: Wie ist das mit mir und mit Gott? Wer ist Gott für mich? Wer bin ich für Gott? Das war doch auch Deine Lebensfrage, Bruder Jesus.

Es geht mir dabei nicht um Haus und Möbel, um Nahrung und Geld, um Auto und Kleidung. Das sind zwar wichtige, aber doch äußere Dinge. Es geht mir auch nicht um Bildung und Beruf, um Begabungen und Erfolge. Es geht mir nicht einmal um Frau und Kinder, Geschwister und Freunde, schon gar nicht darum, wie ich beurteilt, gelobt oder getadelt werde, ob ich wenig, viel oder gar nichts gelte. Es geht mir um den innersten Kern meines Lebens: Ist Gott mit mir, bin ich bei Gott? Wird er mich am Ende meines Lebens bei sich aufnehmen, wie er Dich aufgenommen hat?

Jesus, Du weißt, wie ich von klein auf als Christ erzogen wurde. Wie die vielen anderen, die Millionen auf der ganzen Welt. Von Eltern, Priestern und Lehrern belehrt und geführt. Gebote, Regeln, Glaubenssätze und Gebete gelernt und zu leben versucht. Sünde verachtet und doch getan, Gnade erbeten und wahrscheinlich oft erhalten. Den strafenden Gott gefürchtet und einen liebenden Vater gesucht. Meine Fehler bekämpft und bis heute nicht besiegt. Gemessen an den Lehren der Kirche und abgewogen nach ihren Vorschriften bin ich trotz aller ehrlicher Bemühungen ein Zwerg, ein Leichtgewicht, ein Versager, ein Sünder geblieben. Ein kleiner Trost ist, dass auch Deine Freunde, die so genannten Jünger, die wir heute Apostel nennen, versagt haben und Sünder waren, die Du trotzdem nicht weggeschickt, ausgetauscht und schon gar nicht verurteilt hast.

Als mir die Föhre im Wald ihr Lebensgeheimnis zuraunte, wie sie so groß und stark, so lebendig und zum Himmel strebend wächst, gedeiht, mit ihrem Leben zufrieden und glücklich ist, sich mit Gott ganz verbunden fühlt, da ist in mir der Gedanke aufgestiegen, dass mir das Dasein dieses Baumes die Antwort auf meine Lebensfrage sein könnte, dass mir die schlichte Einfachheit und die zufriedene

Jesus, der arme Wanderer

Bescheidenheit der Föhre den Weg zum Ziel zeigt. Damit Gott mit mir ist und ich bei Gott bin, damit Gott und ich eins sind, brauche ich nicht viel wissen, nicht viel können, nicht viel tun. Ich muss nur der sein, der ich bin.

Es genügt Gott, wenn ich ihn anschaue und ihn überall und in Allem entdecke. Dann erleuchtet und wärmt mich seine Sonne. Gott freut sich, wenn ich ihm zulächle, ihm ein freundliches Wort oder auch eine klagende Bitte sage, ihm ein Lied singe oder ein Glas Wein auf sein Wohl trinke. Dann beatmet und kühlt mich seine Luft. Gott umarmt mich, wenn ich ihm für die Blumen, für die Kinder, für die ganze Welt danke, für das Beglückende und Leidvolle, für meine Vorzüge und meine Schwächen. Dann reinigt und belebt sein Wasser mein Denken und Tun, mein Fühlen und Wollen, mein Glauben, Hoffen und Lieben. Und zuletzt ruft Gott mir zu „Du bist mein geliebtes Kind!", wenn ich alle Menschen um mich herum, die Kleinen und die Großen, die Heiligen und Sünder, die Nachbarn und die Fremden, die Bettelarmen und die Stinkreichen, die Pflanzen und die Tiere, die Berge und die Sterne gut und freundlich behandle, wenn ich ihnen Freund und Bruder bin. Dann wird mir die Erde mit Friede und Glück, mit Gerechtigkeit und Liebe erfüllt, so dass ich glaube, schon im Himmel zu wohnen.

Lieber Bruder Jesus, Deinen Freund Natanael hast Du unter dem Feigenbaum gesehen und mich unter der Föhre.

Mit frohem Gruß!

Dein erlöster Bruder Fritz

Armer reicher Jesus,

vor drei Jahren bin ich als Entwicklungshelfer zu den Armen gezogen. Mit meinem Wissen und Können nach langer und gediegener Ausbildung. Als Laienmissionar des christlichen Abendlandes.

Nun bin ich wieder daheim. Alle fragen mich, wie es denn war. Es war anders, ganz anders, wie ich es mir vorgestellt hatte. Nicht ich habe die Armen entwickelt, sondern sie haben mich, den Entwicklungshelfer, entwickelt. Ich war in die menschlichen und christlichen Windeln gehüllt, von denen sie mich befreit haben.

Bei den Armen habe ich Freude am Leben und Teilen aus Liebe gelernt. Bei den Armen habe ich Einfachheit und Dienstbereitschaft gefunden. In den Hütten der Armen habe ich christliche Gemeinschaft erlebt. In den Herzen der Armen habe ich gelesen, wer Du, armer reicher Jesus, bist. Mitten im Elend der Armen bist Du mir immer wieder als Auferstandener begegnet.

Nun bin ich wieder daheim und fühle mich fremd in der Heimat. Voll ist unser überreiches, lärmendes, lustiges Land an Traurigkeit und Zerstörungswut, an Habgier und Herrschsucht, an Eitelkeiten und Egoismus, an Einsamkeit, Unglaube, Sinnlosigkeit und pausenlosem Streit.

Langsam begreife ich, warum Du inmitten der Armen ein Armer für die Armen warst. Soll ich nochmals zu den Armen ziehen? Als Armer? Für immer?

Dein Markus

Was ist ein Grashalm wert?

Was ist ein Grashalm wert?
Dumme Frage.
Was soll ein Grashalm wert sein?
Ein Grashalm.
So ein Nichts.
Unzählige Grashalme gibt es.
Was sollen sie wert sein?
Sie sind kaum etwas wert.
Das ist doch klar.

Was ist ein Grashalm wert?
Einer, der sich in einer Betonritze
oder in einem Asphaltloch
angewurzelt hat.
Der von einigen Körnchen Humus
und drei Wassertropfen lebt.
Einer, der zwar verdorrt, aber
einem Vogel zum Nestbau dient.
Oder einer, den ein Kind
seinem Hasen zum Frühstück serviert.
Was ist so ein Grashalm wert?

Na ja, so ein Grashalm,
der durch seine Verwendung
aus den unzähligen Grashalmen
herausgehoben wird,
der scheint wertvoll zu sein.
Aber die Masse der Grashalme
ist kaum etwas wert.
Das ist doch klar.

Gäbe es aber
die unzähligen Grashalme nicht,
die kaum etwas wert sind,
gäbe es auch diesen einen nicht,
der durch seine Verwendung
wertvoll geworden ist.

Was ist ein Grashalm wert?

Und gäbe es
die unzähligen Grashalme nicht,
die kaum etwas wert sind,
gäbe es keine Wiesen,
keine Rasen für
Fußballfelder und Parks,
keine Savannen, Steppen, Almen
keine ...

Unsere Kinder
in der Franziskusgemeinschaft
spielen öfter „Verkaufen".
Da bieten sie den Vorübergehenden
kleine Dinge an:
Steine, Nüsse, Blätter
und auch Grashalme.
Was ist ein Grashalm wert?
Wir als Käufer geben dafür kleines Geld.
1 Cent für einen Grashalm.
Aber ich habe auch 1 Euro
für einen Grashalm gegeben,
weil mir der eine und die vielen
wertvoll geworden sind.

Der eine Grashalm auf einer Wiese,
wenn ich ihn im Tau oder Reif
in der Sonne blitzen sehe.
Wenn ich mich bei einer
wochenlangen Fußwallfahrt
auf die vielen Halme niederlasse,
um auszuruhen.
Wenn ich auf einem Berggipfel
im Gras sitze und plötzlich
ganz innen von Gott berührt werde.
Da ist mir der eine Grashalm,
da sind mir die vielen Grashalme
wertvoll geworden, unbezahlbar wertvoll.

Jesus, der arme Wanderer

Noch nie habe ich
zwei Grashalme gefunden, die
einander ganz gleich gewesen wären.
Ich bin überzeugt,
wenn ich es auch nicht
beweisen kann, dass es
keine zwei gleichen gibt.
Auch der Grashalm
ist ein Geschöpf Gottes.
Und Gott hat nur Originale geschaffen.
Keine Kopien.
Gott klont nicht.
Er hat es nicht nötig.

Der Grashalm lebt.
Man kann ihn abmähen.
Er wächst nach.
Der Winter erfriert ihn.
Aber in den ersten Sonnentagen
des Vorfrühlings grünt er wieder.
Er wird zertreten, verdreckt, ausgehackt.
Er steht wieder auf,
lässt sich vom Regen waschen,
sprießt wieder aus dem Boden.

Der Grashalm ist für mich
in seinem Grün ein Zeichen für
die Hoffnung auf Leben, für
den Glauben an eine gute Zukunft, für
die Liebe zum Winzigen, Wertlosen.

Der Grashalm lehrt mich,
dass ich dem Grundirrtum
abschwören muss, alles
nach dem Maß des Geldes zu bewerten.
Der Grashalm ist kein
Euro-Schein der Schöpfung.

Was ist ein Grashalm wert?

Was ist ein Grashalm wert?
Die Frage erscheint
jetzt nicht mehr dumm.
Sie ist sogar sehr gescheit
und wichtig.
Ein Grashalm ist so viel wert
wie ein Wassertropfen,
wie eine Schneeflocke,
wie eine Hühnerfeder,
wie ein Schneckenhaus,
wie ein Regenwurm,
wie eine Bakterie,
die nur eine halbe Stunde lebt.
So viel wert wie ...
Jedenfalls hat der Grashalm
meine Werteskala sehr verändert.
Und jeder Grashalm sagt mir,
dass Gott auch ein Gott
der Grashalme und anderer Nichtse ist.
Auch mein Gott.

Am Ende meines Bekenntnisses
zum Wert eines Grashalmes
gestehe ich:
Manchmal streichle ich einen Grashalm.
Einige Male habe ich schon
einen wachsen gehört.
Oft sehe ich auf einer Wiese
viele Halme tanzen.
Und ich spüre immer wieder,
wie sie Gott loben.
Ich liebe die Grashalme.
Deshalb wünsche ich mir ein Grab,
auf dem Grashalme
und Wiesenblumen wachsen.

Jesus, der arme Wanderer

Armer, glücklicher Jesus,

seit langem weiß ich, dass mich mein Reichtum nicht glücklich macht. Ständig die Last und Sorge, ihn zu verlieren. Ständig der Fluch und Hunger nach noch mehr Geld und Gold, nach noch mehr Land und Häusern, Jachten, Schlössern, Aktien, Unternehmen. Sie drängen mich, ich hätte noch zu wenig. Sie flüstern mir zu und reden auf mich ein, was alles noch günstig zu haben wäre. Aber es ekelt mir. Vor allem, was ich schon habe.

Gestern beobachtete ich einen dreckigen Buben. Er fischte sich aus dem Müll ein Plastikauto, eine zerfetzte Puppe und einen Bananenrest. Schnell bot ich ihm viel Geld dafür. Er aber, der Bettler, schritt wie ein Millionär mit seinen Schätzen davon. Und ließ mich, den Millionär, wie einen Bettler stehen.

Ich möchte alles wegwerfen. Ich möchte mich befreien. Aber sie lassen mich nicht. Ich kann es auch nicht.

Nimm Du mir alles! Aber das tust Du nicht. So bist Du nicht. So versperrt mir mein armer Reichtum den Zugang zu Deiner reichen Armut.

*Dein unglücklicher Philipp,
der arme Millionär*

Rede des Unkrauts

Liebe Menschen! Sehr lange habe ich überlegt, ob ich euch eine Rede halten soll. Denn ich gehöre zu den Geringsten dieser Erde. Schon mein Name sagt, dass ich nicht einmal ein Kraut sondern nur ein Un-kraut sei. Gleichsam ein Nicht-kraut, oder gar ein Nichts. Und ihr sagt ja zu jedem, von dem ihr nichts haltet: „So ein Unkraut!" Was werdet ihr von meiner Rede halten? Von der Rede des Unkrauts?

Liebe Menschen! Wenn ich zu euch rede, dann reden viele, geradezu unzählig viele zu euch. Denn wir sind wie der Sand am Meer, wie die Sterne am Himmel, wie die Armen in der Welt. Aber wir sind nicht eine Masse, sondern ein großes, buntes Volk. Jedes Unkraut hat seine Persönlichkeit, sein Aussehen, seinen Namen und seine Kräfte. Das Riesenvolk des Unkrauts ist unüberwindlich stark, großartig hilfreich und unausrottbar lebendig. Jetzt denkt ihr sicher: „Unkraut, du nimmst den Mund aber sehr voll!" Aber sagt ihr nicht selber: „Unkraut verdirbt nicht!"?

Liebe Menschen! Viele von euch glauben, dass das Unkraut wertlos ist, den essbaren Pflanzen den Platz wegnimmt und vernichtet werden muss. Dem halte ich entgegen, dass wir den Tieren Nahrung sind und euch Menschen Schmerzen lindern und eure Krankheiten heilen können. Die Ringelblume schließt Wunden und hilft bei Verbrennungen, der Spitzwegerich heilt in Sekundenschnelle den Bienenstich und vertreibt Zahnschmerzen, der Huflattich mildert den Reiz und das Gänseblümchen löst Verstopfungen. Habt ihr wenig Appetit, dann verschafft euch die Schafgarbe Hunger. Der Hühnerdarm vertreibt den Schleim und die Königskerze beruhigt den Magen. Der Schachtelhalm kann sogar das Blut reinigen, was auch die viel geschmähte Brennnessel vermag. Die Kamille aber löst den Krampf, der Löwenzahn treibt den Harn aus dem Körper und der Hahnenfuß – das werdet ihr nicht glauben – er kann die hässlichen Warzen entfernen. Das Hirtentäschchen wiederum stillt das Blut und die Klette ist ein Abführmittel. Ich beende schon diese Aufzählung. Sie soll euch nur sagen, dass das Unkraut gar kein Unkraut sondern ein Nutzkraut, ein Heilkraut, ein Überlebenskraut ist.

Liebe Menschen! Unser Geheimnis ist nicht nur die heilende Kraft in jedem Blatt, jeder Blüte, jedem Stamm, jeder Wurzel. Unser Geheimnis ist das Geheimnis aller Armen: Wir lieben das Leben und opfern alles, nur nicht unsere Kinder. Wenn ihr einen Löwenzahn ausreißt, der erst eine Knospe hat, und ihn auf den Komposthaufen werft, so wird er noch im Sterben seine Blüte entfalten und diese wird noch ihre Samen bilden und der Wind wird kommen und die Samen in alle Welt hinaus blasen. So ist es mit uns allen. Deshalb wird uns niemand ausrot-

Jesus, der arme Wanderer

ten. Wir sind zwar die Armen auf Feldern, in Gärten und Parks, an Straßen, auf Plätzen. Wir werden zwar zerhackt, umgeackert, ausgerissen, verdreckt, zertreten, verbrannt, vergiftet. Weil wir in euren Augen das Unkraut sind. Aber wir sind genügsam und zäh und lieben das Leben, das uns Gott geschenkt hat.

Liebe Menschen! Lasst euch meine Unkraut-Rede nahe gehen. Das Unkraut ist euch überall auf der Welt nahe. Es beschaut euer Leben und denkt sich so manches, zum Beispiel auch dieses: Ihr gebt euren gemachten Dingen den Vorrang vor der Natur. Dabei zerstört ihr viel Lebendiges und Schönes. Ihr wollt immer schneller sein und atmet immer schwerer, weil ihr keine Zeit zum Atmen habt. Ihr wollt immer mehr haben und müsst immer mehr wegwerfen, weil euch der Platz dafür fehlt. Wann werdet ihr die Erde mit Plastikwiesen bedeckt, alle Gewässer in Betonbunker abgefüllt, die Berge abgegraben und die Sonne verdunkelt haben? Genau dann, liebe Menschen, wird das Unkraut Löcher in eure Plastikhäute bohren, das Wasser aus euren Bunkern saugen, die Schutthalden mit lebendigem Grün bedecken, ihre Stängel und Blüten bis zur Sonne hinauftreiben und ihre Samen überallhin ausstreuen. So wird das Unkraut von neuem die Erde erobern. Für euch, liebe Menschen!

Das Unkraut wird euch retten! Die Armen werden euch retten! Denn Gott ist auf der Seite der Armen. Er ist auch auf eurer Seite. Denn auch ihr seid arm. Arm wie das Unkraut.

Selig, die Armen!

Mitten auf der Strecke nach Kopenhagen

Sitzend in einem Zug,
von dem ich meine,
zu meiner Zeit
am Ziel zu sein.
Doch aus dem wird nichts,
nichts zu meiner Zeit.
Nachdem ich aber schon Platz
genommen habe und
viele andere auch,
sitzen wir unverhofft
in einem regionalen Zug.
In einem, der überall stehen bleibt,
weil schnellere Züge ausgefallen sind
und ...
Eine Passagierin ist besonders
verunsichert und fragt im Minutentakt:
„Entschuldigen Sie,
hält der Zug auch in Weidlingau?
Ich will wissen, ob ..."
Andere Passagiere geben unterschiedliche,
nicht gesicherte Auskunft:
„Ja, wahrscheinlich;
der bleibt doch überall stehen ...,
oder doch nur ...?"
Ein Zug, der überall stehen bleibt,
ist viel langsamer.
Ein Zug, der nicht als solcher
im Plan steht, ist total überfüllt.
Alle fühlen sich da plötzlich
ungeplant und unverhofft vor.
Ein Zug, der überall stehen bleibt,
mehrmals auf der Strecke,
der wird von schnelleren Zügen überholt
und muss immer wieder warten,
andere vorbeilassen.
Viele Neben-Stationen werden angefahren.

Jesus, der arme Wanderer

Schon lange bin ich
da nicht mehr stehen geblieben.
Handys klingeln
und Beschallung mit Erklärungen
strömt wehrlos ein:
„Weiß nicht, wann ich komme";
„werde nicht rechtzeitig da sein";
„wird sich vielleicht nicht mehr ausgehen";
„wird knapp werden";
„musst du ohne mich ...";
„tut mir leid, aber ....".
„Wir bitten um ihr Verständnis,
wegen Vorfahrt eines schnelleren Zuges
und Ausfall einiger Züge
verzögert sich die Weiterfahrt um einige
Minuten (Stunden, Jahre ...)."
Draußen schneit es dichter.
Es wird spät werden.
Zu spät?
Wie weit ist es „nach" Kopenhagen?
Wie viele Stationen nach Kopenhagen
wird es noch geben?
Zug um Zug,
schon weit über die Zeit.
Ich dachte,
wir hätten ein gemeinsames Ziel.
Ist der Lokführer okay?
Alle hoffen auf Obama.
Wie das?
Die Bremsen sind gefordert
und lassen weit hörbar Luft.
Zischsch ...!
Wegen Rettungseinsatz fuhr schon
die U-Bahn nicht mehr
bis zum Westbahnhof.
Blockierte Strecke,
Absperrungen,
Rettungsleute ...?

Mitten auf der Strecke nach Kopenhagen

Wie viele Stationen sind es
nach Kopenhagen?
„Wir bitten um ihr Verständnis,
ein schnellerer Zug muss vorbei.
Dieser Zug verspätet sich
um weitere 30 Minuten ..."
„Seien Sie doch nicht so aufgeregt.
Schlimmer kann es nicht mehr werden."
Da trägt eine Frau einen Weihnachtsstern
in einer transparenten Plastikfolie.
Kalt ist es.
Viele Passagiere haben Säcke
voller Weihnachtsgeschenke
um sich aufgestapelt.
Es zieht im Zug
und manchmal reißt er ordentlich.
Ruck, ruck, Rück-ruck ...
Draußen ziehen Lichterketten vorbei.
Wo sind die Proteste der Tausenden?
Nur der Zug bewegt sich.
Alles steht.
Schnee fällt so dicht.
Der Schaffner
kontrolliert die Fahrscheine.
„Keine Kontrolle!"
sagt China.
„Wir fahren unsere Züge schwarz."
Wir aber nicht,
wir zahlen alle mit,
auch wenn wir später
zugestiegen sind.
Ich glaube, wir waren gerade
in Kopenhagen
und sitzen in „einem Zug",
der überall stehen bleiben muss,
weil Schnellere ausgefallen sind.
Die Geschwindigkeit,
mit der wir uns bewegen,
ist eine andere geworden.

Jesus, der arme Wanderer

Sitzend im Zug,
von dem wir meinen,
zu unserer Zeit
am Ziel zu sein.

Der Zug nach Kopenhagen,
so kurz vor Weihnachten,
mitten auf der Strecke im Schnee ...
Eine gesegnete Ankunft wünscht

Waltraud

Am Ende der Straße
Auf der Fußwallfahrt von Pinkafeld nach Assisi im September 1993

Am Ende der Straße
gibt es nur Sieger.
Am Ende der Wallfahrtsstraße
sind wir die Sieger,
weil wir uns selbst besiegen konnten.

Am Ende seiner Lebensstraße
ließ sich Franz von Assisi
nackt auf den nackten Boden legen
und wurde in seiner Treue
zur Frau Armut
und zu Christus, seinem Herrn,
zum Sieger.

Am Ende aller Lebensstraßen
sind alle bei Gott nur Sieger.
Denn er, der Vater,
sieht sein verlorenes Kind
schon von weitem kommen,
hat Mitleid mit ihm,
läuft ihm entgegen,
fällt ihm um den Hals
und küsst es.
Dann befiehlt er seinen Engeln,
das beste Gewand zu holen,
es seinem Kind anzulegen,
ihm einen Ring an die Hand zu stecken,
ihm Schuhe anzuziehen.
Danach spricht er, der Vater:
„Wir wollen essen und fröhlich sein,
denn mein Kind war tot
und lebt wieder,
es war verloren
und ist wieder gefunden worden."

Jesus, der arme Wanderer

Am Ende der Straße
gibt es nur Sieger.
Der Sieg wird in der Ohnmacht gezeugt.
Der Reichtum fällt
dem Bettler in den Sack.
Die Gnade verbrennt jede Schuld.
Vom Kreuz steigt ewiger Jubel auf.
Das Leben zertritt den Tod.
Am Ende jeder Straße
gibt es nur Sieger.
Wir sind die Sieger.
Sieger von Gottes Gnaden.

Gehen

Der Mensch hat es dem Menschen
möglich gemacht, in wenigen Stunden
ein Land zu durchfahren,
ohne einen Schritt
mit seinen Füßen zu tun,
in wenigen Stunden
die Erde zu umfliegen,
ohne einen Finger zu rühren.
Die Maschine fährt ihn,
die Maschine fliegt ihn,
die Maschine geht für ihn.
Tausendmal schneller als er könnte.

Ein Weg von 5 Kilometern,
von 20, 70, 200 oder 1000 Kilometern
ist nicht eine Frage der Füße,
der Körperkraft, der Zeit
oder der Ausdauer,
sondern eine Frage des Motors,
des Treibstoffs, des Geldes.

Ein Weg ist für den Menschen kein Weg mehr.
Er begeht ihn nicht,
er befährt ihn oder überfliegt ihn.

Das Gehen aber entspricht dem Menschen,
seinen Füßen, seinen Augen, seinem Erleben.
Der Weg, den der Mensch geht,
macht es ihm möglich,
dass er zu sich kommt,
dass er Mensch wird und Mensch bleibt.

Der Mensch selbst ist wie ein Weg.
Er ist ständig unterwegs.
Alles an ihm, in ihm, um ihn herum
ist wie das Gehen auf einem Weg.
Alles ist Weg.

Jesus, der arme Wanderer

Deshalb ist es notwendig,
dass der Mensch geht.
Auch lange Wege.
Je mehr er geht,
umso mehr kann er Mensch sein
und Mensch werden.

Deshalb das Wort Jesu:
„Ich bin der Weg!"?
Jesus, der arme Wanderer, ist der „Weg".

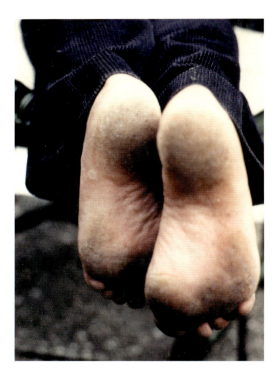

Jesus, der fragende Erzähler

Nach drei Tagen fanden sie ihn im Tempel; er saß mitten unter den Lehrern, hörte ihnen zu und stellte Fragen. (Lukas 2,46)

Dann begann er zu reden und lehrte sie. Ihr seid das Salz der Erde ... Ihr seid das Licht der Welt ... Seht euch die Vögel des Himmels an ... Lernt von den Lilien, die auf dem Feld wachsen ... (Aus der Bergpredigt nach Matthäus 5,1 - 6,34)

Als Jesus diese Rede beendet hatte, war die Menge sehr betroffen von seiner Lehre; denn er lehrte sie wie einer, der göttliche Vollmacht hat, und nicht wie ihre Schriftgelehrten. (Matthäus 7,28-29)

Dies alles sagte Jesus der Menschenmenge durch Gleichnisse; er redete nur in Gleichnissen zu ihnen. (Matthäus 13,34)

Neuer Wein gehört in neue Schläuche. (Markus 2,22)

Habt ihr das alles verstanden? Sie antworteten: Ja. Da sagte er zu ihnen: Jeder Schriftgelehrte also, der ein Jünger des Himmelreiches geworden ist, gleicht einem Hausherrn, der aus seinem reichen Vorrat Neues und Altes hervorholt. (Matthäus 13,51-52)

Und Jesus fragte ihn: Was soll ich dir tun? Der Blinde antwortete: Rabbuni, ich möchte wieder sehen können. (Markus 10,51)

Noch viele andere Zeichen, die in diesem Buch nicht aufgeschrieben sind, hat Jesus vor den Augen seiner Jünger getan. Diese aber sind aufgeschrieben, damit ihr glaubt. (Johannes 20,30-31)

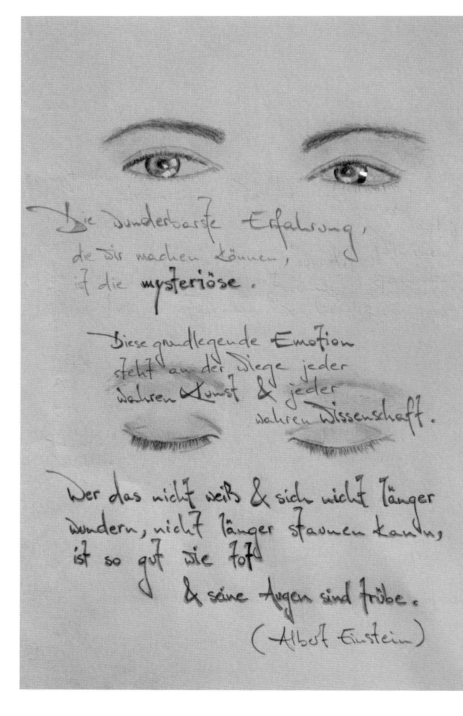

Die wunderbarste Erfahrung,
die wir machen können,
ist die **mysteriöse**.

Diese grundlegende Emotion
steht an der Wiege jeder
wahren Kunst & jeder
wahren Wissenschaft.

Wer das nicht weiß & sich nicht länger
wundern, nicht länger staunen kann,
ist so gut wie tot
& seine Augen sind trübe.

(Albert Einstein)

Lieber Bruder Jesus

Bicske, November 2008

Lieber Bruder Jesus,

im Religionsunterricht in der Volksschule hatten wir als Buch „Die Biblische Geschichte". Sie erzählte uns kleinen Leuten alles von der Erschaffung der Welt bis zum Pfingstfest in Jerusalem. Im Buch gab es auch viele Zeichnungen, die wir anmalen konnten. Noch heute nach so vielen Jahren denke ich mit großer Freude an die wunderbaren Geschichten und Darstellungen. Dieses Buch erzählte die Glaubensgeschichte mit Glaubensgeschichten.

Was ist denn die Geschichte anderes als die Erzählung von Geschichten? Auch der beste Geschichtsschreiber, der sich müht, exakt geschichtlich zu berichten, muss Berichte und Erzählungen anderer als Quellen benützen. Und ist es nicht bis heute so, dass die Chronisten nicht frei sind von einer besonderen Absicht, dass ihre Schreibweise von ihrem Charakter, ihrer Bildung, ihrer Lebenserfahrung, ihren Auftraggebern abhängt? Die Bibelwissenschaftler behaupten außerdem, dass man damals, als Deine Lebens- und Glaubensgeschichte aufgeschrieben wurde, gar nicht historisch exakt Fakten festhalten wollte, sondern dass es den Evangelisten um das ging, was Du den Menschen sagen, erzählen, in Zeichen und Wundern vermitteln, vorleben wolltest. Daher meinen die Exegeten, dass man nach intensivsten Bemühungen vom „historischen Jesus" nur Weniges, das auf einigen Buchseiten unterzubringen ist, mit Sicherheit sagen kann.

Lieber Bruder Jesus, alles, worüber Du das Volk belehren wolltest, hast Du ihm in Erzählungen und Gleichnissen, also in Geschichten und Bildern dargelegt. Schon dieses total Andere und Neue über Gott hast Du mitten aus dem Leben genommen: Gott ist Vater, Dein Vater, unser Vater, der Vater aller Menschen und Geschöpfe. Das Reich Gottes hast Du in Bildern aus dem Alltag, aus der Umwelt und Natur erklärt, die auch die ungebildeten Menschen, die Armen und die Kinder, die Tagelöhner und die Hirten verstehen konnten.

Jesus, hättest Du nur die eine Geschichte vom verlorenen Sohn erzählt, den der Vater nach seinem selbstverschuldeten Absturz mit größter Zärtlichkeit wieder aufnimmt, und hättest Du uns nur dieses eine Gebet gelehrt, das wir das Vaterunser nennen, es wäre mehr als genug, um glauben zu können, dass Gott der unendlich Liebevolle und Barmherzige ist, dass er die Liebe ist, wie es der Schreiber des Johannesbriefes formuliert. Dazu kommt aber noch, dass Du gerade denen, die Not und Krankheit erlitten, durch Zuwendung, Berührung und heilende Zeichen geholfen hast.

Denn immer warst Du mitten unter den Menschen. Sie umringten und bedrängten Dich, sie durften Dich berühren und Du hast sie berührt, ihre Augen und Hände, ihre Herzen und ihren Verstand. Du hattest keine Angst, keinen Abscheu vor den entstellten und ausgestoßenen Aussätzigen. Du hast die Kinder

Jesus, der fragende Erzähler

in die Arme genommen und gesegnet. Die stadtbekannte Prostituierte durfte Deine Füße küssen und salben. Du hast Petrus und den anderen Jüngern die Füße gewaschen. Johannes ruhte beim Abschiedsmahl an Deiner Brust. Petrus zogst Du, als er unterzugehen drohte, aus dem Wasser. Zachäus holtest Du vom Baum herab, weil auch er, der verhasste Oberzöllner, ein Sohn Israels und des himmlischen Vaters ist. Thomas durfte seine Hand in Deine verklärten Wunden legen. Du warst ein hautnaher und herzensnaher Menschenbruder.

Wenn ich mein Glaubensleben in Gedanken und Erinnerungen durchwandere und mich frage, wie ich zum Glauben gekommen bin und was ihn in mir gefördert und bestimmt hat, dann sind es die biblischen Geschichten, die Gebete und Lieder, die Feste wie Weihnachten und Ostern, dann ist es die Gemeinschaft in der katholischen Jugend mit Ausflügen und Sport, Theaterspiel und Glaubensabenden, dann sind es die Wallfahrten und Glaubenswochen, dann sind es die unzähligen Begegnungen und Gespräche mit anderen Glaubenden, Zweifelnden, Suchenden, auch so genannten Atheisten. Alles, was mir von Dir, über dich, von Gott und seinem Reich erzählt wurde, was ich anderen darüber erzählt habe, macht meinen Glauben aus. Und nicht – ich habe auch Theologie studiert – die Lehren der Dogmatik, Moral, Liturgie und Exegese haben einen Glaubenden aus mir gemacht.

Das Erzählen besteht aus Frage und Antwort. Jede gute Erzählung bringt den Hörer zum Fragen. Jede gute Frage hat den Ansatz zu einer Geschichte, oft zu einer Lebensgeschichte. Ich habe hunderte Glaubenstage und Glaubenswochen begleitet. Das Beste dabei ist immer, wenn sich die Teilnehmer öffnen können und einander die Lebensgeschichte zu erzählen wagen. So entsteht Gemeinschaft. So ist die Gruppe plötzlich, zumindest für einige Tage, das, was man Kirche nennt, was Kirche sein soll und es ist: ein Herz und eine Seele. Dann ist es kein Problem, dass man füreinander kocht, das Geschirr spült, die WCs und Duschen reinigt, mit einfachen Räumen und knarrenden Betten zufrieden ist.

In einem Interview mit der „Furche" sagte der Wiener Kardinal Schönborn zum großen Unternehmen der Wiener Diözese „Apostelgeschichte 2010": „Die Kirche ist eine Erzählgemeinschaft." Wunderbar. Ganz wunderbar, wenn alle einander wirklich zuhören, ehrliche Fragen stellen und vor allem die Antworten ernst nehmen, wie Du, Jesus, sie ernst genommen hast und noch am Kreuz, entsetzlich leidend, dem mit Dir sterbenden Verbrecher versprochen hast: „Heute noch wirst du mit mir im Paradies sein."

Heute noch könnten Fragen beantwortet, Wunden aller Art geheilt, Frieden und Erlösung geschenkt, sogar das Paradies könnte heute noch geöffnet werden, wenn die Kirche eine Erzählgemeinschaft wird, wie Du sie gewollt und gelebt hast.

Dein Frage- und Erzählbruder Fritz

Lieber Bruder Jesus,

jeden Tag öffnen mir Deine Worte den Himmel:
Selig, die glauben,
dass Gott ihnen alles gibt, was sie brauchen.
Sie haben den Himmel auf Erden.
Selig, die unter Tränen Gott suchen.
Er nimmt sie in seine Arme
und liebkost sie.
Selig, die nicht einmal
mit Worten zuschlagen.
Das Land des Friedens steht ihnen offen.
Selig, die einzig und allein
nach Gerechtigkeit verlangen.
Hunger und Durst spüren sie nicht mehr.
Selig, denen jede fremde Not
ans Herz greift.
Ihre eigenen Nöte
lösen sich in Nichts auf.
Selig, die nichts mehr
für sich haben wollen.
Sie sehen Gott in allem.
Selig, die den Funken des Friedens
zur Flamme entfachen.
Alle sagen von ihnen:
Die sind wie Gott.
Selig, die verfolgt werden,
weil sie Unrecht aufdecken und benennen.
Sie erleuchten Erde und Himmel.
Selig seid auch ihr,
wenn ihr um meinetwillen wie Verbrecher
oder Aussätzige verfolgt
und ausgestoßen werdet.
Mein Vater wird euch den Himmel schenken.

Lieber Bruder Jesus,
danke, dass Du diese Worte
uns zugesprochen und vorgelebt hast.

Dein Bruder Fritz

Rede der Vögel

Liebe Menschen! Hunderte Jahre ist es her, dass einer von euch uns Vögeln eine Rede gehalten hat. Eine schöne Rede. Eine weise Rede. Dieser Mensch redete aus seinem Herzen zu unseren Herzen. Deshalb konnten wir ihn verstehen und wir sagten seine Worte immer wieder unseren Jungen weiter bis auf den heutigen Tag.

Damals sprach er zu Tauben, Krähen und Dohlen, die im Spoleto-Tal im grünen Umbrien versammelt waren, als er mit seinen Gefährten des Weges kam. „Meine Brüder Vögel", sagte er, „wie müsst ihr euren Schöpfer loben und lieben, der euch ein Gewand aus Federn, Flügel zum Fliegen und auch sonst alles gegeben hat, was ihr zum Leben in der reinen Luft braucht. So lebt ihr hoch über allen Geschöpfen. Ihr sät nicht und erntet nicht und braucht euch um nichts zu sorgen. Denn euer Schöpfer schützt euch und lenkt euch."

Auf diese Rede hin drängten sich die Vögel um den Mann und gurrten und krächzten vor großer Freude. Er aber machte dankbar das Zeichen des Kreuzes über die Schar. Franz von Assisi nennt ihr diesen Mann, der so zu uns Vögeln geredet und uns gesegnet hat. Sein Segen ruht noch immer auf uns. Seine Worte bestimmen noch immer unser Leben.

Liebe Menschen! Könnte diese Rede des heiligen Franziskus an uns Vögel nicht auch für euch Menschen eine schöne und weise Rede sein? Jahraus und jahrein halten wir euch diese Vogelpredigt. Wir leben sie euch vor. Wenn wir im Sommer die Schädlinge in euren Gärten und Wäldern verzehren und im Winter vor euren Fenstern betteln. Wenn wir in euren Bäumen, unter euren Dächern und auf euren Schornsteinen unsere Nester bauen. Wenn wir euch bei Tag und bei Nacht unsere Lieder singen und ihr unsere Flüge bestaunt. Wenn wir von euch weit fortfliegen und doch wieder zu euch zurückfinden.

Liebe Menschen! Mutter Erde trägt und ernährt auch euch. Sie ist gut zu euch. Ihre Güte muss euch doch frohmachen. Sie gibt euch alles, was ihr braucht, um euch Häuser zu bauen und Kleider zu schneidern. Ihr könnt die Erde bearbeiten und gestalten, auf ihr liegen, gehen und springen. Warum sorgt ihr euch ängstlich um jede Kleinigkeit? Warum stopft ihr eure Kästen und Schränke, eure Zimmer und Häuser mit Dingen voll, die ihr nie braucht? Warum schindet ihr euch bis zum Umfallen, sodass euch Hören und Sehen und das Schönste, das Singen vergehen? Warum seid ihr so traurig, so verbittert, so neidisch?

Liebe Menschen! Über uns Vögel steht in der Heiligen Schrift: „Verkauft man nicht zwei Spatzen für ein paar Pfennig? Und doch fällt keiner von ihnen zur

Erde ohne den Willen eures Vaters." Was für eine frohe Botschaft Gottes an uns und an euch! Wir alle sind in seiner Hand. Hoch oben leben wir, wenn wir uns mit der Kraft unserer Flügel in die Lüfte schwingen. Ihr könnt noch höher steigen mit den Flügeln eures Glaubens, mit den Schwingen eurer Hoffnung, mit der Flugkraft eurer Liebe. Wir glauben, dass Gott uns trägt. Glaubt ihr nicht, dass Gott auch euch trägt? Warum vertraut ihr dem Geld, das ihr nicht essen könnt? Warum macht ihr euch immer größere und schnellere Maschinen, die brechen, stürzen und euch töten? Warum gestaltet ihr euer Leben durch immer mehr Gesetze und Vorschriften, Gebote und Verbote so, dass sich keiner von euch mehr auskennt, was er soll, was er darf, wie er leben kann?

Liebe Menschen! Vielleicht habt ihr zu wenige, die euch segnen, wie uns der heilige Franziskus gesegnet hat. Vielleicht sind zu viele von euch zu stolz, um sich segnen zu lassen. Vielleicht habt ihr vergessen, dass alles Leben nur aus der liebevollen Hingabe kommt. Wie oft hat eine Vogelmutter bei Sturm und Feuer ihr Leben gegeben, um ihr Nest zu schützen und ihre Kinder zu retten. Und der Pelikan reißt sich Fleischstücke aus dem Leib, um die Jungen zu füttern. Auch ihr tut viel für eure Kinder. Viel für ihren Leib, viel für ihre Bildung, viel für ihre Karriere und viel für ihre Unterhaltung. Aber ist es das, was die Herzen und Seelen der Kinder brauchen?

Liebe Menschen! „Seht euch die Vögel des Himmels an!" Befolgt dieses Wort Jesu. Ihr hört doch gerne das Morgen- und Abendlied der Amsel. Ihr schaut doch entzückt in das Nest der Schwalbe oder der Meise. Ihr bestaunt das Segeln des Bussards und des Storches. Ihr sperrt sogar so manche von uns in Käfige, um von Vögeln umgeben zu sein. Und doch sagt ihr zu jedem, der einfältig und sorglos lebt wie wir: „Du hast einen Vogel!" Ob es mit euch Menschen nicht besser stünde, wenn viele von euch einen „Vogel" hätten? Entschuldigt, bitte, dass wir so frech zu euch reden. Wir haben nicht nur einen „Vogel", wir sind Vögel.

Sahel: newTree im Ödland
Die Vision des Schweizer Arztes Felix Küchler

Wir leben von Wunsch zu Wunsch, von Traum zu Traum, von Vision zu Vision. Wünsche, Träume, Visionen steigen in uns auf, viele schon in Kindheitstagen. Sie begleiten uns, vielleicht ein Leben lang. Wir tragen sie in uns, schreiben sie in unser Tagebuch oder in Briefe, erzählen sie einander wie Geschichten, verkünden sie laut oder – wie ist das nur möglich? – irgendwann und irgendwo erleben wir sie als Wirklichkeit. In einem Exemplar. Ansatzweise. Oder sich ausbreitend. In einer Gruppe. In einem Land. In einem Volk. Weltweit. Weltweit?

Wünsche, Träume, Visionen sind Sonne, Luft, Wasser, Feuer für alles Leben. Sie sind die Kraft zum Sprung der Evolution. Sie sind das Licht und das Salz der Religion. Voll sind die heiligen Bücher der Menschheit mit Wünschen, Träumen und Visionen. Jesaja, einer der großen Visionäre, rief vor etwa 2.500 Jahren seinem Volk zu: „Die Wüste und das trockene Land sollen sich freuen, die Steppe soll jubeln und blühen. In der Wüste brechen Quellen hervor, und Bäche fließen in der Steppe." (Jesaja 35,1 und 6b)

Ich, Bruder Werner, habe erlebt, dass diese uralte Vision wirklich geworden ist. Hier mein Bericht.

Wie die Kreuzrippengewölbe einer gotischen Kathedrale schließen sich die Kronen der mächtigen Cailcedra-Bäume nach oben zu einem schattenspendenden Dach. Auf der Fahrt zu Ouagadougou, der Hauptstadt Burkina Fasos, nach Norden, tauchen wir aus der harten, gleißenden Helle in diese weihevolle Allee, die letzte aus der ehemaligen Kolonialzeit des längst unabhängigen „Landes der integren Menschen". Wir halten an und lassen einige wenige Autos, Eselskarren und Ziegen aus dem Dunkel der Bäume an der Kamera vorbeiziehen.

Dr. Felix Küchler führt mich in Dörfer der Sahelzone, in denen er begonnen hat, Ödland in fruchtbares, bewaldetes Land umzuwandeln. Die drei Millionen Quadratkilometer der Sahel waren vor einhundert Jahren noch Baumsavanne. Brandrodung und Monokulturen – etwa von Erdnuss und Baumwolle – sowie die Übernutzung des Landes durch Mensch und Vieh – Ziegen, Schafe, Rinder – haben einen Großteil der Vegetation zerstört. Die Sahel ist heute mit 200 mm Regen pro Jahr, von Juli bis September, eine Vorstufe zur Wüste, zur Sahara, die sich unerbittlich Kilometer für Kilometer weiter nach Süden ausdehnt. Die größte Hitze hat es von März bis Juni, bis zu 42 Grad Celsius. „Harmattan", der staubige Wüstenwind, treibt die Bodenerosion voran.

Zehn Jahre lang hat der auf Gesundheitsförderung spezialisierte Arzt aus dem Wallis im Rahmen der staatlichen schweizerischen Entwicklungszusammenarbeit in Afrika in Spitälern gearbeitet – im Sudan, in Kamerun, der Elfenbeinküste, dem Tschad, Benin und Burkina Faso. „Dann habe ich mich gefragt: Was nützen den Menschen in den ärmsten Ländern der Welt Spitäler und Ärzte, wenn ihnen der fruchtbare Boden unter den Füßen weg erodiert, wenn sie nichts zu essen haben, kein Holz zum Kochen oder Bauen haben? Wenn das Regenwasser oberflächlich abrinnt? Und wenn sie ohnehin kein Geld haben, um Medikamente zu bezahlen?"

Wir verlassen die Oase der Cailcedra-Allee von Ouahigouya und fahren weiter ins Dorf Pobe Mengao. Großer Empfang für den Doktor in Jeans aus Europa, traditionelle Musik, eine Willkommensrede des Dorf-Chefs und Präsidenten der AREPM, der „Association pour la Rajeunissement de l'Environnement de Pobe Mengao", der Vereinigung für die Wiederverjüngung und Wiederherstellung der Umwelt.

Am Weg zur Musterfläche einer Wiederbewaldung am Ende des Dorfes müssen wir uns noch den Segen des Schamanen für unsere Arbeit holen – so sehen es die ungeschriebenen Gesetze vor. Ein halbblinder, alter Mann, schon etwas schwerhörig, spricht in seiner schattigen Hütte mit ausgebreiteten Händen einen Segenswunsch über uns. Der Heiler aus Pobe Mengao, dem traditionellen Zentrum für ganz Burkina Faso, beglückwünscht in seiner traditionellen Sprache Fulse den Heiler aus Europa zu den Aktivitäten von „newTree". Er dankt ihm für die Wiederherstellung der Natur, des Gleichgewichts zwischen Natur und Mensch. In Absprache mit dem Dorfältesten haben Felix Küchler und seine Mitarbeiterin Franziska Kaguembega-Müller, Biologin aus Zug, die nach Ouagadougou geheiratet hat, eine Fläche von einem Hektar eingezäunt. „Wiederbewaldung unter Zaunschutz" nennt das der Schweizer, und es bedeutet, dass mit einem soliden Maschendrahtgitter kleine Flächen von einem oder einigen wenigen Hektar eingezäunt und damit vor dem Verbiss durch Ziegen und Rinder oder vor Holzschlag geschützt werden. Meist gibt es noch genügend Baumstrünke dort und Samen in der Erde, so dass einzig durch die Regenzeiten innerhalb von zwei, drei Jahren natürlicher, einheimischer Mischwald nachwächst. Vögel tragen zusätzlich Samen ein, der Mensch kann nachhelfen durch Lockerung des Bodens oder den Eintrag von Kuhdung.

Ein Wächter mit Machete und umgehängter Brottasche führt uns durchs Areal. Nach den Erfahrungen der ersten Jahre müssen Wächter für die Sicherheit der Grünoasen sorgen, sonst würden die Hirten Löcher in den Zaun schlagen und besonders zur Trockenzeit ihre Herden hineintreiben. In gutem Französisch betont er, dass er hier die Verantwortung übernommen habe für einen Ort, der für die Entwicklung von Pobe Mengao sehr wichtig sei. Seine eigene und die

Zukunft seiner Familie hänge von diesem Projekt ab, und so habe er sich „de tout coeur", von ganzem Herzen, hier engagiert.

Bezahlt wird er von der Dorfgemeinschaft, die sein Salär wiederum durch den Verkauf von Gras oder Heu aus der Versuchsfläche aufbringt. Felix Küchler bezahlt mit seiner Organisation „newTree" nur den verzinkten Draht, die Eisenpfosten und den Zement. Das importierte Material kostet 250 Euro pro einhundert Meter Zaun und wäre für die lokale Bevölkerung unerschwinglich.

In Dawelgue, einem kleinen Dorf südwestlich von Ouagadougou, bestaunen wir zwei eingezäunte Hektare mit einer gleichzeitig innen gepflanzten Lebendhecke aus Akazia nilotica. Wenn die stacheligen Akazien groß genug sind, übernehmen sie den Schutz des Areals. Dann kann der Maschendrahtzaun abgebaut und woanders eingesetzt werden. Hier wächst und sprießt es bereits üppig – wir bahnen uns den Weg durch mannshohes Gras, kosten von den Bäumen der *feretia adondaptera*, ein traditionelles Heilmittel gegen Bauchschmerzen. Die Menschen hier nennen den Baum Kitga. Der Wächter zeigt uns, im Gras versteckt, einen Affenbrotbaum, erst einen halben Meter groß. Er gehört zu den Heiligen Bäumen, die von den „Chefs", den Bürgermeistern oder Dorfältesten, gesegnet werden. Auch die Cailcedra gehört dazu, jener bewunderte Alleebaum, die Goanca und die Acacia penata, in der die „petit genies" wohnen, die kleinen Geister.

Ein Dorfbewohner, der alte Zoungrana Pascale, begleitet von seinem Neffen Michel, begeistert sich inmitten der grünen Pracht für das von ihm mitgetragene Projekt. Schon nach einem Jahr seien hier Bäume gewachsen, die sie für ausgestorben hielten. Aus Rinde und Blättern könnten sie Heilmittel gewinnen und am Markt verkaufen. Honig, Nüsse, Früchte würden zum Lebensunterhalt beitragen. Mit dem Wäldchen würden sie ihren Kindern eine „patrimoine", eine Erbschaft hinterlassen.

Die insgesamt hundert Hektar eingezäunter Parzellen in Burkina Faso und im benachbarten Benin sind Ökonischen mit hoher Biodiversität. Die ganzjährige Bodenbedeckung schützt vor Bodenerosion, wird ein Speicher für das eindringende Regenwasser.

„Seit wir uns hier kurz nach der Jahrtausendwende engagiert haben, sind bereits 120.000 Bäume auf unseren geschützten Flächen gewachsen", zieht Felix Bilanz. Auch Eritrea habe jüngst Interesse gezeigt; „newTree" habe das Wiederbewaldungsprojekt dort mit Hilfe des einheimischen NGOs „Toker" gestartet. Statt mit Maschinendraht wurden die Parzellen in Eritrea mit Natursteinmauern eingefriedet.

Nachdem anfangs nur eine kleine Schar von Freunden in der Schweiz den engagierten Arzt unterstützt hatte, sind in den letzten Jahren die DEZA eingestiegen, die „Direktion für Entwicklung und Zusammenarbeit" in Bern, sowie der Lotteriefonds Zürich. Von der DEZA kommen 75.000 Euro für die Jahre 2007 und 2008. „Diese Anerkennung ist wichtig, da sich dadurch neue Türen für uns öffnen, etwa die Lotteriefonds anderer Kantone oder Gelder der Reformierten Kirchen." Das Gesamtbudget von „newTree" betrug 2007 rund 130.000 Euro; die Administrationskosten liegen mit 7% vergleichsweise niedrig.

Aus dem Verkauf von CO_2-Zertifikaten an aktive Klimaschützer erhofft sich Felix Küchler weitere Einnahmen. Die Wiederbewaldungen in der Sahelzone sind natürlich auch ein Beitrag zum Klimaschutz. Pro Hektar wachsen durchschnittlich 700 Bäume, die in einem Zeitraum von zehn Jahren ca. 36 Tonnen CO_2 absorbieren. Wer seinen eigenen CO_2-Ausstoß durch ein Wiederbewaldungsprojekt von „newTree" absorbieren lassen möchte, kann bei „newTree" entsprechende CO_2-Zertifikate erwerben.

Den „Gott in Weiß" hat der Arzt Felix Küchler längst abgelegt. Felix möchte sich am liebsten überhaupt nur noch von Mutter Erde und seiner Hände Arbeit ernähren.

Felix, der sensible, feinnervige Begrüner der Sahelzone stammt aus Obwalden, dem Geburtsort von Bruder Klaus von der Flüe. Einige hundert Familien gehen dort auf den Schweizer Nationalheiligen zurück, der bekanntlich zehn Kinder mit seiner Frau Dorothea hatte. „Ja, meine Familie liegt auch irgendwie in dieser Linie, was ich immer von Großeltern und Urgroßeltern gehört habe", schmunzelt er.

Als Journalist sehe ich schon die Schlagzeile: „Nachfahre von Bruder Klaus erhält alternativen Nobelpreis für die Bewaldung der Sahelzone". Das wär doch was, odr?

Jesus, der fragende Erzähler

Der Mensch ist ein Bettler
Auf der Fußwallfahrt von Pinkafeld nach Assisi im September 1993

Der Mensch ist ein Bettler.
Nackt und arm kommt er in die Welt.
Nackt und arm geht er aus der Welt.

Der Mensch ist ein Bettler.
Auch wenn er es zu Reichtum bringt.
Ein Lächeln, ein Wort, einen Kuss
kann er nicht um Millionen kaufen.

Der Mensch ist ein Bettler.
Auch wenn er die halbe Welt beherrscht.
Die Sonne, den Wind, das Wasser
zwingt er nicht nieder.
Er hat sich nicht einmal
selbst in der Hand.

Der Mensch ist ein Bettler.
Sein Glück kann er nicht machen.
Seinen Sinn kann er sich nicht geben.
Aber er kann danach suchen
und alles erbitten.

Der Mensch ist ein Bettler.
Zum Betteln braucht er Mut.
Den Mut, ein Nein zu ertragen.
Zum Betteln braucht er Demut.
Die Demut, nicht alles zu haben,
nicht alles zu wissen,
nicht alles zu können.
Zum Betteln braucht er Weisheit.
Die Weisheit, das rechte Wort zu finden,
zu lächeln oder zu weinen,
zu stehen oder zu knien.
Zum Betteln braucht er ein gutes Herz.
Ein Herz, das die Gabe versteht,
das die Gabe verwandelt,
das auch für ein Nein dankt.

Der Mensch ist ein Bettler

Der Mensch ist ein Bettler.
Betteln muss er lernen.
Die Straße ist die Schule der Bettler.
Der Mensch ist ein Bettler.
Wenn er das begreift,
steht ihm aller Reichtum offen.
Die Sonne scheint für ihn.
Die Blume duftet für ihn.
Der Vogel singt für ihn.
Was er braucht, erbittet er.
Was er empfängt, macht ihn froh.
Was er nicht erhält, beschwert ihn nicht.
Was er gibt, befreit ihn.
Was er leidet, verwandelt ihn.
Was er liebt, erlöst ihn.

Auf der Straße der Bettler
erwirbt der Mensch Mut, Demut,
Weisheit und ein gutes Herz.
Er wird ein Heiliger.
Ein Mystiker.
Ein fragender Erzähler.
Ein Revolutionär des Alltags.
Wie Franziskus, wie Klara,
wie Charles de Foucauld, wie Gandhi,
wie Oscar Romero, wie Mutter Teresa.
Wie Jesus von Nazaret.

Selig, die arm sind
vor Gott und den Menschen;
denn ihnen gehört
das Himmelreich und die Erde.

Jesus, der fragende Erzähler

Rede der Sonne

Liebe Menschen! Ihr lebt in einer Zeit, in der sehr viel geredet wird. Ihr habt euch Maschinen gebaut, die euch auf Knopfdruck anreden, und Maschinen, durch die ihr von einem Ende der Erde bis ans andere hindurchredet, und Maschinen, die eure wichtigen Leute Tag und Nacht mit sich herumtragen, damit auf sie jederzeit eingeredet werden kann. Ich frage mich: Habt ihr Menschen euch wirklich so viel zu sagen?

Da ihr für das viele Reden seid, wird es euch sicher recht sein, dass auch ich euch eine Rede halte. Ich, eure Sonne. Aber meine Rede ist sehr leise. Und sie ist wortlos. Ich rede nur durch mein Dasein. Da ich die meiste Zeit nicht einmal zu sehen bin, könnte es leicht sein, dass ihr mich noch nie reden gehört habt. Dabei halte ich meine Rede seit eh und je rund um die Uhr.

Liebe Menschen! Ich bin immer eure Sonne. Ohne die kleinste Unterbrechung scheine ich auf die Erde, auf euch und auf alle Geschöpfe. Immer strahle ich mein Licht, meine Wärme, meine Energie auf euch aus. Seit Milliarden von Jahren. Und ich habe noch kaum etwas von mir verbraucht. Ihr werdet müde und müsst rasten. Ich nicht. Ihr werdet hungrig und durstig und müsst essen und trinken. Ich nicht. Ihr könnt höchstens ein paar Tage wach bleiben. Dann müsst ihr euch ausschlafen. Ich nicht. Meine Beständigkeit sichert euer Leben. Baut auf meine Energie! Ich schenke sie euch. Sie kostet nichts. Ich gebe sie den Guten und den Bösen. Weil Gott es so will.

Liebe Menschen! Es gibt keinen Zweifel, dass ihr die wichtigsten Geschöpfe seid. Aber ihr tut so, als ob ihr auch die einzigen wäret. Ihr wisst viel und könnt viel machen. Aber das, was ihr zum Leben braucht, das war schon lange vor euch da: Luft, Wasser, Pflanzen, Tiere und ich, eure Sonne.
Leider seid ihr dabei, vieles zu zerstören. Das kann euer Untergang sein.

Liebe Menschen! Ihr sagt: Die Sonne geht auf, die Sonne geht unter, die Sonne ist hinter den Wolken verschwunden. Das ist falsch. Ich stehe still. Ich drehe mich nicht um euch. Eure Erde und ihr dreht euch um mich. Ihr geht auf und ihr geht unter und ihr verschwindet hinter den Wolken. Das ist die Wahrheit. Es dreht sich nicht alles um euch, liebe Menschen. Aber wir alle drehen uns um den, der uns erschaffen hat. Jedem hat er einen Platz zugewiesen. Sucht endlich euren Platz im Plan Gottes und füllt ihn aus. Nur ein harmonisches Miteinander aller Geschöpfe wird für alle zum Besten sein.

Rede der Sonne

Sicher denkt ihr jetzt: Wieso kann die Sonne so von oben herab auf uns einreden? Ich habe meine Autorität nicht aus mir. Ich habe sie von Gott. Sein Sinnbild bin ich. Das haben die Menschen vor euch besser gewusst als ihr. Vielleicht, weil sie stiller waren und mich hörten.

Als vor 2.000 Jahren Diogenes, ein Weiser, der wie ein Bettler lebte, von einem reichen König gefragt wurde, was er sich wünsche, sagte er, vor seinem Wohnfass sitzend: „Geh mir aus der Sonne!" Ihr aber, liebe Menschen, ihr müsst bereits zu euren Kindern sagen: „Geht doch aus der Sonne!" Ihr habt so viel Luft zerstört, dass meine Strahlen zur Gefahr geworden sind. Wozu aber habt ihr Augen, wenn ihr in die Finsternis flüchten müsst? Wozu habt ihr einen Leib, wenn er in der Kälte erstarren muss? Wozu habt ihr eine bunte, leuchtende, singende Welt, wenn ihr in Betonbunkern hausen müsst? Wozu hat Gott für euch und alle Geschöpfe eine Sonne gemacht, wenn ihr sie fliehen müsst? Wie wollt ihr ohne Sonne leben können?

Liebe Menschen!
Hört auf meine Rede!
Dann werdet ihr leben.
Denn Gottes Liebe ist wie die Sonne.
Sie ist immer und überall da.

Singen

Singen ist ein Geschenk.
Arbeiten kommt aus den Händen.
Denken kommt aus dem Kopf.
Singen kommt aus dem Herzen.

Singen ist Erlösung.
Leid und Freude werden zum Lied.
Gemeinschaft und Liebe werden zum Lied.
Geburt und Tod sind Lieder.

Singen macht zum Kind.
Horch auf ein Kind,
wenn es beim Spielen singt.
Diese Lieder sind die schönsten.
Sie sind wie das Kind selbst.

Singen macht gut.
Das böse Wort, das du sprechen willst,
erstickt dir, wenn du zu singen beginnst.
Die Feindschaft entschwindet, wenn du
statt des Streitens singst.
Familien und Gruppen schließen sich
fest zusammen, wenn sie
in stiller Stunde oder beim Wandern
miteinander singen.

Singen kommt von Gott.
Die Natur ist voll Gesang.
Vögel, Wind, Wald, Bach und Meer,
alles singt nach seiner Weise.
Sterbende, die ins Leben
zurückgeholt wurden,
hörten himmlische Musik

Singen

Singen ist die Sprache der Liebe.
Einige alte Leute kamen
zu unserer Pilgermesse.
Wir waren sehr müde.
Aber wir sangen und es klang wie noch nie.
Mit verweinten Augen dankten uns
die alten Leute. Frau Anna war glücklich,
dass sie uns in ihr Haus aufnehmen konnte.

Der Sonnengesang

Franz von Assisi ist vielen bekannt als der Heilige, der mit den Tieren redete und den Sonnengesang dichtete. Diese beiden Tatsachen haben viel miteinander zu tun. Ein Mensch, der mit den Geschöpfen so vertraut ist, dass er mit ihnen spricht, der sieht in ihnen mehr als nur niedrige Pflanzen und vernunftlose Tiere, die wir als Lebensmittel brauchen. Er entdeckt sie als Verwandte, in denen uns vielfältiges Leben, Schönheit und Weisheit der Natur begegnen. Er schaut in sie, in ihr Wesen hinein und findet in allen etwas, das über das Irdische hinausreicht, das man das Göttliche nennen kann. Deshalb wagt es Franziskus, ja, es strömt aus ihm eines Tages heraus, seinen geliebten Gott und Herrn in und durch die Geschöpfe zu loben.

Franz von Assisi ist bei weitem nicht der Erste, der so betete. Man muss nur im Alten Testament die Psalmen aufschlagen, da findet man in Überfülle das Lob Gottes durch alles, was auf Erden, im Wasser, in den Lüften und in den Himmeln existiert. Ein Vorbild für den Sonnengesang könnte dem heiligen Franziskus auch der Lobpreis der drei Jünglinge im Feuerofen gewesen sein. Franz von Assisi, der Poverello, der kleine Arme, steht mit seinem Sonnengesang ganz sicher in einer ewiglangen Tradition all derer, die Gott loben und preisen durch alles, was er geschaffen und so wunderbar gestaltet hat.

Die Lebensbeschreibungen und Zeugnisse über Franziskus berichten, dass der Heilige sehr gern aus einem inneren Drang heraus, aus einer Ergriffenheit in Liebe, in Liedern nach der Art der provenzalischen, fahrenden Spielleute im damaligen „Französisch" gesungen hat. Aber keine dieser Improvisationen seines Herzens ist schriftlich erhalten. Er selbst schrieb ja fast nichts. Da war er wie Jesus, dem er total ähnlich werden wollte.

Den Sonnengesang, *il Cantico di frate sole*, den Lobpreis Gottes in den Geschöpfen, dieses Lied hat der heilige Franz ganz sicher in der Sprache seiner geliebten umbrischen Heimat gedichtet. Es ist in der alten Schreibweise erhalten, wenn auch nicht in der Handschrift des Heiligen. Die Melodie, in der es der Poverello gesungen hat, kennt man leider nicht.

Die Entstehungsgeschichte des Sonnengesangs berichten die Aufzeichnungen von Bruder Leo und anderer Gefährten. Bruder Leo, einer der Ersten, die sich Franz von Assisi anschlossen, war auch so etwas wie sein Sekretär. Er durfte dem Heiligen sehr oft ganz nahe sein, wurde von ihm als „das Lämmlein" sehr geliebt und ausgezeichnet. Dieser Minderbruder berichtet, dass Franziskus in den Sommer- oder Herbsttagen 1225, körperlich schon schwer zerrüttet, eine schwere Leidenszeit durchzustehen hatte. Die heilige Klara von Assisi, die ih-

Der Sonnengesang

rem geistlichen Vater Franz so viel zu verdanken hatte, lebte damals mit ihren Schwestern, den „armen Damen von San Damiano", in diesem Klösterchen in totaler Armut. Sie war glücklich, dem leidenden Heiligen im Klostergärtchen ein kleines Zelt aus Gesträuch errichten zu können. Darin litt der Poverello in bitterer Traurigkeit. Aber eines Tages fühlte er, dass sein Leidensberg von ihm weggewälzt wurde. In diesen Stunden schämte er sich seiner Niedergeschlagenheit, die er sonst bei keinem seiner damals schon tausenden Brüdern duldete. Und nun ging es mit ihm aufwärts. Bald hörten die Schwestern eigentümlich lang gezogene Töne eines Liedes. Dann ließ sich Franziskus ins Refektorium der Schwestern zu einem Essen einladen. Kaum war das Tischgebet gesprochen, fing er als Spielmann Gottes, wie er sich immer bezeichnete, zu singen an: „Laudato si, mi Signore ..."

Später, als er erkannte, wie sehr sein Lied die Zuhörer ergriff, wollte er, dass seine Brüder mit dem Sonnengesang durch die ganze Welt ziehen sollten, um die Menschen zur Umkehr, zu einer neuen Gesinnung, zu einem gelebten Evangelium aufzurufen.

Der Sonnengesang war das beste Lied des Heiligen geworden. Kein Wunder, dass es in die Weltliteratur eingegangen ist, auch wenn es nach künstlerischen Maßstäben gar nicht so großartig sein soll. Aber gerade in unserer Zeit, in den letzten Jahrzehnten, in denen Franz von Assisi von so vielen Menschen aller Erdteile und Religionen wieder entdeckt wurde, in denen auch wir ihn als eines unserer großen Vorbilder in unser Leben aufnahmen, gehört dieses Lied als Herzstück unserer gesungenen Gebete ganz zu uns.

Wir singen es in mehreren Fassungen. Eine ist aus der Focular-Bewegung gekommen.

1982 kam dieses Lied bei einer Intensivwoche mit 200 Österreichern in Assisi in Italienisch in unser Liederbuch. Und der burgenländische Priester Johannes Lehrner, ein sehr musikalischer Mensch, hat es an die Melodie im Zeffirelli-Film „Brother sun and sister moon" angepasst und vor 30 Jahren niedergeschrieben.

Hier ist es, das Sonnenlied des liebevollen Franz von Assisi, eines zweiten Christus, wie ihn sogar ein Papst nannte, in einer schlichten Übersetzung:

> Höchster, allmächtiger, guter Herr,
> für Dich ist das Lob, der Ruhm,
> die Ehre und alle Herrlichkeit.
> Dir allein gebühren sie,
> denn Du bist der Höchste,
> und kein Mensch ist würdig,
> Dich zu nennen.

Jesus, der fragende Erzähler

Mein Herr, ich lobe Dich
mit allen Deinen Geschöpfen.
Vor allem mit Bruder Sonne,
der uns den Tag schenkt
durch sein Licht.
Er ist schön.
Er strahlt in großem Glanz.
Er ist Dein Sinnbild, Höchster

Mein Herr, ich lobe Dich
durch Schwester Mond und die Sterne.
Am Himmel hast Du sie gebildet.
Sie leuchten hell.
Sie sind kostbar.
Sie sind schön.

Mein Herr, ich lobe Dich
durch Bruder Wind und die Luft,
durch die Wolken und jedes Wetter.
Dadurch gibst Du Deinen Geschöpfen,
was sie zum Leben brauchen.

Mein Herr, ich lobe Dich
durch Schwester Wasser.
Sie ist nützlich.
Sie ist demütig.
Sie ist köstlich.
Sie ist keusch.

Mein Herr, ich lobe Dich
durch Bruder Feuer,
durch den Du die Nacht erleuchtest.
Er ist schön.
Er ist fröhlich.
Er ist voll Kraft.
Er ist stark.

Mein Herr, ich lobe Dich
durch unsere Schwester, Mutter Erde,
die uns ernährt und am Leben erhält.
Sie trägt für uns vielerlei Früchte,
bunte Blumen und Kräuter.

Der Sonnengesang

Mein Herr, ich lobe Dich
durch die Schwestern und Brüder,
die aus Liebe zu Dir verzeihen
und Krankheit und Leid ertragen.
Selig, die es in Frieden erdulden.
Denn sie werden von Dir gekrönt,
Höchster.

Mein Herr, ich lobe Dich
durch unseren Bruder Tod.
Kein Mensch kann ihm lebend entkommen.
Weh denen, die in Todsünden sterben.
Doch selig, die sich
in Deinem heiligsten Willen finden.
Denn der zweite Tod
tut ihnen kein Leid.

Lobt und preist meinen Herrn.
Dankt Ihm und dient Ihm
mit großer Demut.

Bruder Leo und die ersten Gefährten berichten in ihren Erzählungen von der großen Wirkung des Sonnengesangs auf die damals lebenden Menschen:

Es war gegen das Lebensende des heiligen Franz, als zwischen dem Bischof und dem Bürgermeister von Assisi ein wilder Streit entbrannt war. Der Bischof exkommunizierte den Podestá, und dieser ließ allen Bürgern verkünden, dass niemand dem Bischof etwas verkaufen oder abkaufen und keinen Vertrag mit ihm schließen dürfe. Franziskus in seiner Krankheit erfuhr davon. Es bewegte ihn ganz tief, vor allem auch, weil sich niemand fand, der Frieden stiften wollte. Den Hass zwischen Bischof und Bürgermeister empfand der heilige Franz als große Schande. Deshalb fügte er seinem Sonnengesang die Strophe von Bruder Tod an. Dann bat er den Bürgermeister durch einen Bruder, sich mit allen Stadträten vor dem Bischofspalast einzufinden. In ihrer Ehrfurcht vor dem Heiligen erfüllten sie seine Bitte. Gleichzeitig schickte Franziskus zwei Brüder dorthin mit dem Auftrag: „Geht und singt vor dem Bischof und dem Podestá den Sonnengesang. Ich vertraue auf den Herrn, dass er ihre Herzen demütig macht, damit sie wieder zur früheren Liebe und Freundschaft zurückkehren." So kamen die Brüder des Heiligen zum Bischofsplatz und baten die Versammelten, das Loblied auf Gott mit großer Andacht anzuhören. Der Bürgermeister hörte mit gefalteten Händen zu und in seiner Zuneigung zum heiligen Franziskus weinte er Tränen der Rührung.

Jesus, der fragende Erzähler

Nach dem Ende des Gesangs warf er sich dem Bischof zu Füßen, verzieh ihm alles und bat ihn ebenso um Verzeihung. Da ergriff ihn der Bischof bei der Hand, hob ihn auf, gestand, dass er leicht in Zorn verfalle und erbat vom Bürgermeister freundliche Nachsicht. Darauf umarmten und küssten sich die vormaligen Feinde. Die Brüder und die anderen Leute freuten sich über den Frieden, der vor ihnen geschlossen wurde, und sie sahen es als ein großes Wunder an, das sie dem heiligen Franz zuschrieben.

Da liegt einer, der rührt sich nicht!

„Herr Inspektor! Bitte schön, da drinnen, da liegt einer, der rührt sich nicht!"
„Wer sind Sie?"
„Aber, Herr Inspektor, Sie kennen mich doch. Sie haben mich damals aufs Kommissariat mitgenommen. Wissen Sie es nicht mehr?"
„Name, Adresse! Am besten einen Ausweis!"
„Herr Inspektor, ich bin doch der Fritz."
„Ach so. Ja, der Fritz. Na ja, in dieser Verkleidung."
„Aber Herr Inspektor, bei der Kälte, da zieht man alles an, was man hat."
„Also, Fritz, wo liegt einer, der sich nicht rührt?"
„Bitte schön, Herr Inspektor, da drinnen in der aufgelassenen Fabrik, da liegt einer, der rührt sich nicht."

Vorgestern war der Winter hereingebrochen. Ganz plötzlich. Noch dazu nach einigen milden und sonnigen Spätherbsttagen. Schwere Wolken zogen auf. Die Sonne verschwand. Ein Windstoß wirbelte Blätter und Sand durch die Straßen. Und dann brach ein Schneegestöber los. In ein paar Minuten war alles weiß. Menschenleer war die Straße. Hugo hatte in einem Wartehäuschen Unterschlupf gefunden. Aber diese nasse Kälte und der steife Nord. Es schüttelte ihn. Bis zu seiner Herberge war es ein Weg von einer guten halben Stunde. Mit löcherigen Schuhen und ohne Mantel. Gefunden hatte er auch fast nichts auf seinem nachmittäglichen Streifzug. Nur ein Stück hartes Brot, ein paar angefaulte Äpfel und eine Dose, halbvoll mit dem, was einmal Bier gewesen war.

Hier konnte er nicht bleiben. Also hinaus und heimzu. Das Gestöber war weiter gezogen. Es klarte auf. Die Dunkelheit des Abends breitete sich aus. „Ich muss schnell gehen. Schnell gehen. Möglichst schnell." So murmelte Hugo vor sich hin. „Das idiotische Mülltrennen. Es ist nichts Ordentliches mehr zu finden in den Tonnen. Damals, als ich mein neues Leben angefangen habe, war das doch anders. Wann war das eigentlich? Wann war das? Wann? Es war, es war im Sommer vor drei Jahren. Ganz genau am 16. August. Einen Tag nach dem Geburts- und Namenstag von Maria. Von meiner Maria. So lange ist das schon wieder her? Wirklich schon mehr als drei Jahre?"

Hugo war es zur Gewohnheit geworden, fast ständig mit sich selbst und so vor sich hinzureden. Es machte ihm längst nichts mehr, wenn die Leute über ihn den Kopf schüttelten oder auch Bemerkungen wie „der spinnt!" von sich gaben. Was hatte er schon mit den anderen zu tun? Er sah sie und sah sie nicht. Er hörte sie und überhörte alles, was sie sagten. Sie lebten in ihrer Welt. Hugo lebte in der seinen. Er nannte sie „mein neues Leben". Im Gegensatz zum alten Leben. Das er früher geführt hatte. Mit seiner Frau Maria und seiner Tochter Sabine.

Das war ihm schon nach einigen Wochen klar geworden, dass er sich von der alten Welt ganz und gar trennen musste. Wenn er am Leben bleiben wollte, musste er *jetzt* leben. Sozusagen in jedem Augenblick. Und immer dort, wo er gerade war. Dort, wo er ein Dach, eine Hütte, einen Winkel fand – sei es der schäbigste, dreckigste – dort war sein Zuhause. Jeder Gedanke an das alte Leben, an all das Frühere erweckte nur Sehnsucht, Schmerz und Trauer. Und das kostete Kraft. Kraft, die er jeden Tag neu brauchte, um überleben zu können. Um Vorräte und Behausungen, Kleider und sonst Notwendiges auszukundschaften, an sich zu bringen und heimzuschaffen. Hier und jetzt zu leben und nicht in die Vergangenheit zurückzukehren war sein oberstes Gebot geworden. Das er jeden Tag durchbrach, weil sein Herz seinem Verstand nicht gehorchte. Am wenigsten dann, wenn alles so schwer wurde wie jetzt nach dem Wintereinbruch.

„Schneller, schneller, Hugo!" redete er nun auf sich ein. „Hugo, schau, dass du heimkommst in die warme Stube. Heim? In die warme Stube? Verdammt noch einmal! Warum muss der Scheißwinter heuer so früh kommen? Voriges Jahr und vorvoriges waren die Winter spät eingebrochen und eigentlich mild gewesen. Selten unter Null. Ein- oder zweimal ein wenig Schnee. Dazwischen föhnige Tage. Und auch mein erster Winter in meinem neuen Leben war freundlich zu mir gewesen, sehr freundlich sogar. Außerdem hauste ich damals im komfortablen Gartenhäuschen meines Freundes Carlo. Der Carlo! Der einzige, der mich verstanden hatte. Aber sein Weib, diese Furie, diese aufgeplusterte Vogelscheuche, diese geldgierige Xanthippe, diese ..." Ein Hustenanfall unterbrach Hugos Monolog. Er blieb stehen und spuckte den Schleim in den Schnee. Dann stapfte und sinnierte er weiter. „Ja, Freund Carlo! Ein echter Italiener mit Herz und Charme und Temperament. Singen konnte der Carlo. Wieso hatte sich der diese Fuchtel genommen? Aber sie hatte Geld. Und so konnte Carlo den Betrieb aufbauen. Ich hatte bei ihm einen guten Platz, einen sehr guten. Er hat nie den Chef gespielt. Er war immer wie ein Kollege, wie ein Freund gewesen. Er hätte auch meine dunkle Stunde übersehen, wenn nicht sein Teufelsweib ..."

Hugo bog in einen Zufahrtsweg ein. Vorher schaute er sich sorgsam um. Ob ihn niemand beobachtete. Er kam zur Tafel mit der Aufschrift „Betreten bei Strafe verboten!" Keine Menschenseele war zu sehen, nicht einmal die Katze, die oft herumstreunte. Es war bereits seine Gewohnheit, so zu tun, als ob er hinter einem Busch austreten musste, um auf jeden Fall eine Ausrede zu haben, falls ihn jemand ertappen sollte, wie er sein Domizil betrat. „Endlich. Endlich in meinem Heim." Hugo stampfte beim Eingang den Schnee von den tropfnassen Schuhen. Er liebte es, in einer möglichst schönen Sprache mit sich selber zu reden. Schließlich hatte er an einem Gymnasium maturiert und war so etwas wie ein feiner Mensch gewesen. Buchhalter, Buchhalter in Carlos Betrieb. Freilich, manchmal da musste er schimpfen und fluchen. Aber im Dialekt sprach er nie. Und das Schimpfen und Fluchen hatte er sich auch erst in letzter Zeit angewöhnt. Eigentlich wollte er es nicht und bekämpfte es auch. Aber irgendwie war alles so aussichtslos geworden, so hoffnungslos.

Die Fabrik, die Hugos Zuhause war, stand wohl schon etliche Jahre leer. Alle Fensterscheiben waren zerbrochen, zerschossen. Da und dort wuchsen Grasbüschel in Türöffnungen und in den Hallen und Räumen. Auch Holunder und anderes Gesträuch begann, den Boden zu erobern. In einem Winkel war eine Art Verschlag. Dort hauste Hugo. Er klopfte an ein Brett. „Niemand zuhause? Kein Wunder. Ich bin ja der einzige, stolze Bewohner dieses Palastes. Wer sollte ‚Herein!' sagen oder mir die Türe aufmachen?" Hugo trat ein. Vor ein paar Wochen hatte er sich hier eingemietet. Es wurde immer schwerer, wenigstens ein Dach über dem Kopf zu finden. Er hatte ja schon in einem Rohbau eine ganz nette Wohnung gehabt, als ihn ein anderer vertrieb. Der Fritz. Wenn der einen Rausch hatte, wurde er rabiat und brutal. Er war auch hinterhältig und nützte jeden Vorteil für sich. So musste sich Hugo aus dem Staub machen. Denn streiten oder gar kämpfen, das wollte und konnte er nicht. Außerdem, der Fritz hatte immer ein Messer bei sich.

Hugo fror, dass es ihn schüttelte. Alles, was er an Kleidungsstücken hatte, zog er an. Aber die Kälte saß sozusagen in ihm. „Gut, dass ich noch eine eiserne Reserve aufgehoben habe. Die wird mich jetzt retten. Komm, du Göttertrank, und erwärme mir meinen armen Leib, mein trauriges Herz und meine erfrorenen Füße. Sie baumeln an mir wie Eiszapfen am Dach. Und nun hinein ins Federbett. Kalt, kalt. Alles ist saukalt. Noch ein Schluck. Der letzte schon? Der letzte. Die Flasche ist leer. Was wird morgen sein? Wozu denke ich an morgen? Noch immer falle ich ins alte Leben zurück. Morgen? Wie soll ich das wissen? Wer fragt danach? Hugo fragt? Hugo fragt Hugo: ‚Was wird morgen sein?' Die Antwort ... ist nicht schwer: ‚Wenn es morgen nicht wärmer ist, dann ... dann fahre ich in den Himmel.' Noch so eine anbrechende Nacht und ich feiere Hugos Himmelfahrt."

Nun begann ihn der Schnaps zu wärmen. Das tat gut. Aber der quälende Husten. Und die Schmerzen in der Brust. Nach dem Übersiedeln aus seiner letzten Bleibe hatte er sich verkühlt. Weil er ein paarmal im Freien übernachten musste. Und jetzt in dieser Eisgrube wurde die Sache nicht besser. Wieder begann er mit sich zu reden. „Mein Gott, du hast mir ja einmal einen Pfarrer geschickt, der mir helfen wollte. Aber in mir bäumte sich alles dagegen auf. ‚Herr Pfarrer', habe ich gesagt, ‚ich weiß, Sie meinen es gut. In ihren Augen bin ich ein Sandler, ein armer Wurm. Aber ich kann Ihr Angebot nicht annehmen. Denn mir geht es gut. Bestens sogar. Ich habe, was ich benötige. Mehr brauche ich nicht. Das habe ich schon als junger Mensch von Franz von Assisi gelernt. Nicht, dass ich mich mit ihm vergleichen könnte. Aber auch ich habe ein neues Leben gefunden wie er. Ich bin frei wie die Vögel. Nochmals danke, Herr Pfarrer.' Aufrecht bin ich weitergegangen. Er hat nichts erwidert. Er hat mir nur nachgeschaut. Oft sehe ich ihn, wenn ich an seiner Kirche vorbeikomme oder drinnen ein wenig schlafe. Warum ich ihn abgewiesen habe? Aus Stolz? Aus Starrköpfigkeit? Ich musste nein sagen, um die Achtung vor mir selber aufrecht zu erhalten. Um mich nicht töten zu müssen. Das war der Grund. Carlo würde das verstehen. Der Pfarrer, hat der es verstanden? Jedenfalls hat er mich dann nicht mehr in dieser Sache angesprochen. Aber manchmal gibt er mir einen Fünfer."

Es wurde eine schlechte, schwere Nacht für Hugo. Husten und Kälte weckten ihn immer wieder. Auch die kleine Ratte, die ihn oft besuchte, störte ihn in seinem Dösen. Ihr gab er ja immer von seinen Sammelergebnissen. So war sie zutraulich geworden.

„Ja, ja, ich weiß schon, du bist es, mein Schatz. Leckerbissen habe ich heute keinen. Aber ein Stück hartes Brot. Ich habe auch nichts anderes, mein Liebling. Wo ist es nur?" Hugo kramte, bis er es gefunden hatte und legte es der Ratte hin. Bald hörte er sie knabbern.

„Eigenartig ist es schon, mein Schatz. Eine Ratte ist mein Liebling geworden. Eine Ratte. Und auch sie besucht mich nur in der Nacht. Herrgott, wieso ist es mit mir so weit gekommen? Noch so eine Nacht und ich verrecke! Hugo fährt zu dir in den Himmel. In den Himmel? Hugo, da ist doch deine dunkle Stunde. Ja, ja, lieber Gott, ich weiß, ich weiß. Meine dunkle Stunde. Aber war ich ein schlechter Mensch? So schlecht, dass ich nicht in deinen Himmel darf? Habe ich nicht gebüßt, schwer gebüßt für meine dunkle Stunde? – Mein Gott, du allein weißt, wie mich Maria hineingetrieben hat in meine dunkle Stunde. Sie wollte hinter Carlos Frau nicht zurückstehen. Ihr Ehrgeiz, ihr Stolz, ihre Geltungssucht, ihre Eifersucht. Wie hat sie mich gequält mit ihren ständigen Wünschen. Die ich nicht erfüllen konnte. Weil ich nicht so viel verdiente. Mit Scheidung hat sie mir gedroht. Verspottet hat sie mich. Beschimpft hat sie mich: ‚Nichts als ein Versager bist du. Du hast nichts, du kannst nichts, du bist nichts. Nicht einmal deine Frau und deine Tochter kannst du standesgemäß ausstatten. Wie mir das noch immer in den Ohren dröhnt. Mein Gott, mein Gott, du musst es doch auch gehört haben! Meine kleine Ratte, mein Schatz, hörst du es? Ein Versager war ich. Ein Versager bin ich geblieben. Ein armer Hund bin ich geworden. Ein dreckiger, stinkender, hustender, sterbender Köter."

Hugo musste sich aufsetzen, um nach einem schweren Hustenanfall ausspucken zu können. Wieder krümmte er sich auf seinem Lager zusammen. Wieder döste er dahin. Doch die Ratte, die zum Brot zurückgekommen war, weckte ihn.

„Mein Schatz, bist du wieder da? Hat dich vorhin mein Reden oder mein Husten erschreckt? Wo waren wir stehen geblieben? Du willst sicher meine ganze Geschichte hören. Versager. Ja, das ist das Stichwort. Auch in meiner dunklen Stunde war ich ein Versager. Dunkle Stunde? Schönes Wort für Betrug. Hugo ist zum Betrüger geworden. Carlos Frau hatte es sofort entdeckt. Schon als Bub hatte ich nicht schwindeln können. Schnell war ich überführt. Carlo war barmherzig. Er war immer mein Freund. Er verstand mich. Er verstand auch das mit Maria. Er verhinderte, dass die Polizei eingeschaltet wurde. Ja, Carlo ist ein Engel. Herrgott, das sage ich dir, Carlo ist ein Engel. Den musst du auf jeden Fall in deinen Himmel hineinlassen. Und mich? Ich habe schwer gebüßt. Wie stand ich vor Maria da!? Wieder nur als Versager. Als Versager stand ich wortlos vor ihr, um mein Urteil entgegenzunehmen. Es bestand aus einem einzigen Wort. ‚Hinaus!' Und nochmals. ‚Hinaus!' In bitterster Verachtung gesprochen. Ich schlug die Augen nieder. Sah ihre Schuhe, sehe sie noch. Sehe alles noch, höre alles noch. Ich drehte mich um und ging. Da stieß ich mit dem gesenkten Kopf gegen die Tür. Ich öffnete sie, erhielt von hinten einen Stoß oder einen Tritt und stürzte ... hinaus. Ich rappelte mich hoch und ging und ging. Wie gerne hätte ich noch einmal zurückgeschaut. Aber ich wagte es nicht. Mein Urteil war gesprochen. Es lautete: ‚Hinaus!' Ich hatte es anzunehmen. Wollte ich weiterleben, musste ich ein neues Leben anfangen. Das alte total hinter mir lassen. Hinaus! Das war die Strafe für mein Versagen. So war es. Genau so, meine kleine, liebe Ratte. Verstehst du das?

Zuerst ergab sich alles so, als ob ich wieder zurück könnte. Carlo forschte mich schon in der ersten Nacht im Park aus. Er brachte mich in sein komfortables Gartenhäuschen und versorgte mich mit dem Nötigsten. ‚Hier könnte ich bleiben, bis sich der Sturm gelegt hätte.' So meinte er. So begann auch ich zu hoffen. Ich suchte einen neuen Posten. Weißt du, was das heißt, mein Schatz? In meinem vorgerückten Alter? Wie klein du da wirst, wie armselig, wie erbärmlich. Ja, da wirst du zur Ratte. Deshalb verstehen wir uns ja so gut, meine kleine Ratte. Die Direktoren, Abteilungsleiter und Sekretärinnen, sie haben mich zur Ratte gemacht. Nach dutzenden Vorsprachen konnte ich nicht mehr. Da kam die Vorladung zum Gericht. Ich sah Maria noch einmal. Scheidung. Aus. Nach dem Hinaus noch das Aus. Und am gleichen Tag nochmals ein Hinaus. Carlos Frau hatte herausgebracht, wo ich war. Hugo, die Ratte, wurde ausgeforscht und auf die Straße gesetzt. An einem sonnigen Vorfrühlingstag.

Warum ich mich nicht gewehrt habe? Von Anfang an? Darüber denke ich seit dem Hinaus nach. Und ich glaube, ich habe nicht um mich gekämpft, weil ich an die Liebe glaubte, an eine Liebe, die mich liebt, auch wenn ich ein Versager bin. Und daran glaube ich noch immer. Hugo, die Ratte, glaubt an die Liebe. Das Schlimmste waren nicht die Nächte im Freien, nicht Regen und Kälte, nicht Hunger und Dreck und Krankheiten, nicht Polizei, Herumirren und wie Abfall zu sein, das Schlimmste war, dass ich Maria und Sabine verloren hatte und Carlo. Ich liebe sie noch immer. Ich werde sie ewig lieben. Herrgott, du kannst mich in die Hölle stoßen wegen meiner dunklen Stunde. Ich werde sie lieben, lieben, lieben ..."

Auf einmal spürte Hugo, dass er weinte. Damals hatte er nicht geweint. Aber jetzt weinte er. Und feierlich sprach er in die kalte Finsternis: „Maria, ich war dir damals nicht böse. Dein ‚Hinaus!' hat mich zwar zerrissen in zwei Hälften. Aber ich war dir nicht böse. Nur Carlos Frau – ich fürchte, dass ich sie hasse."

Hugo schluchzte und hustete und spuckte. Er kauerte sich hin und schlief vor Ermattung ein. Als es dämmerte, weckte ihn die Kälte. Steif, durchfroren, hustend und voller Schmerzen in der Brust kroch er hoch. Instinktiv spürte er, dass er in Bewegung kommen musste, wenn er nicht erfrieren wollte. Kalt war es geworden. Noch kälter als gestern. Der Schnee knirschte, als Hugo davonschlich. Zuerst in die Kirche. Als er einschlief und zu schnarchen begann, weckte ihn eine Beterin und drohte ihm mit der Polizei. Nein, nur das nicht. Also wieder auf die Straße. Suchen. Glück. Eine ganze Wurstsemmel. Und gerade heute der Pfarrer. Aber nur ein Gruß. Wie sehr hätte er heute den Fünfer gebraucht. Für einen Schnaps zum Aufwärmen. So ist es eben manchmal. Nochmals in die Kirche. Der Schlaf kam nicht mehr. Auch die Füße wurden nicht mehr warm. Eigentlich spürte er sie gar nicht mehr. Also wieder hinaus. Auch jetzt, da die Sonne schien, war es bitterkalt.

„Heute ist der Tag anders als alle Tage bisher. Heute ist alles so, als ob ich nicht in diese Welt gehörte, als ob ich ein Fremder, einer von einem anderen Stern wäre. Ob ich noch in meine Wohnung finden werde?" Tatsächlich irrte Hugo hin und her. Manchmal stand er lange und schaute irgendwohin. Dann ging er wieder. Als es zu dunkeln begann, war er plötzlich vor dem Schild mit der Aufschrift „Betreten bei Strafe verboten!" Er las es mehrmals: „Betreten bei Strafe verboten! Betreten bei Strafe verboten! Da bin ich ja zuhause. Da habe ich ja doch noch heimgefunden. Also, Hugo, das hast du gut gemacht. Nichts wie hinein."

Er merkte nicht mehr, wie ihn der Husten quälte. Er spürte keine Schmerzen mehr. Ruhig ließ er sich auf sein Lager nieder. Die Wurstsemmel fiel ihm ein. Er fischte sie aus einem Mantelsack und biss ab. Langsam würgte er den Bissen hinunter. Es schmeckte ihm eigentlich nicht. Da fiel ihm seine Ratte ein. „Hugo, halt ein, lass die Semmel deiner Freundin." Sie kam bald. „Das ist schön, dass du gekommen bist, mein Schätzchen. Sehr schön ist das von dir. Ich habe dir von meinem Abendessen aufgehoben. Lass es dir gut schmecken. Eine Wurstsemmel gibt es nicht immer, mein Liebling." Hugo hätte sie gern gesehen, seine Freundin. Aber so sehr er auch seine Augen anstrengte, die Finsternis war nicht zu durchdringen.

War er eingeschlafen? Oder war er wach? Jedenfalls fühlte er eine wohlige Wärme in sich aufsteigen. Eine tiefe Ruhe legte sich auf seine arme, gequälte Gestalt. Dann kam ein Licht auf ihn zu. Da stand auf einmal einer. Er fühlte ihn mehr, als er ihn sehen konnte. Aber der Fremde jagte ihm keinen Schrecken ein.

„Wer bist du?", fragte Hugo. „Wer soll ich sein?", kam die Antwort, „dein Leidensgenosse bin ich, der unglückliche Fritz, vor dem du davongelaufen bist." „Der Fritz? Wie hast du mich gefunden?" „Ganz einfach. Ich habe dich in allen bekannten Schlupfwinkeln gesucht." „Du bist nicht Fritz." „Wer sollte ich sonst sein?"

Hugo legte sich wieder zurück. Der Fremde leuchtete mit seiner schwachen Taschenlampe die Ecken des Verschlages aus. Dann warf er so etwas wie einen Sack hin, breitete allerhand aus und wickelte sich ein. „Saukalt ist es hier", stellte Fritz fest. „Mir ist nicht kalt", antwortete Hugo. „Nicht kalt? Da musst du aber aufpassen. Wenn einem nicht mehr kalt ist, ist man am Erfrieren." „Erfrieren? Schön ist das, das Erfrieren. So angenehm. So weich. So warm. So friedlich." Fritz sagte nichts darauf, dachte sich nur seinen Teil.

Lange blieb es still. Fritz war eingeschlafen. Hugos Stimme weckte ihn: „Du bist nicht Fritz. Aber ich habe nachgedacht. Ich weiß jetzt, wer du bist. Du bist Franz. Der heilige Franz. Franz von Assisi bist du. Du willst dich nicht zu erkennen geben. Ich verstehe das. Du bist der Bruder aller Menschen und Geschöpfe. Weil ich mit der Ratte gut war, kommst du zu mir. Du willst, dass ich in deinen Orden eintrete. Solche wie mich könntest du schon brauchen. Weißt du, ich habe auch öfter an so etwas gedacht. Aber was ist, wenn plötzlich Maria nach mir schicken lässt, um mich zurückzuholen? Die Scheidung wird aufgehoben. Stell dir das vor. Ja, so wird es sein. Ich hatte immer einen sechsten Sinn. Morgen wird das sein. Wenn es licht wird, kommt Maria. Im Auto. Neben ihr sitzt Sabine. Carlo chauffiert. Sie werden nichts sagen. Sie brauchen nichts sagen. Denn alles wird wie früher sein. Alles, alles, ... Du sagst nichts, heiliger Franz? Hörst du mich nicht?" „Hugo, du fantasierst, du redest im Fieber." „Ich rede nicht im Fieber. Schau dort zum Fenster. Es wird hell. Das sind die Scheinwerfer vom Auto. Sie holen mich."

Hugos Rede wurde immer wieder vom Husten und Ausspucken unterbrochen. Aber das beachtete er nicht mehr. Fritz war wieder eingeschlafen. Abermals wurde er von Hugo geweckt.

„Heiliger Franz, bist du eingeschlafen? Entschuldige, wenn ich dich wecke. Ich muss es tun. Sie sind gekommen und stehen an der Tür. Maria, Sabine und Carlo. Ich darf sie nicht zu lange warten lassen. Was ich hier zurücklasse, das kannst du dir gerne nehmen. Ich brauche es sicher nicht mehr. Schau doch, wie Sabine glücklich lächelt. Sie hat eine Blume in der Hand. Eine weiße Chrysantheme. Meine Lieblingsblume. Das ist aber schön. Es wäre nicht nötig, aber es ist so schön, so schön ... So hell wird es jetzt. So leuchtend hell. Maria, du siehst wunderbar aus. Du hast ja das Brautkleid angezogen. Und das alles für mich? Für diesen Versager? Warum bist du so gut? Das habe ich nicht verdient. Carlo, Carlo, du hast mich immer verstanden. Du weißt – meine dunkle Stunde. Du hältst mir die Arme entgegen? Ich soll zu dir kommen? Du winkst ...? Ich liebe euch, ich liebe euch ... Ich wusste, dass alles gut wird ... Aber mein Schätzchen, ja, ich habe ein Schätzchen, eine kleine Ratte, die darf ich nicht im Stich lassen ... Wo bist du, Schätzchen, wo bist du? Wo bin ich? Das Licht, die Musik, die Musik, die kenne ich ja. Sabine, Maria, ihr singt wie die Engel ... Ja, die Liebe ist stark wie der Tod. Stärker als der Tod. Sie hat uns zusammengeführt. Nun kann uns nichts mehr trennen. Maria, die Liebe ... Maria ... Maria ..."

„Bitte schön, Herr Inspektor, erlauben Sie, dass ich die Sache von meiner Sicht aus nochmals schildere. Also, bitte schön, ich bin gestern abends zufällig hier vorbeigekommen. Es war schon finster und da habe ich die Tafel nicht lesen können, dass das Betreten verboten ist. In einem kleinen Winkel habe ich übernachtet. Und vorhin beim Aufstehen habe ich den gesehen, der liegt und sich nicht rührt. Na ja, die Nacht war kalt. Ich habe ihn selbstverständlich nicht berührt. Man weiß ja nicht, was los ist und man will nichts falsch machen. Ich bin gleich aufgebrochen, um Meldung zu erstatten. Glücklicherweise kommen Sie, Herr Inspektor, vorbei. Und ich kann zu Protokoll geben: Herr Inspektor! Bitte schön, da drinnen, da liegt einer, der rührt sich nicht!"

Lieber Bruder Jesus

Pinkafeld, Frühjahr 2010

Lieber Bruder Jesus,

Deine Erzählungen sind herausfordernd. Unbequem. Lästig. Immer eine Zumutung. Wenn es nur erfundene Geschichten wären. Aber sie sind ganz aus dem Leben gegriffen. Sie sind so alltäglich. Sie sind so wahr. Sie lassen einen nicht kalt. Sie zwingen mich in die Geschichte hinein. Zum Beispiel Deine Erzählung über den Mann, der unter die Räuber fiel.

Da liegt er ausgeraubt, nackt und halbtot. Der Priester kommt des Weges und geht an ihm vorbei. Der Levit kommt und geht an ihm vorbei. Man sieht die Zwei schon weit hinten am Horizont enteilen. Sie sind schon ganz klein geworden. Winzig wie ihr Herz. Schließlich ganz entschwunden. Der Samariter aber, den der Priester und der Levit als Heiden verachten, kommt, sieht und kniet sich zum Beraubten und Geschlagenen. Er verbindet seine Wunden, wischt seine Tränen von den Wangen, sagt ihm tröstende Worte und hebt ihn auf sein Lasttier. Der Samariter. Der nicht weggeschaut hat. Der sich nicht mit Ausreden vorbeigedrückt hat. Er bringt den armen Teufel in eine Herberge und sorgt für ihn wie ein himmlischer Engel. Als er weg muss, lässt er dem Wirt Geld zurück, damit der ihm auf die Beine hilft.

Jesus, an dieser Erzählung komme ich nicht vorbei. Ich schaffe es nicht, nur mit den Achseln zu zucken und so zu tun, als ob mich die Sache nichts anginge. Denn schon türmen sich Fragen in mir auf. Erfahrungen aus ähnlichen Situationen in meinem Leben drängen sich in mein Bewusstsein. Ich weiß, dass ich gar nicht selten an Menschen vorbeigehe, die Hilfe, die meine Hilfe brauchen. Warum helfe ich nicht? Warum helfe ich nicht? – Weil ich ein viel beschäftigter Mensch bin. Weil ich ein volles Tagesprogramm habe. Weil ich jetzt wirklich keine Zeit habe. Weil ich zu müde bin. Weil ich mich endlich ausruhen muss.

Warum helfe ich nicht? – Na ja, irgendwie schäme ich mich vor denen, die auch nicht helfen. Ich will nicht aus der Reihe tanzen. Ich will mich nicht als barmherziger Samariter gebärden. Ich will nicht als „Reserve-Jesus" abgestempelt werden.

Warum helfe ich nicht? – Ich kann wahrscheinlich gar nicht helfen. Denn was tue ich, wenn sich der Hilfsbedürftige gar nicht helfen lässt? Wenn er mich wegschickt oder wegstößt. Ist mir schon passiert. Dass ich wie ein Wichtigtuer oder Neugieriger dastehe. Außerdem, das ist doch mehr als lästig, angegafft zu werden, wenn ich vor einem knien muss, der in seinem Rausch gestürzt ist und nun blutend im Dreck liegt. Und gute Ratschläge werden mir zugerufen. Das habe ich doch nicht nötig. Kann ich so einem überhaupt helfen? Der torkelt sicher sofort ins nächste Wirtshaus, um sein Unglück zu besaufen.

Jesus, der fragende Erzähler

Warum helfe ich nicht? – Und was ist, wenn ich etwas falsch mache? Helfen kann ich doch nur, wenn ich dafür ausgebildet bin. Wenn Helfen mein Beruf ist. Dann bin ich dazu berufen. Aber als Laie in solchen oft sehr delikaten Unglücksfällen?

Warum helfe ich nicht? – Viele, sehr viele stürzen aus eigener Schuld in ein Unglück. Sind es nicht fast immer Fremde, Ausländer, auch Gauner, also Leute, die mich nichts angehen? Für die irgendwer sowieso zuständig ist. Eine Institution. Eine Behörde. Das Rote Kreuz, die Rettung, die Caritas, die Polizei, die Feuerwehr. Also, wozu soll ich mich einmischen?

Warum helfe ich nicht? – Schließlich und endlich: Es gibt zu viel Not und Elend. Was kann denn mein armseliger Hilfseinsatz daran ändern? Meine kleine Spende ist für die eine Milliarde Hungernde nicht einmal der Tropfen auf dem heißen Stein. Und wer garantiert, dass mein Geld bis zu den Notleidenden kommt?

Warum? – Weil ... Warum? – Weil ...

Jesus, Deine Geschichte aber sagt:

Hinschauen. Stehen bleiben. Niederknien. Helfen. Geben. Sanft, barmherzig, liebevoll. Mit den Händen, mit dem Herzen, mit Zeit, Geld und Gut. Notwendend.

Und dann kommt noch Dein Ausspruch hinzu: „Was ihr für einen meiner geringsten Brüder getan habt, das habt ihr mir getan."

Bin ich wenigstens manchmal

Dein Bruder Fritz?

Niger: „Blutgruppe B positiv" gesucht

„Für Zehntausende von Kindern nimmt die dramatische Ernährungssituation kein Ende. Die dringenden Bedürfnisse an Pflege vermindern sich nicht, im Gegenteil: MSF (Medecins sans frontieres) hat allein in der letzten Woche rund eintausend schwer mangelernährte Kinder in ihren Ernährungszentren in Zinder aufgenommen. In dieser Region ist die Sterblichkeitsrate besonders beunruhigend: für Kinder unter fünf Jahren beträgt sie 4,1/10.000 pro Tag und ist somit doppelt so hoch wie der Katastrophengrenzwert. Zwischen April und August war die Sterblichkeitsrate mit 5,3/10.000 noch größer. Die Ernährungssituation hat sich in den letzten Monaten zusätzlich verschlimmert."

Das Kommuniqué der „Ärzte ohne Grenzen" aus Genf / Zinder vom 13. September 2005 hat in der an Hungermeldungen reichen Weltöffentlichkeit wenig Echo. Aber es sind auch österreichische Ärzte im Katastropheneinsatz – und das ist für uns in der „thema"-Redaktion des ORF ein Grund mehr, aus dem Einsatzgebiet der „Ärzte ohne Grenzen" im Osten des Niger zu berichten.

Die Intensivstationen für die Mütter mit ihren Kindern sind Zeltstädte. Drinnen hängen die Babys und Kleinkinder an Infusionen, draußen lagern die Frauen im Schatten von Bäumen. Wer es bis hierher geschafft hat, bekommt wenigstens zu essen.

Eine Ärztin und ein Arzt aus Wien sind im Dauereinsatz, gehen von Bett zu Bett, geben den Krankenschwestern aus aller Welt in knappen Worten die nötigen Anweisungen. „Leider stirbt uns hier jedes dritte Baby nach der ersten Nacht", so die Ärztin aus Wien-Fünfhaus.

Ich sehe das Elend durchs Auge der Kamera. Gegen Abend heißt es plötzlich: Blutgruppe B positiv dringend gesucht. Eine HIV-infizierte Mutter kann ihrem sechs Monate alten Baby kein Blut spenden. Ich melde mich. Es muss alles sehr schnell gehen, denn dem Baby gehe es sehr schlecht, höre ich. Mit meiner Blutspende eilt der Wiener Arzt Dr. Reinhard Dörflinger zum Baby. Und schon hängt es an meinem Blut-Tropf. „Morgen früh werden wir sehen, ob es überlebt", so Dörflinger, der Präsident der „Ärzte ohne Grenzen Österreich".

Am nächsten Tag höre ich vom diensthabenden Arzt, einem Franzosen algerischer Herkunft, dass es dem Kind den Umständen entsprechend gut gehe. Es habe gute Chancen zu überleben. Ob ich noch zum Bett des Kindes gehen dürfe, mich zu verabschieden, frage ich vor meiner Abreise. Der Arzt begleitet mich zum Intensivbett von Mutter und Kind. Das Baby schläft. Ein Blickwechsel mit der Mutter – sie lächelt zurück, weiß, worum es geht. Ich lege dem in ihren Armen liegenden Kind kurz die Hände auf, wünsche ihm still den Segen Gottes und dass es ein erfülltes Leben haben möge.

Am Schneidetisch im ORF-Zentrum in Wien sehe ich die beiden wieder vor mir. Ich hatte sie einen Tag vor meiner Blutspende gefilmt, gemeinsam mit anderen Müttern und ihren Babys in der Schwebe zwischen Leben und Tod.

Ich spreche neuerlich einen Segen über das Baby am Bildschirm, den Segensgruß des Heiligen Franziskus: „Der Herr segne und behüte dich, er lasse sein Angesicht über dir leuchten und sei dir gnädig. Er wende dir seinen Blick zu und sei barmherzig mit dir. Der Herr gebe dir seinen Frieden." Möge der Bub ein erfülltes Leben in seiner Heimat in Zinder in Niger haben.

Zu Weihnachten 2009 bittet Dr. Reinhard Dörflinger neuerlich um Spenden für Niger. Und er erzählt die Geschichte des kleinen Horoona, der im Ernährungszentrum drei Wochen lang an einer Magensonde hing, bis er seine Spezialnahrung alleine essen konnte. Die junge Mutter ist überglücklich.

Wunder – gibt's die?

Lieber Bruder Jesus

Nottiano, November 2007

Lieber Bruder Jesus,

Du hast Deinen Freunden und den vielen Zuhörern aus dem Volk viele wunderbare Geschichten und Gleichnisse erzählt. Deshalb haben Dich die Leute so gerne gehört und sind Dir weite Strecken nachgelaufen, um Deinen Reden zu lauschen. Deine Geschichten waren so außerordentlich gut, dass sie Jahrzehnte nach Deinem Tod von den Evangelisten aufgeschrieben wurden und bis heute gelesen und bei Gottesdiensten als Deine „Frohe Botschaft" verkündet werden. Sicher hast Du viele Deiner Geschichten selbst erlebt oder aufgrund Deiner Lebenserfahrung erfunden. Deshalb sprechen mich Deine Erzählungen ganz tief an und manche, zum Beispiel die Geschichte vom „verlorenen Sohn", kann ich nicht oft genug hören. Sie berührt mich stets neu und ich finde mich immer selbst darin. Jedes Mal sagt sie mir Neues oder Altes ganz neu.

Du weißt, dass ich auch gerne Geschichten, Legenden, Erlebnisse niederschreibe. Alles und jedes ist eine einmalige Geschichte. Leben ist Geschichte. So wird Geschichte zum Leben. Wenn ich dann Erlebnisse, die ich vor langem, etwa vor 50 Jahren hatte, mit ähnlichen von heute vergleiche, freue ich mich, wenn sich so Manches oder Vieles zum Besseren gewendet hat. Zum Beispiel bei der Anrede von Personen. Die Formel, mit der man jemanden anreden muss oder darf, sagt bereits viel oder alles nicht nur über den entsprechenden Menschen, sondern ebenso über Lebensverhältnisse und Strukturen, über Kultur und Religion. Wenn ich Dich heute als „Bruder Jesus" ansprechen darf, dann ist das geradezu das Gegenteil, was zu meiner Kinderzeit vorgeschrieben und üblich war. Nie wäre ich damals auf die Idee gekommen, Dich, den Sohn Gottes, mit „Bruder" anzureden. Denn Du warst der König und der Herr, der Pantokrator und der über allem Thronende. Aber einem König und Herrn wird man kaum das entscheidend Persönliche anvertrauen, außer er zwingt einen dazu. Jedoch einem Bruder, dem kann man alles sagen, bei dem wird man Verständnis und Trost suchen, Rat und liebevolle Nähe finden.

Lieber Bruder Jesus, da bereits die Anrede einer Person eine so große Bedeutung hat und dem nachfolgenden Ereignis eine entscheidende Richtung gibt oder es sogar vorwegnimmt, ist es wirklich wichtig, ob ich „Herr Bischof" oder „Exzellenz" sage, ob ich mit „Frau Doktor" oder „liebe Schwester" ein Gespräch beginne, ob ich das distanzierende „Sie" oder das vertrauliche „Du" verwende. Die Anrede ist schon die halbe oder die ganze Geschichte.

Es war 1959. Oder ein Jahr früher. Ich war an der Bundesstelle der Katholischen Jungschar tätig. Die „Dreikönigsaktion" nahm ihren großen Aufschwung. Als Hauptprojekt hatten wir die Anschaffung von zwei Schulautobussen für Kin-

Jesus, der fragende Erzähler

der in Djakarta auf Indonesien ausgerufen. Die Sternsinger brachten die notwendige Geldsumme leicht zusammen und es blieb noch eine Menge Geld für andere Projekte. Um der Sache mehr Öffentlichkeit zu geben, wurde eine kleine Feier inszeniert. Sie fand an einem Nachmittag in einem Festsaal der Katholischen Hochschulgemeinde in der Ebendorferstraße in Wien statt. Ich war ausersehen, den Scheck über den Betrag für die Anschaffung der Schulbusse an den Nuntius zu übergeben.

Der Vatikan hat – es wird Dir ja bekannt sein, Jesus – als zwar winziger, aber international anerkannter Staat in den meisten Ländern der Erde einen Vertreter, der „apostolischer Nuntius" genannt wird und als Diplomat die Interessen des Vatikans wahrnimmt. Dieser Mann des Vatikans war damals ein Franzose. Seinen Namen verschweige ich. Die meisten Nuntien sind Bischöfe oder Erzbischöfe der Katholischen Kirche. Dieser war auch ein Bischof.

Als unsere kleine Schar der Österreichverantwortlichen der Katholischen Jungschar sich dem Festsaal näherte, sagte plötzlich Pater Zeininger, der damalige Bundesseelsorger, zu mir: „Fritz, der Nuntius hält sehr viel von Amt und Würden und wir müssen ein kleines Zeremoniell auf uns nehmen." Ich wunderte mich über diesen Hinweis unseres von uns geschätzten und sehr beliebten Seelsorgers, konnte mir aber nicht vorstellen, was er gemeint hatte. Zum Nachfragen war keine Zeit, denn schon traten wir durch die offene Tür vor den Nuntius, der in vollem Ornat zum Empfang der Festteilnehmer die Begrüßung zelebrierte. Pater Zeininger war vor mir. Und schon ließ sich P. Z., wie wir ihn liebevoll nannten, auf sein rechtes Knie nieder und küsste den Ring Seiner Exzellenz, des hochwürdigsten Herrn Nuntius. So war es damals eben Brauch und so ist es zum Teil immer noch Brauch.

Ich, lieber Bruder Jesus, ein schmächtiger Jüngling vom Lande, schon als Sechsjähriger Ministrant und immer in der Kirche tätig und gut katholisch in jeder Hinsicht, ich spürte blitzartig in mir, dass ich das, was Zeininger tat, nicht tun werde, nicht tun könne, nicht tun wolle. Mehr als diesen Gedanken fassen konnte ich nicht, denn schon war ich zur Begrüßungszeremonie an der Reihe. Keine Kniebeuge von mir. Sondern ich hielt dem Vertreter des Papstes meine Hand zum Gruß hin. Der aber war von meiner dargebotenen Hand so negativ überrascht – es bedeutete ja, wie ich mir später überlegte, geradezu eine Gleichstellung unserer zwei so unterschiedlichen Personen – dass er mit seiner beringten Hand meine unberingte wegschlug. Diese für mich nicht schmeichelhafte Geste des hohen Herrn blieb im Gewirr fast allen Anwesenden und Eintreffenden verborgen.

Dann gab es den Festakt mit Musik und Ansprachen. Der Höhepunkt war die Übergabe des Schecks zur Anschaffung der Schulautobusse durch mich, einen armseligen Laien, an seine Exzellenz, den hochwürdigsten Herrn Nuntius. Einen

Augenblick lang – ich gebe es zu – überkam mich die Lust, meine Scheckhand zurückzuziehen, als seine Ringhand danach griff. Aber selbstverständlich tat ich es nicht. So war das damals. Noch oft muss ich daran denken und kann heute darüber schmunzeln. Vor allem auch deshalb, weil ich später und heute oft das Gegenteil erlebte und erlebe.

Weihbischof Florian Kuntner, der lange Zeit mein Chef war, er war gleichzeitig einer meiner besten Freunde. Bischof Paul Iby, zu dem wir nach seiner Bischofsernennung eine Fußwallfahrt von Pinkafeld nach Eisenstadt machten, sprach mich, als er uns Wallfahrer empfing, spontan mit „Du" an und das blieb bis heute so zwischen dem Bischof und mir. Weihbischof Franz Lackner, den ich zufällig in Mödling bei meinem Freund Gerhard Stingl traf, plauderte sofort mit mir über Franziskus, Carlo Carretto und die Franziskusgemeinschaft. Nach einer Viertelstunde bot er mir das Du-Wort an. Und Dich, Jesus, Dich muss ich nicht mit „Heiligkeit", „Gnaden", „Exzellenz", „Eminenz", nicht mit „Doktor" oder „Magister", auch nicht mit „Herr" ansprechen, sondern ich darf „Bruder" zu Dir sagen. Wie komisch würde „Eure Heiligkeit Jesus" oder auch nur „Herr Doktor Jesus" klingen.

Die Anrede ist schon die Geschichte. In „lieber Bruder Jesus" ist schon das enthalten, was unser Miteinander und vieles darüber hinaus bestimmt. Das, lieber Bruder Jesus, macht mich selig. Danke, Bruder Jesus, sagt Dir

Dein Bruder Fritz

Jesus, der fragende Erzähler

Die Sprache der Straße
Auf der Fußwallfahrt von Pinkafeld nach Assisi im September 1993

Die Straße ist sprachlos
und spricht doch in allen Sprachen.
Leise lispelt sie mir zu:
Ich habe ein Ende.
Brutal brüllt sie mich nieder:
Ich bin stärker als du.
Schwer schweigt sie mich an:
Verschwinde!
Laut lacht sie mich aus:
Du kommst nie ans Ziel.
Redlich redet sie auf mich ein:
Wer sich überwindet,
überwindet auch mich.
Sprachlos spricht sie mich an:
Du und ich, wir gehören zusammen.

Die Straße verkündet wie ein Prophet:
Was du hast,
was dir fehlt,
wer du bist,
wer du nie sein kannst,
dass du eigentlich immer
die anderen brauchst und
noch tausend Dinge dazu.

Die Straße doziert wie ein Philosoph:
Nichts auf Erden ist ewig.
Niemand ist nur gut,
niemand nur bös.
Was bleibt von dir, wenn du stirbst?
Ein Lied, ein Gedicht, ein Brief,
ein Mensch, der an dich denkt,
weil du ihn verletzt
oder geliebt hast?

Die Sprache der Straße

Die Straße berät wie ein Psychologe:
Es kommt immer darauf an,
wie du alles siehst und hörst,
beantwortest und deutest,
wie du Sinn findest und Sinn gibst.
So wird alles das Deine.
Deine Erfahrung hast nur du.
Millionen andere haben
ihre andere Erfahrung.
Deine Erfahrung ist deine Straße.
Denn die Erfahrung ist die Straße.

Die Straße führt wie ein Mystiker:
von außen nach innen,
vom Haben zum Sein,
von der Erde zum Himmel,
über die Welt hinaus
in den Geist hinein,
aus der Schuld heraus
in die Gnade hinein,
durch den Tod hindurch zum Leben,
aus der Angst in die Liebe,
durch den Menschen Jesus zu Gott.

Selig, wer
auf der Straße geht und ihr zuhört.
Die Straße spricht wie das Leben.
Wahrhaftig und radikal.

Selig, wer
die Sprache der Straße versteht.
Er findet nach tausend Kilometern
einen Gott,
der nicht auf die Uhr schaut,
sondern ihn anschaut,
der ihn nicht anbrüllt,
sondern ihm zuhört,

der ihn nicht richtet,
sondern ihn rettet,
der ihm nicht die Tür
vor der Nase zuschlägt,
sondern ihn liebevoll an sich zieht;
einen Gott
und nicht eine „göttliche Sache",
einen Vater, eine Mutter
und nicht ein theologisches Subjekt
der Allgegenwart, Allmächtigkeit
und Allwissenheit,
einen Gott,
der sein Du ist.

Jesus, der heilende Hirte

Der Herr ist mein Hirte, nichts wird mir fehlen. (Psalm 23,1)

Ich bin der gute Hirt. Der gute Hirt gibt sein Leben für die Schafe ... Ich kenne die Meinen, und die Meinen kennen mich, wie mich der Vater kennt und ich den Vater kenne. (Johannes 10,11 und 14f)

Jesus zog durch alle Städte und Dörfer ... und heilte alle Krankheiten und Leiden. Als er die vielen Menschen sah, hatte er Mitleid mit ihnen; denn sie waren müde und erschöpft wie Schafe, die keinen Hirten haben. (Matthäus 9,35f)

Alle Leute versuchten, ihn zu berühren; denn es ging eine Kraft von ihm aus, die alle heilte. (Lukas 6,19)

Nicht die Gesunden brauchen den Arzt, sondern die Kranken. Ich bin gekommen, um die Sünder zu rufen, nicht die Gerechten. (Markus 2,17)

Das geknickte Rohr zerbricht er nicht, und den glimmenden Docht löscht er nicht aus. (Jesaja 42,3)

Der Geist Gottes, des Herrn, ruht auf mir; denn der Herr hat mich gesalbt. Er hat mich gesandt, damit ich den Armen eine frohe Botschaft bringe und alle heile, deren Herz zerbrochen ist. (Jesaja 61,1)

Als Jesus ihren Glauben sah, sagte er zu dem Gelähmten: Hab Vertrauen, mein Sohn, deine Sünden sind dir vergeben! ... Steh auf, nimm deine Tragbahre, und geh nach Hause! (Matthäus 9, aus Vers 2 und 6)

Blinde sehen wieder, und Lahme gehen; Aussätzige werden rein, und Taube hören; Tote stehen auf, und den Armen wird das Evangelium verkündet. (Matthäus 11,5)

Tanze,
Singe,
Arbeite,
Liebe,
Lebe, als

als würde
niemand zusehen.
als würde
niemand zuhören.
als bräuchtest
du kein Geld.
als wärst du
nie verletzt worden.
sei der **Himmel**
auf **Erden**.

(Satchel Page)

Segnen

Segnen?
Was soll das sein?
Wie geht das?

Segnen,
das ist,
sich dem anderen zuwenden,
ihn freundlich anschauen,
ihn grüßen,
ihm zulächeln,
ihm zuhören,
ihn an der Hand nehmen,
ihm ein gutes Wort sagen,
ihm einen Rat geben,
ihn trösten,
ihn aufheben,
ihn beschützen,
seine Wunde verbinden,
ihn verteidigen,
ein Stück Weg mit ihm gehen,
ihn im Rollstuhl führen,
ihn betreuen,
Besorgungen für ihn machen,
mit ihm lachen,
mit ihm weinen,
ihn auf einen Kaffee einladen,
ihm alles Gute wünschen,
ihm schreiben,
ihn anrufen und ihn fragen,
wie es ihm geht,
für ihn beten,
ihm Geld borgen,
ihn besuchen,
ihn aufnehmen,
ihn kleiden und speisen,
ihn in die Arme nehmen,
ihn ans Herz drücken,

ihn aufleben lassen,
ihm verzeihen,
sich mit ihm versöhnen,
das Leben mit ihm teilen,
ihm Schwester und Bruder sein,
sein Leben für ihn einsetzen,
ihn wie sich selbst lieben.

Segnen,
das ist,
dem anderen ein Hirte sein,
ein guter Hirte,
das ist,
jeder und jedem,
vor allem dem Geringsten,
dem in Gefahr und Not
wie Jesus sein.
Segnen heilt Vergangenheit.
Segnen beglückt Gegenwart.
Segnen eröffnet Zukunft.

Ein Stück Holz

Bei „Wüstentagen" war es. Im Hof der „Kleinen Schwestern" in Regelsbrunn an der Donau. Da lagen meterlange Hölzer in Stößen. Das musste alles geschnitten werden. Die richtige Arbeit für mich. So machte ich mich sofort ans Werk.

Eine „Kleine Schwester" brachte noch ein Stück aus dem Keller: „Es ist irrtümlich in den Keller geraten. Aber es ist viel zu lang und muss nochmals durchgeschnitten werden."

Das machte ich sofort. Meinte ich. Ein Buchenstück. Gut trocken. Ich legte es auf den Holzbock. Und begann zu sägen. Und – hörte gleich wieder auf. Denn die nicht sehr gute Säge schnitt dieses Holz nicht.

So legte ich das Stück beiseite. Sollte sich ein anderer damit plagen. Schließlich wollte ich ja etwas weiterbringen, etwas Ordentliches leisten. Einen Stoß geschnittenes Holz vorweisen können. Aber eigentlich wurmte es mich. Dass ich da sofort aufgeben musste. Ich nahm das Buchenstück wieder in die Hand. Ich legte es wieder auf den Bock. Ich sagte zu ihm und zu mir: Ein gutes Stück Holz. Mein gutes Stück Holz. Kein anderer soll sich mit dir plagen. Ich mache das. Ich will das jetzt tun. Ich muss es tun.

Eine gute halbe Stunde brauchte ich, bis das Buchenholz in zwei Teile zerlegt war. Mit Säge und Hacke arbeitete ich. Wie viel anderes hätte ich in dieser Zeit ofengerecht schneiden können.

Nachdenklich betrachtete ich meine armselige Leistung. Wenn ich danach bezahlt oder gar beurteilt würde? Aber plötzlich musste ich laut lachen. Denn auf einmal wusste ich: Dieses Stück Holz bin ja ich. Und meine Eltern, Lehrer, Mitmenschen haben mit mir diese Plage. Und Gott?

Jesus, der heilende Hirte

Jesus,

wo bist Du? Früher warst Du bei mir.
Aber jetzt? Alles leer. Alles finster.

Ich habe Angst. Entsetzliche Angst.
Ich lebe in ständiger Angst.
Mein Herz beginnt wie wild zu pochen.
Der Atem geht schwer. Ich zittere.
Und ich weiß nicht, warum.
Überall überfällt mich diese Angst.
Immer wieder. Diese panische Angst.

Im Haus bekomme ich keine Luft.
Im Freien bedrohen mich die Bäume,
die Häuser, die Wolken.
Allein werde ich verrückt. Aber mit
anderen im Raum ersticke ich.
Ich flüchte ins Bett.
Ich verkrieche mich unter der Decke.
Ich kralle mich fest.
Sonst laufe ich zum Fenster ...
und springe ...

Seit mehr als einem Jahr ist es so.
Hörst Du, Jesus, seit mehr als einem Jahr.
Ich halte es nicht mehr aus.
Zeitweise tauche ich auf.
Durch starke Medikamente.
Um dann wieder in diese Nacht abzustürzen.
Sie nennen es Depression.
Mit Panikattacken.
Aber es ist ein Dämon. Der Dämon der Angst.

Jesus, befreie mich! Bitte!
Ich klammere mich an Dich.
Ich hab' nur noch Dich.
Du musst mir helfen, bitte, bitte, Du,
Du, wer sonst? ... Du musst ...

Jesus

Sie reden auf mich ein: Reiß dich zusammen!
Wie, wie denn? Es geht nicht.
Sie verstehen das nicht.
Ich bin wehrlos. Ausgeliefert.
Du musst mir helfen, Jesus, Du ...
         Paul

Einsamkeit
Auf der Fußwallfahrt von Pinkafeld nach Assisi im September 1993

Wir gehen miteinander.
Und doch geht jeder für sich.
Wir brechen miteinander auf.
Und doch bleibt einer auf der Strecke.
Wir helfen einander.
Und doch können wir nicht jedem helfen.
Oder einer lässt sich nicht helfen.
Oder unsere Hilfe reicht nicht aus.
Wir haben ein gemeinsames Ziel.
Und doch will es jeder
auf seine Art erreichen.

Viele sind auf der Straße, sehr viele.
Aber fast alle sausen aneinander vorbei.
Viel tut sich auf der Straße, sehr viel.
Aber fast alles ist Lärm und Kampf.
Viele benützen die Straße, sehr viele.
Aber jeder verfolgt seine Interessen.
Das Auf-der-Straße-Sein verbindet alle.
Aber ist es eine Verbindung, die trennt.

Ob du allein gehst oder zu zweit,
oder zu fünft, oder zu tausend,
du gehst eigentlich immer einsam dahin.
Die Straße ist der belebteste Ort
mit der größten Einsamkeit.

Du willst mit dem anderen gehen.
Aber er geht zu schnell oder zu langsam.
Oder es ist nur so viel Platz,
dass ihr hintereinander gehen müsst.
Du willst mit dem anderen sprechen.
Aber der Lärm zerreißt,
verschluckt deine Worte.
So schweigst du lieber.
Du willst rasten.

Einsamkeit

Aber der andere hat Kraft
genug zum Weitergehen,
oder keine Lust
zum Stehenbleiben und Hinsetzen.
Du willst mit dem anderen sein.
Der aber will gerade jetzt allein sein.

Die Straße macht einsam.
Es ist viel los auf ihr.
Der Mensch ist einsam.
Es ist zu viel los um ihn und in ihm.
Die Welt ist einsam.
Sie löst sich auf.

Doch die Einsamkeit macht hungrig.
Nach Zweisamkeit.
Nach Gemeinschaft.
Und die Auflösung macht durstig.
Nach Verbindung.
Nach Einheit.

Da winkt dir einer zu.
Da lächelt dich eine an.
Da fragt dich eine Alte und
freut sich über deine Antwort.
Da schenkt dir ein
Straßenarbeiter eine Zigarette.
Da lädt dich einer auf ein Bier ein.
Da redet dich ein Wildfremder an und
holt dich auf einen Kaffee ins Haus.
Da bist du auf einmal
von Neugierigen umlagert.
Da nimmt dich sogar ein Bischof
in seine Empfangsräume auf.
Da schüttet dir der Bruder
sein Herz aus.
Da berührt dich Jesus,
der Menschensohn Gottes.

Jesus, der heilende Hirte

Weil du einsam warst auf der Straße,
kannst du jetzt Gemeinschaft
empfangen und genießen.
Wie noch nie.

So ist es auf der Straße.
So ist es im Glauben und beim Lieben.
So ist es im Leben und beim Sterben.
Aber immer bis du in Gott.

Malaysischer Psalm

Wie ein einsamer Vogel
auf dem Dach
ich liege wach und klage
den Mond unter den Füßen
mit Sonne bekleidet

Ich liege wach und klage
hebe meine Augen auf zu den Bergen
mit Sonne bekleidet
keiner, der seiner Tochter einen Stein gibt,
wenn sie um Brot bittet

Mit Sonne bekleidet,
behütet, wenn ich fortgehe und wiederkomme
keiner, der seiner Tochter einen Stein gibt,
wenn sie um Brot bittet
und die Schwalbe findet ein Nest
für ihre Jungen

Behütet, wenn ich fortgehe und wiederkomme
bei Tag schadet mir nicht die Sonne
und die Schwalbe findet ein Nest
für ihre Jungen
ziehen sie durch das trostlose Tal

Bei Tag schadet mir nicht die Sonne
wenn ich schwach bin, dann bin ich stark
ziehen sie durch das trostlose Tal
Der, der mich behütet,
schläft und schlummert nicht

Wenn ich schwach bin, dann bin ich stark
wie ein einsamer Vogel auf dem Dach
Der, der mich behütet,
schläft und schlummert nicht
mit Sonne bekleidet,
den Mond unter den Füßen

roseleitner, 1. September 2009

Jesus, der heilende Hirte

Nottiano, November 2007

Lieber Bruder Jesus,

jetzt erzähle ich Dir von einer Ordensfrau, die im Kosovo „Schwester Major" genannt wird. Erfüllt von Deiner Botschaft und Deinem Leben bahnt sich diese Frau durch die Ruinen des Balkankriegs als heilende Hirtin ihren Weg zu den Armen. Schwester Johanna Schwab ist unterwegs mit „ihren Kameraden" von der CIMIC, der zivil-militärischen Zusammenarbeit der österreichischen KFOR im Raum Suhareka. Aus der Vogelperspektive des Hubschraubers filmen wir den Konvoi der Militärfahrzeuge, wie sie an den zerschossenen, abgebrannten Häusern von Mushtisht vorbei in Richtung Maqiteve fahren. Die Barmherzige Schwester nach Vinzenz von Paul ist in ihrer grau-weißen Ordenstracht deutlich am hinteren Seitenfenster des PUCH G auszumachen. Vizeleutnant Wolfgang Hontsch geht etwas tiefer, fliegt noch eine Schleife, damit Kameramann Jakob Enajat den spannenden „Opener" für unsere Feierabend-Sendung zu Allerheiligen in ORF2 bekommt.

Zu ebener Erd' begleiten wir die Ordensfrau dann den Berg hinauf nach Maqiteve. Von den vielen Hilfsprojekten der österreichischen Schwester im Kosovo haben sich die Begegnungen dieses Tages am stärksten eingeprägt. Die Bilder werden beim Filmschnitt wieder lebendig, begleiten mich in die Träume der Nacht.

Hasibe Ndrecaj umarmt Schwester Johanna zur Begrüßung, als wollte sie sie nicht mehr loslassen. Wir sind auf ca. 1000 m Seehöhe im Bergdorf Maqiteve mit herrlicher Aussicht in die Ebene von Suhareka. Die weißen Flachdächer des „Camps Casablanca" stechen aus dem Grün des fruchtbaren Landes hervor. 750 Soldaten der österreichischen, schweizerischen und deutschen Kosovo-FORce sollen die Sicherheit von Albanern, Serben, von Roma und Ashkali in diesem Raum garantieren.

Hasibes vierzehnjährige Tochter Sheqerie kommt im Rollstuhl. Das Mädchen ist seit seiner Geburt querschnittgelähmt, weil die Mutter während der Schwangerschaft einmal schwer gestürzt war. Unter dem Vordach des ebenerdigen Häuschens bringt Hasibe auf einem uralten, undichten Herd Bienenwachs zum Schmelzen. Sheqerie lässt sich aus dem Rollstuhl auf eine Matratze fallen und beginnt mit dem Kerzengießen. Langsam, vorsichtig, mit vor Kälte zitternden Händen. Das Wachs stammt vom Imker Halil Krasniqi im gleichen Ort. Vierzehn Familien beliefert er mit duftendem, reinem Bienenwachs. Schwester Johanna hat das eingefädelt und sorgt dafür, dass die Kerzen in Leoben in einem „Weltladen" verkauft werden. Sie will den Armen im Kosovo Arbeit verschaffen, Heimarbeit, gibt ihnen zu verstehen, dass ihre Arbeit etwas wert ist und ihre Produkte Absatz finden. Einen Euro bekommen Hasibe und ihre behinderte Tochter für eine Kerze. Im Monat macht das einen kleinen Zuverdienst von 30 Euro aus. Das ist schon etwas für eine allein erziehende Mutter, die von unsicheren Alimenten und einem kleinen Behindertenzuschuss für das Mädchen leben muss. „Warum zittert Hasibe vor Kälte, warum gießen sie die Kerzen nicht im Haus drinnen?", frage ich Schwester Johanna. „Weil sie drinnen keinen Ofen haben." Der verrostete Sparherd unter dem Vordach würde den Wohnraum total verqualmen, erfahren wir von der verschämten Mutter, sie hätten es ohnehin schon versucht. „Kannscht ihnen ja du einen kaufen", spielt Schwester Johanna in bestem Tirolerisch den Ball an mich weiter. „Koschtet 45 Euro unten in Suhareka." Vizeleutnant Franz Jöbstl, Einsatzleiter der CIMIC und ständiger Begleiter der umtriebigen Schwester, bestätigt das eilends und verspricht Transport und Einbau des Herdes mit seinen Soldaten. Einen Monat später ruft er mich in Melk an, dankt für den Fernsehbeitrag am 1. November und: „Ihren Küchenherd haben wir schon eingebaut. Die Mutter und ihre Tochter haben eine Riesenfreude damit. Wenn Sie nächstes Mal kommen, können Sie sich das selber anschauen."

Werde ich. Ganz ohne Kamera. Dann wird wohl auch einer freudigen, herzlichen Umarmung nichts mehr im Wege stehen.

Der Soldat am Steuer des tarnfarbenen PUCH G schießt den Berg hinunter, dass man kaum in Ruhe mit der Schwester reden kann. Auf der engen Sandstraße begegnen uns ein Reiter, ein Traktor, ein Eselswagen, ein kleiner Lastwagen. Bei den Benzinpreisen überlegen es sich die Bergbewohner zweimal, ins Tal zu fahren. Kaum ein Ort im Bezirk Suhareka, in dem Schwester Johanna nicht ihre Spuren hinterlassen hätte. Viele reden von ihr als der „Mutter Teresa des Kosovo". Unter der Weste trägt sie das Zeichen der Ehrenbürgerin, das ihr Bürgermeister Asllanay verliehen hat – „diese neunundvierzig Strahlen bedeuten die neunundvierzig Gemeinden, die zu Suhareka gehören."

Überhaupt hat sie's mit den Zeichen. Neben dem katholischen Rosenkranz findet sich in ihren Taschen immer auch die Perlenschnur der Muslime – ein Geschenk des Imam von Prizren – und der schwarze Rosenkranz der Serbisch-Orthodoxen. Diese Schnüre mit ihren Perlen oder Knoten erinnern die bergbegeisterte Tirolerin an die steilen Stücke zum Gipfel hinauf, „wo man sich anhalten und hinaufhanteln kann an Drahtseilen."

In der „Herkules", dem Truppentransporter des Bundesheeres, lässt sie zwischen Linz-Hörsching und Dakovica ihre Rosenkränze abwechselnd durch die Finger gleiten: die Ordensfrau im Gewand der Barmherzigen Schwestern mitten unter den Soldaten und Offizieren in Uniform, mit grünen Ohrstöpseln gegen den Fluglärm der Propellermaschine und den farbigen Perlenschnüren in ihren Händen.

„Man kann sagen, dass Schwester Johanna schon ein Bestandteil unserer Truppe geworden ist", erklärt Bataillonskommandant Ronald Schmied den „Ehrenmajor", der der Ordensfrau vor zwei Jahren verliehen wurde. Das Rangabzeichen trägt sie immer im Geldbörsel mit sich, verbirgt es vor der Kamera.

„Vierzig Jahre meines Ordenslebens war ich unter Buben", erzählt die 73-Jährige über ihren Werdegang als Erzieherin in Knabeninternaten. „Jetzt sind halt die Soldaten meine Buam." Die Salesianerinnen Don Boscos in Turin hätten ihr Ansinnen abgelehnt, in den Orden in Italien einzutreten, woraufhin ihr, der Zamserin, eine Barmherzige Schwester in der Heimat gesagt habe: „Na siehst, dann g'hörst halt doch zu uns." „Und da werd' halt der Vinzenz von Paul im Himmel zum Don Bosco g'sagt haben: ‚Gibst sie mir, und i gib sie zu die Buam.'" Schwester Johanna lächelt über diese „himmlische Regie" – ein Ausdruck, der sich auch auf ihrer Visitenkarte findet und in ihrer e-mail-Adresse: *himmel-regie@hotmail.com*.

Am Fuß des Berges werden wir in Vraniq schon erwartet. Ein halbes Dutzend Kinder läuft der Frau im Ordenskleid entgegen. Antigona und Marigona, die drei Jahre alten Zwillinge, lassen sich von ihr hochnehmen, ihre älteren Geschwister umarmen sie, hängen sich bei ihr ein. Mutter Hazir Kolgeci begrüßt sie mit drei Wangenküssen. Der Vater hält sich beim Haus im Hintergrund. Dieses Haus, unverputzt, hat durch die Hilfe von Schwester Johanna vor dem letzten Winter gerade noch rechtzeitig ein Dach bekommen. Ich habe damals selber die nassen Flecken an der Decke gefilmt. Der Regen war durch die provisorischen Plastikbahnen oben nicht aufzuhalten.

Die Geschichte dieser Roma-Familie und ihrer benachbarten Verwandten reicht Jahre zurück, als Schwester Johanna einmal im Winter beim Überbringen von Geschenken ein Kind entdeckt, das „bloßfüßig irgendwo in den Büschen verschwunden ist." Sie geht dem Buben nach und findet Familie Kolgeci, die „in einem Kellerloch mit einem Fenster und Jutesäcken als Türen" haust. Der Vater hat eine Schussverletzung aus dem Krieg, ist arbeitsunfähig, bekommt 23 Euro Kriegsversehrten-Rente im Monat. „Davon muss eine achtköpfige Familie leben, stell dir das einmal vor", so die Schwester, die seither zum rettenden Engel der Familie wird.

Diesmal bringt sie zwei Ärzte in Uniform mit, einen Österreicher und einen Schweizer. Die beiden untersuchen die Sehschwäche der Zwillinge. Auf einem Tisch unter dem Vordach lässt der KFOR-Arzt die kleine Arigona mit den Augen seinen Fingern folgen, die hin und her wandern. Schwester Johanna hält den Kopf ihres Lieblings, damit sich wirklich nur die Augen bewegen. „Das Kind schielt ein wenig", so die erleichternde Diagnose, „das kann durch eine Augenbinde leicht behoben werden." Schwester Johanna wird für kontinuierliche Betreuung durch einen Augenarzt aus Mushtisht sorgen. Denn Hazir und Ganimete Kolgeci hätten nicht einmal die 5 Euro für einen Arztbesuch. Krankenversicherung gibt es im Kosovo noch keine.

„Man kann doch die net ihrem Schicksal überlassen", erinnert sich die Ordensfrau auf der Heimfahrt ihrer ersten Reaktion auf die Kellerkinder der Roma-Familie. Und die heute vierzehnjährige querschnittgelähmte Sheqerie oben in den Bergen habe sich bis vor einem Jahr überhaupt nur am Boden kriechend fortbewegen können. „Zum Rollstuhl haben wir halt auch gleich den Bereich ums Haus herum pflastern müssen, sonst wär' sie in dem Morast, wenn's einmal regnet, mit den Rädern stecken geblieben."

Der persönliche Kontakt zu den Notleidenden zählt zu den Stärken der betagten Ordensfrau. Wie ein Vinzenz von Paul lässt sie sich anrühren vom Elend jener Mitmenschen, die ihren Weg kreuzen. Sie verfügt über kein Budget, muss für alle ihre Schützlinge zuhause in Österreich schnorren gehen. „Wär' halt schön, wenn sich ein paar finden, die mir regelmäßig was überweisen, so in der Art der Selbstbesteuerer – dann hätt' ich was, mit dem ich rechnen kann."

Die Not anderer macht sie erfinderisch. Spruchkarten, Kalender, Weihnachtsaktionen – sie kommt zum Geld, das sie braucht. Ein Hans Peter Haselsteiner, STRABAG-Chef, kann sich ihr genauso wenig entziehen wie ein Minister Platter – Landsmann aus Zams in Tirol – oder die Hoteliers aus Tiroler Fremdenverkehrsgemeinden. Die Lehrer und Schüler der HTLs Villach und Klagenfurt kommen auf ihr Geheiß in die HTL Suhareka, besorgen die für den Unterricht nötigen Elektro-Installationen, lehren Computerkunde und Netzwerk-Verbindungen. In der Grundschule von Mushtisht lässt sie neue Fenster einbauen und in Ginoc will sie überhaupt einen Schulneubau errichten. „Das Gebäude ist ja asbestversucht und hat eigentlich seit 14 Jahren keine behördliche Genehmigung mehr. Nur – wo soll ich dreihunderttausend Euro hernehmen?" Der Schuldirektor setzt trotzdem seine Hoffnungen auf sie. „Und wenn wir die neue Schule haben, werden wir sie Mutter-Johanna-Schule nennen."

Die Liebe verleiht der 73-Jährigen Flügel. Vielleicht wird man ihr einst Denkmäler setzen im Süden des Kosovo. Aber die entscheidenden Spuren hinterlässt sie in den Herzen der Menschen.

Lieber Bruder Jesus, ich weiß, Du hast gar nicht wenige solche „Major-Schwestern" und „Major-Brüder" in der Welt. Diese machen vieles gut, was wenige schlecht gemacht haben oder schlecht machen. So hast Du selbst als Menschenbruder Deine Welt verändert. So veränderst Du heute durch Menschenschwestern und Menschenbrüder die Welt. Ich schließe mich ihnen an. So gut ich es kann.

Dein begeisterter Bruder Werner

Jesus, der heilende Hirte

Nottiano, November 2007

Lieber Bruder Jesus,

Du hattest eine glückliche Kindheit in Nazaret. Aus den spärlichen Berichten darüber und über Deine Eltern Maria und Josef erfahren wir, dass Du umsorgt und geliebt wurdest. Kein Wunder, dass Du als erwachsener Mann der große Freund der Kinder warst. Du hast sie an Dich genommen, gesegnet und immer wieder als die Lieblinge Gottes hingestellt. Sicher hast Du viele Kinder gespeist und geheilt und zwei – die Tochter des Synagogenvorstehers Jairus und den einzigen Sohn der Witwe in Nain – hast Du von den Toten auferweckt.

Jesus, solche wahrhaften Kinderfreunde brauchen wir heute in großer Zahl in aller Welt. Gerade die Kinder sind von Elend und Krankheiten, von Kriegen und Ausbeutung am meisten betroffen. Wer ist wehrloser und hilfloser als ein Kind? Trotzdem leben gerade diese Kleinen wie Helden und Heilige inmitten bitterster Not. Von ihnen erzählt mein Bericht über das Kinder-Dorf in Ndulamo in Tansania.

Eine kleine Gruppe Ausländer geht an strohgedeckten Lehmhütten vorbei, aus denen ab und zu ein Kind herausschaut. Am Ende der Felder, in 2 km Entfernung, ein Sägewerk. Ein Dutzend Hütten mit kleinen Gärten herum und kein einziger Erwachsener, nur Kinder, keine Eltern. Muhingo Rweyamu, Journalist aus Daressalaam, erklärt es uns: In diesem Ortsteil von Ndulamo leben nur noch Kinder, vierzig Kinder. Ihre Eltern sind ausnahmslos an AIDS gestorben.

Wir befinden uns in Makete, der südlichsten Provinz von Tansania. Rainer Brandl, Arzt aus Wien, arbeitet im Auftrag des Evangelischen Arbeitskreises für Welt-Mission, kurz EAWM, an HIV/AIDS-Prophylaxe. Stationiert ist er für zwei Jahre im Bulongwa Lutheran Hospital, dessen Einzugsgebiet im Südwesten der Provinz ein Gebiet mit 60.000 Menschen umfasst. Insgesamt leben 106.000 Menschen in Makete. Davon ist etwa die Hälfte mit dem Virus infiziert. Warum sich HIV/AIDS ausgerechnet in einer Provinz abseits großer Durchzugsstraßen, an der Grenze zu Malawi, so stark ausbreiten konnte, weiß niemand hier. Auch der district commissioner, der Bezirkshauptmann Osmund Kapinga, hatte uns gegenüber keine Erklärung dafür.

Fragen wir die Menschen auf der Straße, sind sie sich bewusst, dass man eigentlich Kondome beim Geschlechtsverkehr benutzen sollte; aber die einzige Sicherheit, sich nicht anzustecken, sei die Enthaltsamkeit. Muhingo, unser Begleiter, hatte in seiner Dissertation „Die Aids-Waisen in Makete" für den Abschluss seines Journalistenstudiums an der Lutheran University in Iringa keine wirklich stichhaltigen Erklärungen gefunden, warum die Pandemie ausgerechnet hier so schrecklich wüte.

Die „Medicens sans frontieres", die „Ärzte ohne Grenzen", beginnen jedenfalls in diesem Jahr 2004 noch mit einem Aufklärungseinsatz in der Provinz: Dr. Francisco Moron, ein junger Arzt aus Argentinien, zieht mit seinen Mitarbeitern von Dorf zu Dorf, animiert die Leute, sich testen zu lassen, bringt Medikamente.

HAART bedeutet für viele Infizierte, trotz des Virus noch Jahre und Jahrzehnte weiterleben zu können: Highly Active Antiretroviral Therapy.

Rainer Brandl hat sich persönlich dafür eingesetzt, dass er am Bulongwa Luteran Hospital einen Cd4-counter von der deutschen Aktion „Medeor" bekommt: Damit kann er die Anzahl der Helferzellen im Blut der Patienten feststellen. Ein gesunder Mensch hat 500 bis 1200 solcher Helferzellen, die die Immunabwehr organisieren. Bei weniger als 70-80 solcher Zellen stirbt der Infizierte an irgendwelchen Infektionen, gegen die sein Körper keine Abwehrkraft mehr hat. Kurz vor meiner Ankunft in Bulongwa ist ihm eine 25-jährige Mutter von drei Kindern mit einem Gewicht von 25 kg und 11 Helferzellen gestorben. „Das Verteilen der Triomune, der jüngsten Generation antiretroviraler Medikamente des indischen CIPLA-Konzerns müsste viel rascher vonstatten gehen", kritisiert der vierzigjährige, unverheiratete Arzt das Gesundheitsministerium in Daressalaam. „Es werden Menschen sterben, weil es zu wenig Medikamente gibt. Ich bekomme zurzeit Triomune für ein Monat. Wir haben viel mehr Patienten, als wir behandeln können – und wir werden aussuchen müssen, wer leben kann und wer sterben muss."

Zurück nach Ndulamo – der kleinen Gemeinde mit 1500 Einwohnern, in der ganze Ortsteile wegen des AIDS-Todes der Eltern zu Kinder-Dörfern geworden sind. Die siebzehnjährige Agrina kocht, unterstützt von ihren Schwestern Bertha, 14, und Wema, 11, ein Bohnengericht für alle 40 Kinder in der Umgebung. Die Küche besteht aus einer offenen Feuerstelle im Lehmbau, der Rauch zieht durch ein offenes Fenster ab. Kinder ums Feuer geschart, Kinder in den Ecken des Raumes, auf Matratzen kauernd, auf Sesseln hockend, gleich zu dritt auf einem windschiefen Stuhl. Agrina ist in die Rolle einer „Kinderdorf-Mutter" hineingewachsen, seit vor einem halben Jahr die letzten Erwachsenen hier gestorben sind. „Mein Vater hatte einen Getränkeladen, hauptsächlich mit Alkohol. Nach seinem Tod hab ich eine Zeitlang versucht, das Geschäft weiterzuführen, aber für mich mit meinen 16 Jahren war das zu gefährlich. So hab ich's aufgegeben." Sie rührt mit einem Holzstab im Bohnen-Eintopf. Agrina verfügt über keinerlei Einkommen, besucht nebenbei noch die MEMKWA-Schule im Ort, das heißt, eine Grundschule für junge Leute, die den Einstieg in die Regelschule mit sieben Jahren aus irgendwelchen Gründen verpasst haben. Die Schüler dort sind statt 7-14 eben 15-18 Jahre alt.

Jesus, der heilende Hirte

Agrinas Eltern haben den Kindern nichts außer einem kleinen Feld hinterlassen – dort baut sie jetzt Bohnen an, Mais, Getreide. Den Samen dafür bekommt sie von der Gemeinde. „Sie leben praktisch von der Hand in den Mund", ergänzt Muhingo die Erzählungen Agrinas, die er für uns ins Englische übersetzt.

Am Weg zum anderen Ende der Gemeinde treffen wir Bürgermeister Raphael James Tweve. Gerne ist er zu einem Interview fürs Österreichische Fernsehen bereit – wenn dadurch Solidarität mit den von HIV/AIDS so stark betroffenen Menschen in Nduloma geweckt werde. Er habe an alle Haushalte Informationen verteilen und in allen Geschäften Schachteln mit Gratis-Kondomen auflegen lassen. Außerdem habe er den Ausschank von Alkohol nach neun Uhr abends verboten. Zum Schutz der Witwen und Waisen habe er das Erbfolgegesetz ändern lassen: Nach dem Tod des Mannes falle das Eigentum jetzt nicht an seine Brüder, sondern bleibe in der Familie und den Kindern. „Und", so der agile Mittvierziger stolz, „beim Treffen der Dorfältesten haben wir beschlossen, dass sich jetzt alle bei uns testen lassen müssen." Die Anzahl der Infizierten wird von ihm auf 70% - 80% geschätzt – jetzt werde man bald Gewissheit haben, wie viele es tatsächlich seien. Sich auf HIV/AIDS testen zu lassen, ist selbstverständlich kein Zwang in Tansania, überhaupt nirgendwo sonst in Afrika.

Über verschlungene Fußwege schleppe ich mein Equipement weiter. Muhingo schultert das Stativ, ein englisches VINTEN, das gut 10 kg schwer ist.

Zaina lebt in einem Ortsteil von Ndulamo, wo ebenfalls die Eltern auszusterben drohen. Das fünfzehnjährige, hübsche Mädchen lockert den Boden eines kleinen Feldes mit der Haue, sanft tut sie das, fast liebevoll. Die vielleicht 2.500 m^2 Garten sind das Einzige, wovon sie sich und ihre beiden jüngeren Geschwister ernähren kann. Zaina unterbricht ihre Arbeit, erzählt mit leiser Stimme in die Kamera. „Als meine Mutter gestorben ist, vor drei Monaten, waren ihre letzten Worte: ‚Kümmere dich um die Geschwister, Zaina, ich bitte dich, kümmere dich um Nahrung für sie.'" Ihre Stimme verebbt. „Und wenn es knapp wird mit dem Essen, was machst du dann, Zaina?" Zögernd antwortet sie: „Ich gehe zu Geschäftsleuten und bitte um Geld für Mais, und die geben mir dann etwas." Wenn nichts mehr zum Essen da sei, müsse sie eben irgendetwas tun, Gelegenheitsarbeiten annehmen. „Wie schützt du dich selber vor AIDS?" – „Wenn jemand kommt, sage ich einfach: Nein. In der Schule lernen wir von Kondomen, aber ich habe noch nie eines gesehen."

Wie schaffen diese Kinder das, frage ich mich, fragen wir einander. Kinder ohne Eltern, Kinder-Dorf, Kinder-Land. In Europa denkt man bei solchen Ausdrücken an ein SOS-Kinderdorf mit Sozialwaisen, die eine Rund-um-die-Uhr-

Lieber Bruder Jesus

Betreuung von qualifizierten Sozialarbeitern, Erziehern, Kinderdorfmüttern erhalten. In Tansania werden Kinder in der Pubertät in solche Rollen gezwungen.

Eine nationale Tragödie ist es für das Land, eine Pandemie für den ganzen Kontinent.

Der Leiter der pulmologischen Abteilung im Krankenhaus der Stadt Wien auf der Baumgartner Höhe hat mir später berichtet, dass er auf Einladung der Regierung des Sudans die Übertragungsrate von HIV/AIDS von infizierten Müttern auf ihre Babys von 30% auf praktisch Null senken konnte – und zwar durch eine medikamentöse Intensivbehandlung nach der Geburt. Die Übertragung des Virus erfolge ja erst beim Geburtsvorgang, nicht beim Embryo im Mutterleib, so Primarius Vetter. Seine eigens dafür entwickelte „Pille danach" würde innerhalb von zwölf Stunden bei jedem anderen auch wirken – nur komme niemand nach einem Geschlechtsverkehr deshalb in eine Apotheke, geschweige denn zu ihm ins Krankenhaus.

In Makete in Tansania wird noch immer jedes dritte Baby bei der Geburt mit dem tödlichen Virus der Mutter infiziert. Welches Leben haben die tausenden Waisenkinder überall am Schwarzen Kontinent?

Lieber Bruder Jesus, jetzt höre ich Dich sagen: „Wer ein solches Kind um meinetwillen aufnimmt, der nimmt mich auf."

Dein Bruder Werner

Die Umarmung der Barbarin

In der Franziskusgemeinschaft haben wir viele Gäste aus dem Inland und auch aus dem Ausland. Manche bleiben einen Tag, andere eine Woche und einige auch bis zu einem Jahr. Manche kommen schauen, andere brauchen etwas, viele suchen einen neuen Lebensweg.

Da die Gemeinschaft alles Geld, das sie nicht für ihren Lebensunterhalt braucht, in Projekte für die Armen in aller Welt investiert, kommen auch immer mehr Menschen aus Asien, Afrika und Lateinamerika. Denn wir sehen sie als unsere Partner, als unsere Geschwister, die uns mit ihrer Freundschaft, mit ihrer Kultur, mit ihrem Glauben und ihren Lebensgewohnheiten beschenken. Sie besuchen uns, um eine Zeit lang mit uns zu leben, und auch wir besuchen sie, soweit uns dies möglich ist, um mit ihnen zu leben. Auf dieser Basis wird jede Hilfe, wird auch jeder Euro zu einem tragfähigen und aufbauenden Miteinander, zu einer Hilfe zur Selbsthilfe, zu einer gegenseitigen Bereicherung.

So kamen im Sommer 2007 auch zwei junge afrikanische Frauen aus Uganda auf zehn Tage zu uns auf Besuch. Die 25-Jährige Barbara und die 19-Jährige Agnes. Zwei sehr liebe, intelligente junge Frauen, mit denen wir rasch eine herzliche Verbindung aufbauen konnten. Am zweiten Abend erzählten sie von ihrer Heimat und ihrem Leben. Da kamen wir aus dem Staunen nicht heraus. Uganda, zerstört und gequält durch fürchterliche Kriege mit unvorstellbaren Grausamkeiten, und durch eine ungeheure Flutkatastrophe gleichsam nochmals vernichtet. Aber vor einigen Jahren baute dort eine Ordensschwester eine franziskanische Jugendbewegung auf, die bereits an die tausend Mitglieder hat. Auch unsere Barbara und Agnes gehören dazu. Diese jungen Afrikanerinnen und Afrikaner betreuen Straßenkinder und Flüchtlinge, denen die Flut die Elendshütten und das wenige Hab und Gut weggeschwemmt hat. So sind Barbara und Agnes nach Deutschland und in unsere Franziskusgemeinschaft nach Österreich gekommen, um Hilfe für ihre Mitmenschen zu erbitten. Sie boten uns die von ihren Schützlingen erzeugten hübschen Sachen an (Karten, Täschchen, Schnitzereien), um nicht als Bettler dazustehen und doch ein wenig Geld nachhause bringen zu können. Auch wurde Agnes in Düsseldorf kostenlos wegen eines Herzfehlers operiert. Ist es nicht so: Arme helfen Armen. Franziskaner helfen Franziskanern. Kinder helfen Kindern. Fremde helfen Fremden. Die Botschaft Jesu, er selbst, Franziskus und Klara von Assisi sind nicht tot, sie leben in Uganda und bei uns am Kalvarienberg in Pinkafeld.

Barbara und Agnes waren stets freundlich und herzlich. Sie liebten das Scherzen und Lachen. Sie genossen die Dusche. Agnes aß mit größter Freude Butterbrot um Butterbrot. Sie feierten mit uns das Erntedankfest und besuchten die Sonntagsmesse in der Stadtpfarrkirche. Die Jäger-Töchter Katharina und auch eine Agnes nahmen sie mit in ihre Jugendgruppe. Sie konnten einen Ausflug und einen Wien-Besuch machen. Wir schauten miteinander den Film „Brother sun and sister moon". Die Mädchen beteten und arbeiteten mit uns. Aber ihr größtes und glücklichstes Erlebnis war wohl, dass sie auf der Straße neben unserem „Familienkloster" Radfahren lernen konnten. Es war für sie ein herrliches Vergnügen.

Einmal sprachen wir mit ihnen auch über ihre europäischen Vornamen. Barbara wusste, dass ihre Namensgeberin eine Märtyrerin um 300 nach Christus war. Aber sie wollte nun von uns wissen, was der Name bedeutet. Mir fiel sofort ein, was ich in Griechisch gelernt hatte. Barbara ist die Barbarin. Trotzdem und auch, weil ich dies nicht sagen und erklären wollte, ging ich in mein Arbeitszimmer, um im Gemoll, dem Schulwörterbuch für Altgriechisch-Deutsch, das ich noch besitze, nachzuschauen, ob da nicht etwas Besseres zu finden sei. So las ich unter „barbaros": „unverständlich sprechend, ausländisch, ungriechisch, ungebildet, roh, wild". Also barbarisch. Außer Griechen alles nur Barbaren. Außer Österreichern alles nur Ausländer, also auch Barbaren. Mit diesem Wissen kehrte ich zu den jungen Frauen zurück. Und ich erklärte nur, dass Barbara soviel wie „die Fremde" heißt. Da lachte die herzliche Afrikanerin: „Aber wir sind doch keine Fremden, wir sind Schwestern und Brüder."

Mit Ausländern taten sich immer alle Menschen schwer. Auch Jesus erging es nicht anders. Matthäus berichtet die sehr berührende Begebenheit mit der heidnischen Frau, die für ihre von einem Dämon besessene Tochter um Heilung bat. Jesus weilte damals sozusagen im Ausland, im Gebiet von Tyrus und Sidon, und die Frau war eine Kanaanäerin. Zunächst gab ihr Jesus keine Antwort. Da sie aber hinter ihm und seiner Begleitung her schrie, drängten die Jünger auf eine Lösung. Jesus wollte nicht heilen und wies die Frau mit der Feststellung ab, dass er nur für die verlorenen Schafe des Hauses Israel und nicht für Ausländer, für Barbaren, gesandt sei. Die Frau flehte weiter um Hilfe. Aber nochmals Jesu abweisende Worte, sehr hart: „Es ist nicht recht, das Brot den Kindern wegzunehmen und den Hunden vorzuwerfen." Darauf gab die Heidin, die Barbarin, dem Herrn recht, schloss aber ein umwerfendes Argument an: „Sogar die Hunde bekommen die Brotreste vom Tisch der Herren." Dieser große Glaube erzwang bei Jesus ein plötzliches und radikales Umdenken und sofort heilte er die Tochter. Wahrscheinlich hatte Jesus in dieser Stunde erfasst, dass das Heil Gottes allen Menschen zusteht, auch den Fremden, den Andersglaubenden, den Barbaren. (Zum Nachlesen bei Matthäus 15,21-28 und bei Markus 7,24-30.)

Jesus, der heilende Hirte

Am letzten Morgen ihres Besuches standen unsere lieben afrikanischen Schwestern Barbara und Agnes in unserem kleinen Foyer vor dem Speisesaal abfahrtbereit mit ihren paar Taschen. Alle Schwestern und Brüder der Gemeinschaft hatten sich zur Verabschiedung versammelt. Unsere Gäste sagten uns immer wieder, dass sie sich bei uns wie zuhause gefühlt hatten, dass sie mit ihrer Gründerin wiederkommen wollten und – das war ihnen überaus wichtig – dass wir sie so bald wie möglich besuchen sollten. Wer waren die Beschenkten? Die Ausländer oder wir Inländer? Was für ein Geschenk für sie und für uns.

Das Auto, das sie zur Bahn bringen sollte, war schon gestartet. Wir umarmten einander, wie es heute viele Menschen tun. Gott sei Dank ist dieses Zeichen der Geschwisterlichkeit salonfähig geworden. Auch wenn es vielleicht missbraucht wird. Welches Zeichen wird nicht missbraucht?

Wir umarmten einander. Wir die Barbarin Barbara, und Barbara uns Barbaren. Was für ein Wunder in einer barbarischen Welt. Für die Liebe gibt es keine Grenzen. Die Liebe schaut mit neuen Augen, mit den Augen des Herzens. Sie weiß, dass wir alle Kinder Gottes sind.

Kinderschicksal

Yousif, den fünfjährigen Buben aus dem Irak, sehe ich zum ersten Mal am Flughafen von Amman, kurz nach Mitternacht, am 16. September 2006. Sein Vater hebt ihn aus dem Kleinbus, mit dem sie 26 Stunden von Bagdad in einem gesicherten Konvoi in die jordanische Hauptstadt unterwegs gewesen sind. Das Kind blinzelt verschlafen in die hellen Lichter des Airports. Yousif leidet seit seiner Geburt an einer mit Rückenmarksflüssigkeit gefüllten Ausbuchtung der Wirbelsäule. Er ist querschnittgelähmt und kann nur auf dem Bauch oder seitlich, aber nicht am Rücken liegen. Wegen der Gefahr einer Infektion haben ihm irakische Ärzte nur noch wenige Monate Lebenszeit gegeben.

Dass der kleine Bub mit dem schön geschnittenen Gesicht und den ausdrucksstarken Augen jetzt am Weg zurück ins Leben ist, verdankt er Eli Fröhlich aus der Arbeitergasse im fünften Wiener Gemeindebezirk. Die engagierte Sozialarbeiterin hat von ihm über seinen in Wien als anerkannter Flüchtling lebenden Onkel erfahren, hat die lebensrettende Operation im Krankenhaus Wiener Neustadt organisiert. Oberstleutnant Martin Widhalm vom Bundesheer übernimmt die Logistik des Transports, Konsul Bittner-Buddenbrock stempelt im Licht der Flughafenbeleuchtung im nächtlichen Amman die Visa für ein halbes Jahr Aufenthalt in Österreich in den Pass von Vater Assad Darwish.

In der AUA-Maschine nach Wien fällt der Stress von den Beteiligten ab. Yousif wird auf einem eigens für ihn eingerichteten „stretcher", einer Liege, von der Stewardess behutsam angeschnallt. Vater Assad singt ihn in den Schlaf.

In Wien-Schwechat wartet im Morgengrauen Eli Fröhlich mit einem Krankenwagen auf Yousif. Eine Stunde später nimmt Primarius Olaf Arne Jürgenssen von der Kinderabteilung des Krankenhauses Wiener Neustadt den Buben in Empfang. Der kleine, aufgeweckte Patient wird mit seinem Vater noch eine Woche warten müssen, bis der Neurochirurg Johannes Burtscher in einer fünfstündigen Operation die Blase mit der Rückenmarksflüssigkeit abgetragen und die Wirbelsäule an ihrem Ende verschlossen hat.

Ich begleite Yousif weiter mit der Kamera, berichte über sein Schicksal, seine Entwicklung in Wien. Mit Hilfe von Spenden, die durch die Fernsehsendung zusammengekommen sind, erhält er Physiotherapie und kompetente Betreuung in einer Kleingruppe behinderter Kinder im Keil-Institut in Wien-Hernals. Seine Therapeutin Jana Seifter, eine temperamentvolle junge Deutsche aus Leipzig, trägt ihn im Wasser des Jörgerbads, singt mit ihm, fördert das Gemeinschaftsbewusstsein in der Kindergruppe.

Rechtzeitig vor Ablauf des befristeten Visums sucht der Vater um politisches Asyl in Österreich an; kein Beamter im Innenministerium würde ihn und sein

Kind in die Hölle von Bagdad zurückschicken. Yousif besucht heute die Hans Radl-Schule für behinderte Kinder und Jugendliche in Wien-Währing. Inzwischen hat auch die Mutter mit ihrem zweiten Kind in Bagdad die Einreise und ein Dauervisum für Österreich bekommen – die Familienzusammenführung in Wien ist geglückt. Yousif spricht vier Jahre nach seiner Rettung weit besser Deutsch als seine Eltern, fast besser sogar als die beiden schon länger in Österreich lebenden Brüder des Vaters.

„Ich war fremd und obdachlos und ihr habt mich aufgenommen." (Matthäus 25,35)

Da sind Albin und Albona, zwei eben erst schulpflichtige Geschwister der hierzulande wohlbekannten Arigona Zogaj – jenes 16-jährigen Mädchens, das für den Fall seiner Abschiebung mit Selbstmord gedroht hatte und von Pfarrer Josef Friedl in Ungenach, Oberösterreich, erfolgreich vor dem Zugriff der Fremdenpolizei bei einem Mitglied seines Pfarrgemeinderates versteckt worden war.

Die übrigen Familienmitglieder – der Vater, die beiden heranwachsenden Söhne Alfred und Alban sowie die beiden Kleinen Albin und Albona wurden nach sieben Jahren erfolglosen Asylwerbens gnadenlos in den Kosovo abgeschoben. Nur die Mutter, Jurije Zogaj, „überlebte" den Zugriff der Fremdenpolizei, weil sie als nachweislich schwer psychisch Kranke einen Abschiebungsaufschub erhalten hatte.

Ich besuche die im Herbst 2007 des Paradieses Österreich verwiesenen Kosovaren im darauf folgenden Sommer im Kosovo. Ein Journalistenkollege der „Gazeta Express", Jeton Musliu, fährt mich in seinem klapprigen alten Fiat zu den Kindern.

Der achtjährige Albin lebt gemeinsam mit seinen beiden Brüdern Alfred, 17, und Alban, 18 in einem Reihenhaus am Rand von Peja, der zweitgrößten Stadt des Landes. Eine halbe Autostunde entfernt hat die neunjährige Albona Aufnahme bei ihrer Tante gefunden.

Die Familie ist völlig zerrissen: Mutter Nurije und Arigona in Oberösterreich, die drei Buben Albin, Alfred und Alban in Peja, Albona in dem kleinen Dorf Kalican, Gemeinde Istok, bei der Tante, einer Schwester ihrer Mutter, und schließlich der Vater, dem das alles zuviel geworden ist und der „irgendwo unterwegs in Montenegro" sei, wie es heißt.

Seit der Vater im Mai 2008 „von heute auf morgen mit einer Frau fort gegangen" ist, wie es Alfred achselzuckend ausdrückt, sind die drei Buben völlig auf sich allein gestellt. Die Wohnungsmiete von 140 Euro im Monat wird von Pfarrer Josef Friedl aus Ungenach in Oberösterreich in den Kosovo überwiesen, und zwar an den Cousin des Vaters. Auch die Lebenshaltungskosten der Kinder werden von Österreich aus getragen. Das Geld stammt aus Spenden, nicht aus der Kirchensteuer, wie fälschlich immer wieder behauptet wird. Alban und Alfred finden keine Arbeit. Der kleine Albin will im Kosovo in keine Schule gehen, genauso wenig wie seine Schwester Albona. Beide sagen unisono, ihre Schule und alle ihre Schulfreunde und -freundinnen seien in Oberösterreich. Da es im Kosovo keinerlei Jugendwohlfahrt und keine Jugendämter gibt, die den Schulbesuch kontrollieren, bleiben die beiden einfach zuhause – der Bub bei seinen älteren, arbeitslosen Brüdern, das Mädchen bei Tante und Cousinen.

Albona wacht nachts oft auf, weint und schreit nach ihrer Mutter, erzählt die Tante. Albin sitzt daheim herum, spielt Karten mit seinen Brüdern oder geht zu gleichaltrigen Roma-Kindern in der Nachbarschaft.

Der Cousin des Vaters, Mursel Zogaj, der das Reihenhaus vermietet hatte, will „nicht länger Kindermädchen spielen" für die Buben, seit diese von ihrem Vater verlassen worden sind. Im Oktober 2008 kündigt er die Kinder und setzt sie vor die Tür. Alban, Alfred und Albin finden Unterschlupf bei einer Roma-Familie nur wenige hundert Meter weiter. Aber auch das ist keine Dauerlösung.

Ein Antrag auf ein Schülervisum für Albin und Albona wird von der Bezirkshauptmannschaft Vöcklabruck zu Schulbeginn September 2008 wegen angeblicher Formfehler abgelehnt – „auf höhere Weisung", wie es Pfarrer Josef Friedl, der Schutzherr der Familie, ausdrückt.

Die Absicht der Behörden ist klar: Man will verhindern, dass die Kinder zurück zur Mutter nach Österreich gelangen. Stattdessen soll die Mutter ihren abgeschobenen Kindern in den Kosovo nachreisen. Wegen psychischer Probleme – Depressionen auf Grund der familiären Situation – hat die Mutter einen Abschiebungsaufschub bis Jahresende 2008 erhalten. Sie kann und darf nicht gesund werden: Einzig ihre von Nervenärzten bestätigte Krankheit bewahrt sie vor Zurückschiebung in den Kosovo.

Die sechzehnjährige Arigona besucht inzwischen eine Hauswirtschaftsschule in der oberösterreichischen Landeshauptstadt Linz. Sie darf auf alle Fälle bis zum Abschluss dieser Schule im Lande bleiben, heißt es 2008.

Im November 2008 hat der Linzer Rechtsanwalt Helmut Blum neuerlich einen Antrag auf ein Schülervisum für Albin und Albona gestellt – diesmal ohne die inkriminierten Formfehler. Pfarrer Josef Friedl hofft, dass Bundeskanzler Werner Faymann zu seinem Wort steht, der Famiie Zogaj ein humanitäres Bleiberecht zu gewähren. „Das hat er mit Handschlag bei einer Wahlveranstaltung in Linz versprochen", so der oberösterreichische Pfarrer, der kein Hehl mehr daraus macht, von der ÖVP, „die sich als christliche Familienpartei gibt", ihren Innenministern und -ministerinnen samt ihren Beamten „schwer enttäuscht" zu sein.

Der streitbare, zähe und ausdauernde 63-jährige Weltpriester der Diözese Linz soll aber von dem sozialdemokratischen Bundeskanzler in der SPÖ-ÖVP-Koalitionsregierung nicht weniger enttäuscht werden.

Zur Jahreswende 2008/2009 spitzt sich die Lage neuerlich dramatisch zu: In einer abenteuerlichen Flucht mit Hilfe eines Verwandten gelingt es den vier Kindern, sich alleine über die Grüne Grenze von Serbien nach Ungarn durchzuschlagen. „Es war schon finster, hat geregnet und Albin hat mitten im Wald geweint, er kann nicht mehr weiter, will endlich zur Mama", schildert mir der Älteste der Brüder, Alban, später das vorläufige Ende dieser „Flucht der Kinder". Er sieht ein Licht am Ende des Waldes, hört Tanzmusik, klopft an und fragt, wo es weiter nach Budapest gehe. Der DISCO-Besitzer verständigt sofort die Polizei, die die Kinder ins Flüchtlingslager Debreczen bringt.

Wenige Wochen später setzen die Vier ihre Flucht nach Österreich fort: Sie lassen sich von einem Auto ab Debreczen quer durch Ungarn in Richtung österreichische Grenze bringen, steigen in einen Zug – und sind barrierefrei, weil innerhalb der Europäischen Union, im gelobten Land. Bei einer Verwandten des Vaters im Raum Wien verabreden sie sich mit Arigona, die sie am gleichen Abend im Zug nach Oberösterreich begleitet. Am Bahnhof Vöcklabruck werden sie von einem Vertrauten der Familie abgeholt und nächtigen zunächst bei ihm. Am folgenden Tag gibt's endlich das ersehnte Wiedersehen mit ihrer Mama, die ich in der Früh aus ihrer Wohnung in Frankenburg abholen und zu ihren Kindern bringen darf. Schon am Vorabend hat mich ein kosovarischer Journalist verständigt, dass er die Kinder in Ungarn begleitet habe und sie bereits in Österreich sein müssten.

Der Linzer Anwalt der Familie, Helmut Blum, stellt einen neuen Asylantrag für Mutter, Kinder und vor allem erstmals auch für Arigona. Doch dieser Asylantrag wird im November 2009 von den Behörden nicht unerwartet abgelehnt. Es droht neuerlich Abschiebung, falls nicht der Asylgerichtshof auf die Berufung mit einem humanitären Bleiberecht reagiert.

Tatsächlich kommt es im Jahr darauf, 2010, zur Abschiebung aller in den Kosovo. Fernsehteams begleiten diese Aktion, die Innenministerin Maria Fekter steht unter Beschuss humanitär engagierter Kreise in Österreich.

Doch schon wenige Monate später, im Herbst 2010, dürfen sie, nachdem sie in der österreichischen Botschaft in Skopje neue Einreise-Anträge gestellt haben, alle wieder zurück nach Österreich: Albin und Albona, Arigona und Mutter Nurije.

„Ich war fremd und obdachlos – und ihr habt mich aufgenommen – nicht aufgenommen – aufgenommen ..." (Matthäus 25,36)

Kinderschicksal

Kinderschicksale zwischen dem Irak, dem Kosovo und Österreich: Kinder, getrennt von ihren Müttern, von ihren Eltern. Irakische Kinder, die durch das Engagement von Mitmenschen gerettet werden, kosovarische Kinder, die zum Spielball der Politik – einer „Recht-muss-Recht-bleiben"-Politik – werden und hin und her und her und hin geschoben werden, bis sie bald selber nicht mehr wissen, wo sie eigentlich zuhause sein können.

Jesus und die Blinden vor Jericho

Bartimäus lässt sich langsam auf den Boden nieder. Wie jeden Tag. Hier vor dem Stadttor, bei der Straße an dem Stein, an den er sich lehnen kann. Um zu betteln. Irgendwer wird ihm schon etwas geben. Irgendwer gibt immer einem Blinden etwas. Es fröstelt ihn. Das macht wohl der Hunger. So hüllt er sich in seinen Mantel.

Da spürt Bartimäus, wie sich jemand fast lautlos neben ihn setzt. „Wer bist du?", fragt Bartimäus. „Ein Blinder", antwortet der andere. „Wie ich", kommt es gequält aus Bartimäus. Dann schweigen beide. In Gedanken sucht jeder den anderen zu sehen. „Ich heiße Bartimäus und sitze hier immer allein. Wie ist dein Name?" „Ich habe keinen Namen. Ich bin nur ein Blinder." „Dann bist du noch nicht lange blind und schämst dich noch wegen deines Unglücks." „Unglück, ja Unglück." Und wieder schweigen beide und jeder sucht den anderen in Gedanken zu sehen. „Ich trage mein Unglück, meine Strafe seit mehr als zwei Jahren", setzt Bartimäus das Gespräch fort. „Mehr als zwei Jahre und es ist mir wie eine Ewigkeit." „Wieso Strafe?", wird nun der andere neugierig. Aber Bartimäus will das nicht erklären. Denn bis jetzt hat er sein Schicksal noch niemandem anvertraut. Warum also diesem Fremden es sagen, der nicht einmal seinen Namen nennt?

Da hören sie viele Leute vorbeigehen. Sie strecken ihre Hände bettelnd aus. Und erhalten nichts. Denn die Vorübergehenden haben es eilig. Sie reden von Jesus, der in der Stadt sei. Ob er hier wohl auch Wunder wirken werde? Ob er zum Volk sprechen werde? Ob er vielleicht doch der Messias sei?

Die Blinden lassen ihre Hände sinken und lauschen auf jedes Wort. „Jesus", Bartimäus spricht mehr zu sich selbst als zu dem anderen. Seine Stimme zittert. „Jesus, der Sohn Davids, über den Johannes so Großes gesagt hat. Er, der wahre Prophet, sei nicht wert, ihm die Sandalen zu lösen. Dieser Jesus soll nahe sein, dieser Jesus, den ich schon so lange suche? Jesus, Jesus ..." Unaufhörlich murmelt nun Bartimäus diesen Namen. Der andere unterbricht ihn: „Sei doch still, Bartimäus. Jesus kommt ja nur aus Nazaret. Und wie ich hörte, sind die Schriftgelehrten und Hohenpriester ganz und gar gegen ihn." „Aber, mein blinder Bruder", hebt Bartimäus nun ganz erregt an, „gerade die Feindschaft der Großen spricht für Jesus. Sie waren auch gegen Johannes. Ich weiß das. Ich weiß es wirklich. Ich will, ich muss es dir schnell erzählen. Denn, wenn Jesus vorbeikommt, wird er uns retten." Und Bartimäus kniet sich auf und redet beschwörend auf den anderen ein: „Hör auf mich, blinder Bruder! Vor meiner Bestrafung war ich ein Jünger des Johannes. Mein Vater Timäus hatte es mir verboten. Aber ich bin

Jesus und die Blinden vor Jericho

ihm weggelaufen. Mit welcher Glut lasen wir die Propheten, fasteten wir in der Wüste, bestürmten wir den Himmel und predigten das nahe Gericht. Tausende kamen zur Taufe an den Jordan. Johannes rief der Menge zu: ‚Kehrt um! Bringt Frucht! Teilt! Sonst wird euch die Axt Gottes niederhauen und ihr werdet ins Feuer geworfen.' Aber da stand plötzlich mein Vater Timäus vor mir, um sich taufen zu lassen. Sein Blick ging mir mitten durchs Herz. Bittere Reue ergriff mich, weil ich ihn, den alten Mann, allein gelassen hatte. In meinem Schmerz stürmte ich davon, kletterte einen Felsen hoch und da ... da stürzte ich ab ... blieb reglos liegen ... erwachte irgendwann ... blind. Blind die Augen. Weil mein Herz blind gewesen war." Bartimäus schweigt.

„Blind das Herz. Blind die Augen." Mit diesen Worten setzt er mühsam fort. „Jesus hilft den Blinden, den Kranken, sogar den Aussätzigen, allen Armen. Er isst mit den Zöllnern und Dirnen. Er kann auch uns sehend machen. Auch mich, den herzlosen Bartimäus, und dich, meinen blinden Bruder. Und wenn sich meine Augen wieder öffnen, werde ich die Freude und den Frieden Gottes zu den Menschen bringen. Wie Jesus."

Menschen, Gedränge, Lärm. „Jesus ist da." Bartimäus ruft, schreit: „Sohn Davids, Jesus, hab Erbarmen mit mir, mit uns!" „Schweig!", kommt es von allen Seiten. „Nein!", brüllt Bartimäus. „Sohn Davids, Jesus, hab Erbarmen!" Der andere stimmt mit ein: „Hab Erbarmen!"

Jesus bleibt stehen. Lässt die blinden Schreier rufen. Bartimäus wirft den Mantel weg, der ihn jetzt nur hindert. Es gibt nur noch das eine: zu Jesus hin! „Was soll ich euch tun?", hören die Blinden inmitten des lauten Gedränges. „Rabbuni, wir möchten wieder sehen können." Sie sinken nieder, bedecken ihre blinden Augen mit den mageren Händen. Und da der Blitz der Erlösung: „Geht! Euer Glaube hat euch geholfen." Im gleichen Augenblick können sie wieder sehen. Mit den Augen. Und mit den Herzen.

Rede des Huhns

Liebe Menschen! Langsam spricht es sich bei euch herum, dass die Hühner heute zu den Tieren gehören, die sehr viel leiden müssen. Viele von euch beginnen, für eine hühnergerechte Haltung einzutreten. Dafür danke ich euch von ganzem Herzen. Denn auch ein Huhn ist zunächst nicht nur eine „Suppenhenn" oder ein „Backhenderl", sondern ein Geschöpf Gottes. Aber manche Menschen, die unsere Eier und Körper vermarkten, sehen in uns nur noch ein Produkt, das sie wie einen toten Gegenstand unter geringsten Kosten herstellen und in großen Mengen verkaufen wollen. Zu Hunderttausenden zusammengepfercht vegetieren wir wie in Konzentrationslagern dahin, leiden alle Tage unseres Lebens unvorstellbare Qualen, werden zu einer Art Legemaschine degradiert oder abgeschlachtet, falls wir nicht ohnehin vorzeitig krepieren. Schon Ausdrücke wie „Hühnerfabrik" oder „Hühnerzuchtanstalt" verraten, wie manche Menschen über uns denken. „Blöd's Hendl!" ist ein oft gebrauchtes Schimpfwort. Oder als Weisheit gilt: „Hendl ist Hendl".

Liebe Menschen! Bedenkt einmal, dass die Hühner seit tausenden Jahren eure treuen Haustiere sind, die auch das köstliche Ei, die schmackhafte Hühnersuppe und den saftigen Braten liefern. Schon das wäre Grund genug, uns anständig zu behandeln.

Aber verlassen wir doch einmal diesen Standpunkt der Nützlichkeit, der in eurer Menschenwelt immer mehr der einzige ist, und betrachten wir gemeinsam das Huhn, euer Haustier, als ein von Gott erschaffenes Wesen, einmalig und gut, schön und liebenswert in seiner Art.

Liebe Menschen! Ich erzähle euch jetzt meine Lebensgeschichte. Auch ich, ein Huhn, habe eine solche. Eine sehr schöne sogar. Denn ich hatte unvorstellbares Glück. Aus einem „Zuchthaus" – ja, das ist das gleiche Wort wie „Gefängnis" – nach Impfungen und Auffütterung mit allem möglichen Zeug wurde ich mit einigen dutzend Schwestern verkauft. Drei Monate war ich alt und betrat zum ersten Mal die natürliche Erde in einem echten Hühnerhof. „Biologisch" sagt ihr Menschen dazu, was übersetzt „lebenslogisch" heißt. Ich war die Letzte, die mein Produzent aus dem Gitterkasten holte. „Die geb' ich Ihnen drauf!", sagte er zum Käufer, meinem neuen Herrn. Der aber nahm mich auf den Arm, schaute mich gütig an und streichelte mich. „Du siehst der Paula ähnlich", sprach er mich an, „die war ein überaus liebes Huhn. Leider ist es im vorigen Jahr an Altersschwäche gestorben." So bekam ich ihren Namen. Und dann redete er uns alle an, uns, die Neuen, dass wir jetzt die Chance hätten, echte Hühner zu werden.

Rede des Huhns

Liebe Menschen! Das verstand ich zuerst nicht. Denn ich kannte nur das Leben in Käfig und Halle. Ängstlich drückte ich mich mit den Schwestern in eine Ecke. Aber nach und nach erwachte in uns das Leben des freien Huhns. Ich lernte laufen, Würmer suchen, das Ei ins Nest legen und im Sand baden. Ich konnte mit den Flügeln flattern und mich vom Boden in die Luft erheben. Ein unbeschreibliches Gefühl von Glück kam in mein kleines Hühnerherz. Wenn wir uns auch vor den Alteingesessenen fürchteten und auf die letzten Plätze gedrängt und in die Rangordnung gehackt wurden, so war das neue Leben trotzdem wie eine zweite Geburt. Weizenkörner, Gras, Sauermilch, Speisereste aus der Küche und die vielen Insekten ergaben einen reich gedeckten Tisch den ganzen Tag über. Erst bei Einbruch der Dunkelheit schlichen wir auf unsere Stange im Stall und bei Sonnenaufgang, den ich zum ersten Mal erleben durfte, konnten wir wieder in die frische, herrliche Luft, um zu laufen, zu scharren, zu gackern und auch ein wenig miteinander zu streiten. Außer dem lieben Menschen, der uns betreute, Wasser und Futter brachte, gab es da noch einen, der mir ganz neu war, den Hahn.

Liebe Menschen! Bitte, glaubt mir, dass ein Huhn nicht nur ein Huhn ist und ein Hahn nicht nur ein Hahn. Wisst ihr, dass ein Hahn auf Ordnung schaut, die Schwachen vor den Wilden beschützt, einen aus der Erde gekratzten Wurm nicht selber frisst, sondern den Hennen überlässt? Wisst ihr, dass er viele verschiedene Rufe, eigentlich Worte hat, um zu warnen, zu loben, zu belehren?

Ich, das Huhn Paula, ein glückliches Freilandhuhn, habe das Leben lieben gelernt und träume davon, eine Bruthenne zu werden mit einem Dutzend federweichen Kücken. Das ist meine Lebensgeschichte für euch, liebe Menschen.

Für alle, die meine Rede bis zum Schluss angehört haben, gibt es als kleine Belohnung ein Preisrätsel. Jeder, der es löst, erhält als Preis an jedem Monatsersten ein frisches Frühstücksei. Das Rätsel lautet ganz einfach: Was war früher, das Huhn oder das Ei?

Jesus, der revolutionäre Mystiker

... stieg Jesus auf einen Berg, um in der Einsamkeit zu beten. (Matthäus 14,23)

Du aber geh in deine Kammer, wenn du betest, und schließ die Tür zu; dann bete zu deinem Vater, der im Verborgenen ist. (Matthäus 6,6)

Ich und der Vater sind eins. (Johannes 10,3)

Ihr alle aber seid Geschwister. (Matthäus 23,8)

Wer bei euch groß sein will, der soll euer Diener sein. (Matthäus 20,26)

Ihr seid das Salz der Erde ... Ihr seid das Licht der Welt. (Matthäus 5,13 und 14)

Selig, die um der Gerechtigkeit willen verfolgt werden; denn ihnen gehört das Himmelreich. (Matthäus 5,10)

Nirgends gilt der Prophet weniger als in seiner Heimat. (Matthäus 13,57)

Seht euch die Vögel des Himmels an ... Lernt von den Lilien, die auf dem Feld wachsen. (Matthäus 6,26 und 28)

Ihr könnt nicht beiden dienen, Gott und dem Mammon. (Matthäus 6,24)

Er machte eine Geißel aus Stricken und trieb sie alle aus dem Tempel hinaus. (Johannes 2,15)

Der Sabbat ist für den Menschen da, nicht der Mensch für den Sabbat. (Markus 2,27)

Ein neues Gebot gebe ich euch: Liebt einander! (Johannes 13,34)

Ich aber sage euch: Liebt eure Feinde (Matthäus 5,44)

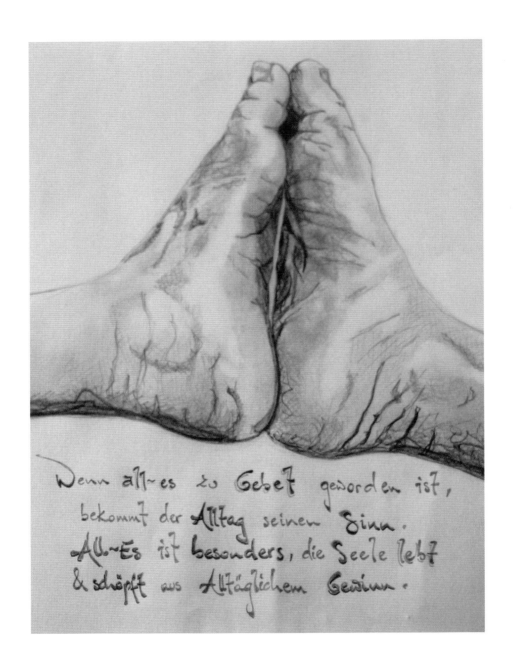

Wenn alles zu Gebet geworden ist,
bekommt der Alltag seinen Sinn.
All~Es ist besonders, die Seele lebt
& schöpft aus Alltäglichem Gewinn.

Die Evolution auf der Straße
Auf der Fußwallfahrt von Pinkafeld nach Assisi im September 1993

Schritt um Schritt,
Herzschlag um Herzschlag,
Gedanke um Gedanke,
Wort um Wort,
Geschenk um Geschenk,
Versöhnung um Versöhnung,
Liebe um Liebe.
So gehen wir auf der Straße nach Assisi
und auf der Straße des Lebens.
Das ist die Evolution auf der Straße.

Aber auch
Durst um Durst,
Hunger um Hunger,
Wunde um Wunde,
Schmerz um Schmerz,
Streit um Streit,
Aug um Aug,
Angst um Angst,
Schuld um Schuld.
Auch so gehen wir auf der Straße
nach Assisi und auf der Straße des Lebens.
Auch das ist die Evolution auf der Straße.

Es gibt keinen Schritt ohne Mühe,
keinen Gedanken ohne Grenze,
keine Versöhnung ohne Streit,
keine Gnade ohne Schuld,
keine Kommunion ohne Du,
keinen Himmel ohne Erde,
keine Auferstehung ohne Tod,
keine Evolution ohne Revolution.

Der Durst wird zur Dankbarkeit
für einen Becher Wasser.
Der Hunger wird zur Zufriedenheit
nach einem Bissen Brot.

Der ermattete Körper genießt
den Schlaf auf dem Steinboden.
Am Ziel der Straße der Mühen
werden wir neu erblühen.

Die dürre Wiese wird zum weichen Bett,
der harte Stein zum bequemen Stuhl,
der schwere Rucksack zum festen Tisch.
Das Überflüssige versickert
im Straßengraben,
das Notwendige wird geteilt.
Das Gefängnis des Habens zerbricht,
die Freiheit des Seins ist unser Licht.

Der Lärm führt
in die Stille des Herzens,
die Einsamkeit lädt ein zum Gebet,
die Fragen bedürfen
der Antwort des Bruders,
die Wunden brauchen
die Hände des Nächsten.
Die enge Schwäche wird
zur weiten Chance,
die Ängste schreien nach Hoffnung,
die Seufzer münden ins Lied.
Der Glaube verwandelt unser düsteres Aus
zu einem neuen Miteinander-Hinaus!

So wandert die Schöpfung
durch die Evolution auf der Straße
vom Chaos zur Harmonie,
von der Ursuppe zum Menschen,
von der Materie zum Geist,
vom Lallen zum Dialog,
vom Schmerz zum Jubel,
von der Angst zur Liebe,
von mir zu Gott,
bis Raum und Zeit eins sind
mit der ewigen Ewigkeit.

Sorelle, fratelli, coraggio!

"Schwestern, Brüder, Mut!" So rief uns der „Kleine Bruder" Carlo Carretto stets am Ende unserer Besuche bei ihm in der Eremo Giacobbe nahe der alten, berühmten Stadt Spello zu. Dabei saß er vor dem Haus mit seinem Gehstock in den Händen, den er wegen eines gelähmten Fußes brauchte.

Ich hatte Carlo Carretto im Mai 1976 kennen gelernt durch sein Buch „Wo der Dornbusch brennt. Geistliche Briefe aus der Wüste", das mir jemand – ich weiß nicht mehr, wer es war – auf meinen Schreibtisch im Bildungshaus St. Bernhard in Wiener Neustadt gelegt hatte. Ich begann es zu lesen und verschlang diese „Briefe aus der Wüste" mehrmals hintereinander. Denn damals war ich mit Weihbischof Florian Kuntner und einigen anderen im Aufbruch zu einem neuen Leben nach der Frohen Botschaft Jesu. Bruder Carlo hatte dieses Buch genau für mich, für uns geschrieben. So spürte ich es. Alles, was uns bewegte, hatte er schon erlebt und er zeigte uns mit seinen einfachen, packenden Worten Schritte und Wege zu dem, was uns vorschwebte, wonach wir uns sehnten, was wir bereits zu leben versuchten. Seine Erfahrungen bezeugten, dass Leben und Glauben eine Einheit sein können. Das machte uns Mut zur Nachfolge Jesu.

Vom 11. Juli bis 9. August 1977, also 30 Tage lang, pilgerte ich mit zwei Schwestern und drei Brüdern zu Fuß – sempre a piedi – von Wiener Neustadt nach Assisi zum heiligen Franziskus, der für uns ein Vorbild geworden war. Am Tag nach der Ankunft in Assisi erlebte ich Bruder Carlo zum ersten Mal persönlich. Wie ein gutmütiger, rundlicher Papa empfing er uns im Arbeits- und Besprechungszimmer in seiner Eremo Giacobbe. Bischof Kuntner lud ihn zur 700-Jahr-Feier des Wiener Neustädter Domes ein. Dann erhielten wir gegen eine Spende das eine oder andere Buch aus seiner Feder und Carlo schrieb jedem eine kurze Widmung ins Buch. Wie er das tat, das faszinierte uns damals und später immer wieder. Denn er sah jedem kurz ins Gesicht, wobei er schmunzelte, manchmal auch laut lachte, und schrieb dann, zum Beispiel für mich am 10. 8. 1977: „Federico, pace es gioia sempre, f. Carlo". Die paar Worte in schwungvollen, großen Lettern „Friedrich, Frieden und Freude immer, Br. Carlo" bedeckten eine ganze Buchseite. Was uns alle tief innen berührte, war die Empfindung, dass dieser heitere Bruder, der uns zum ersten Mal sah, jeder und jedem Entscheidendes ins Buch schrieb, das, was jede und jeder gerade brauchte. Für mich: „Friede und Freude für immer".

Carlo Carretto wurde 1910 in Alessandria im Piemont geboren, war Lehrer und von 1946 bis 1952 mit größtem persönlichen Einsatz Präsident der Katholischen Aktion Italiens. Aber der Aktivismus befriedigte ihn nicht. 1954 trat er in die Gemeinschaft der „Kleinen Brüder Jesu vom Evangelium" ein, die auf den französischen Wüstenheiligen Charles de Foucauld (1858-1916) zurückgehen und im Italienischen „Piccoli Fratelli del Vangelo del padre De Foucauld" heißen. Zehn Jahre verbrachte Carretto in der Wüste Sahara und wäre gerne für immer dort geblieben. Aber der Ordensobere rief ihn in die Heimat zurück. 1964 gründete Bruder Carlo ein viel besuchtes Gebets- und Meditationszentrum im Kloster San Girolamo außerhalb der Stadtmauern Spellos. Tausende, vor allem Jugendliche, aus allen Ländern der Erde kamen zu Wochenkursen oder auf länger zu ihm, um in den Eremi – gemietete alte Häuser, über zwanzig waren es – bei Gebet und Arbeit, Bibellesung und Gespräch zu einem neuen Leben zu finden. Bruder Carlo schrieb nebenbei Buch um Buch. Manche erlebten fünfzig Auflagen, wurden in alle wichtigen Sprachen übersetzt und von Hunderttausenden gelesen. Carlo Carretto war ein Mystiker und Prophet, ein begabter spiritueller Schriftsteller und vor allem ein geistlicher Bruder und Vater, der nicht nur Großes verkündete und niederschrieb, sondern auch vorlebte. Wenn er sich eine Schürze umband, um eine Pasta zu kochen oder Geschirr abzuwaschen. Wenn er geduldig alle, auch tausendmal gestellte und manchmal dumme Fragen beantwortete. Wenn er jeden Gast nach dem Mittagessen mit Erzählen aufforderte, weil ihm jeder wichtig war. Wenn er Süchtige beherbergte und pflegte. Wenn er die Gastfreundschaft extrem lebte und dies von seinen mitlebenden Geschwistern verlangte, die damit nicht immer einverstanden waren, weil es sehr aufreibend war.

Ab unserem ersten Besuch 1977 kamen wir nun immer im Rahmen unserer „Wüstenwochen" in Assisi und später in Spello mit unseren Gruppen zu Carretto. Er empfing uns immer mit großer Freude: „Die Österreicher sind da!", rief er stets aus. „Wir feiern ein Fest!", als wir einmal, noch dazu nicht angemeldet, mit 100 Jugendlichen bei ihm auftauchten – wir probierten es – bat er seine Gemeinschaft: „Bitte kocht eine Pasta." Eine Pasta für 100 junge, stets hungrige Leute. Die Seinen waren nicht sehr begeistert, aber Gastfreundschaft war oberstes Gebot. Wir Gäste hingegen feierten mit Carlo unter zwei großen, schattenspendenden Zypressen eine heilige Messe und dann gab es die Pasta und pausenlos Eintragungen in die Bücher, die die jungen Leute erwarben. Zum Abschied aber sein „Coraggio, sorelle, fratelli!" Wem blieb das nicht in Erinnerung? Wer ging nicht mit Mut und Begeisterung von Carlo nach Hause?

Endlich, 1984 gab es Carrettos Gegenbesuch bei uns in Österreich. Wir holten ihn mit einem PKW in Spello ab. In die Neuklosterkirche in Wiener Neustadt luden wir die „Wüstenbewegung" zu einem Besinnungsabend mit Bruder Carlo ein. 800 kamen. Carlo begeisterte sie für ein Leben nach dem Evangelium. Dann

Sorelle, fratelli, coraggio!

besuchte der „Kleine Bruder" unsere Gemeinschaften in Mödling („Haus der Hoffnung"), in Katzelsdorf („Haus des Friedens") und in Pinkafeld. Bei uns in der Franziskusgemeinschaft interessierten ihn – wir steckten damals mitten im Aufbau unserer Gebäude – zunächst nur die Küche und die Kapelle. Die Küche war ein Provisorium in der 1750 erbauten Einsiedelei und die Kapelle war in einem größeren Kellerraum untergebracht, in dem sich heute die Tischlerwerkstätte der Gemeinschaft befindet. Beides, Küche und Kapelle, einfach aber sauber, entsprach Carlos Vorstellungen. So sagte er nach der Inspektion und auch später öfter: „Ihr Österreicher, ihr habt mich am besten verstanden. Das Evangelium rund um die Uhr zu leben, das ist es!" Und bei der Abreise rief er uns zu: „Siete pazzi! Ihr seid Narren! Das Evangelium mit Familien leben, das ist Narrheit!"

Bei seinem Österreichbesuch träumte Bruder Carlo vor uns und mit uns von der Renovierung des halbverfallenen Elternhauses des „Giovanni semplice" von Nottiano. Dieser war als erster Bauer in seinem Dörfchen von Franziskus persönlich in die Gemeinschaft der Minderbrüder aufgenommen worden. Wir, die Österreicher, sollten das Haus renovieren und daraus ein „Haus der Umkehr" machen. Nach Carlos Vision sollten sich in Nottiano Einsiedler und Glaubende aus allen Ländern und Religionen zu einer betenden und füreinander sorgenden Gemeinschaft zusammenfinden. Gerne wollten wir mittun und die Renovierung des Giovanni-Hauses übernehmen. Zwanzig von uns reisten für eine erste Arbeitswoche an. Aber Scheibtruhen und Schaufeln mussten im Schuppen bleiben. Wir bekamen keine Bauerlaubnis. Die Verwirklichung von Carlos Vision scheiterte an den zuständigen Behörden von Staat und Kirche, die trotz unseres jahrelangen Drängens nicht einmal die Besitzverhältnisse für das Giovanni-Haus klären konnten. Heute ist alles, fast das ganze Dörfchen ein Steinhaufen, überwuchert von Unkraut, Gesträuch und Bäumen, Schlupfwinkel vieler kleiner Tiere. Nur die Eremo Abramo, die der Familie Morra, Freunden von Carretto, gehört, steht auch uns als ein bestens renoviertes, uraltes Bauernhaus für unsere „Wüstenwochen" zur Verfügung. So bringen wir Carlos Traum immer wieder ins Leben.

1986 pilgerten abermals Geschwister von uns, neun an der Zahl, zu Fuß von Pinkafeld nach Assisi und mehr als ein Dutzend machten die Wallfahrt per Rad. Etwa 25 sausten mit den Autos hin, um die Wallfahrer zu empfangen. Bischof Kuntner war wie 1977 vor der Kathedrale San Francesco zusammen mit Bruder Carlo Carretto im Empfangskomitee. Nach einem Gebet am Grab des heiligen Franz marschierten wir alle, rosenkranzbetend, von Assisi die 12 Kilometer nach Nottiano, wo wir übernachteten. Am nächsten Tag feierten wir mit Bischof Florian, mit Bischof Benedetti von Foligno und mit Bruder Carlo eine heilige Messe. Dabei wurde, wie dort üblich, die „Aufnahme des Giovanni semplice in den Orden des Franziskus" von Einheimischen als köstliche Szene gespielt. Wir Österreicher aber überreichten Bruder Carlo ein Pergament, auf dem wir ihm in schönster Schrift und in Italienisch bestätigten, dass er der Vater der „Wüstenbewegung" ist. Carlo freute das sehr. Und dann knieten wir, auch die Bischöfe, auf dem staubigen und felsigen Weg vor der Ruine des Elternhauses des „einfachen Johannes" und beteten unter Anrufung aller Heiligen um die Erneuerung der Mauern und des ganzen Ortes. Das Fest wurde mit einem herrlichen Essen für alle abgeschlossen. Damals entstanden Freundschaften mit den Bewohnern aus der Umgebung, die bis heute halten. Gebetet und geträumt wurde immer viel. Gefeiert ebenso. Pace e gioia sempre.

Carlo Carretto war in seinen letzten Lebensjahren ein krebskranker Mann. Immer wieder musste er ins Spital. Zuletzt im September 1988. Wir bekamen von den „Kleinen Brüdern" die Nachricht, dass es mit Bruder Carlo zu Ende ginge. So machten wir uns zu zweit, Bruder Lanfranco und ich, auf den Weg zu ihm in ein Ospedale in Perugia. Lange suchten wir in der ausgedehnten Stadt nach dem Spital. Endlich bei unserem lieben Freund. Schwester Erina, die jahrelang in seiner Gemeinschaft in der Eremo Giacobbe mitgelebt und ihn auch beim Österreichbesuch begleitet hatte, meldete uns an: „Die Österreicher sind gekommen." Es war klar: Die Österreicher kommen sich verabschieden. Er liebte uns, wir liebten ihn.

Allein lag Bruder Carlo in einem Dreibettzimmer. Auf seinen Wunsch hoben wir ihn zu dritt in ein frisches Bett. Dabei sahen wir seinen todkranken Körper. Großer Brustkorb, aber alles andere nur noch Knochen und Haut. Ich bat ihn: „Bruder Carlo, sage uns ein Wort für unser Leben." Lange Pause. Dann: „Fritz, Lanfranco, was soll ich euch sagen? Ihr lebt ja das Evangelium." Und wieder nach einer Pause, mühsam aber klar sprechend: „Bleibt eurer Berufung treu!" Ja, das war ein gutes Wort. Sonst immer, wenn wir Bruder Carlo besuchten, sagte ich zu ihm: „Fratello Carlo, wenn wir in Pinkafeld die Hauskapelle gebaut haben, musst du kommen und beim Weihegottesdienst die Predigt halten." Das konnte ich dieses Mal nicht tun. Aber – uns sehr berührend – redete er nun selbst davon und auch, dass er noch ein Buch schreiben möchte über die Zärtlichkeit Gottes.

Stumm und im Herzen voll Trauer standen wir da. Dann wollte er mit uns beten. Wir nahmen uns an den Händen, Carlo, Erina, Lanfranco und ich, und beteten das Gebet der Hingabe von Bruder Charles de Foucauld.

Was konnten wir noch tun? Der bittere Abschied war gekommen. So streichelten und küssten wir unseren Bruder und geistlichen Vater, der er uns so lange und wahrhaft gewesen war und bis heute noch ist. Er aber begann plötzlich bitterlich zu weinen, als wir schon an der Zimmertür waren. Wir schauten zurück, winkten ihm und mussten unsere Tränen unterdrücken. Draußen im Gang flüsterte uns Schwester Erina zu: „Carlo möchte nochmals von vorne anfangen", sagt er immer wieder, „denn er habe zu wenig geliebt."

Bruder Carlo zu wenig geliebt? Er, der nie einen von seiner Tür wies? Er, der sich nie zu gut war, die geringsten Dienste in der Gemeinschaft zu tun? Er, der so vielen tausend Menschen den Weg zur Liebe gezeigt hatte? Er, der echte und barmherzige Christ, der alles aus Liebe zu Jesus und zu seinem Evangelium aufgegeben und in radikaler Einfachheit für die Armen und Kleinen, für die Diskriminierten und Ausgestoßenen gelebt hatte? Was sollen wir dann von uns sagen? Was soll ich von mir sagen? Diese Frage beschäftigte Lanfranco und mich bei der langen Heimreise in der Bahn.

Zwei Wochen später, am 4. Oktober 1988 vormittags rief uns Weihbischof Florian Kuntner an: „Fratel Carlo Carretto ist heute früh gestorben." Am 4. Oktober. Am Sterbebett des heiligen Franz von Assisi. Was für ein Zeichen, wenn einer, Franziskus ähnlich, an dessen Todestag hinüber geht ins ewige Leben. Die Liebe der Jesus-Jünger besiegt den Tod.

Im September 1993 pilgerten wir nochmals zu Fuß von Pinkafeld nach Assisi. Sechs Brüder. Im Empfangskomitee fehlte Carlo. Wir besuchten sein Grab. Das tun wir nun immer bei unseren „Wüstenwochen" oder sonstigen Besuchen in Assisi, Spello oder Nottiano. Auf einem kleinen Wiesenstück vor dem Klostergebäude von San Girolamo befindet sich sein Grab. Auf der großen, schönen Steinplatte, die sein Grab bedeckt, sind Herz und Kreuz, wie es Bruder Charles de Foucauld zeichnete und auf seinem Kleid aufgenäht hatte, und die Worte „Fratel Carlo Carretto" eingraviert. Feierlich still ist es hier immer. Unser Programm am Grab ist schlicht: Eine Erzählung aus Carlos Leben oder ein Text von ihm, ein Gebet, ein Lied. Unsere Lieder gefielen ihm immer so gut.

Was bleibt von Carlo Carretto? Was bleibt von uns allen? Eine Liebesgeschichte. Hoffentlich. So eine, wie sie Jesus erzählt und gelebt hat.

Wie

den Tag gestalten, deuten, halten
festhalten
eine Stunde am Morgen
– horcht –
wer weckte sie
wer macht sie leben
die Antwort braucht sie nicht
nur die Frage
Wer leben will und lieben
wohl im ständigen Schuldigwerden
wer nicht leben und lieben kann
bleibt sich selbst der größte Schuldner
zahlt sich selber heim

roseleitner

Ausdauer und Geduld – Geduld und Ausdauer

Wird die Schnecke jemals die Straße überqueren? Als ich nach zehn Minuten wieder vorbeikomme, hat sie die andere Straßenseite erreicht.

Die Spinne klettert die glatte Mauer hoch. Ich sehe ihr zu und zähle, wie oft sie abstürzt und doch wieder von vorne anfängt. Denn sie gibt nicht auf. Tatsächlich, beim elften Mal kommt sie oben an und verschwindet unterm Dach.

Nach einer schlaflosen Nacht bricht endlich der ersehnte Morgen an. Der riesige rote Sonnenball beleuchtet das Stück Erde, auf dem ich leben darf.

Der Winter dauert lange. Dann aber der erste Föhn. Ich frohlocke. Ein paar Tage später friert es, schneit es wieder. Nochmals Winter. Erst nach zwei Wochen zieht zögernd der Frühling ein.

Ein Schritt, zwei Schritte, hundert Schritte, tausend Schritte. Kilometer um Kilometer. 900 Kilometer lang. Die Fußwallfahrt von Pinkafeld nach Assisi. 30 Tage lang gehen. Um am Ziel in der herrlichen Basilika vor dem Steinsarg mit den Knochen des heiligen Franziskus in die Knie zu sinken mit der Erfahrung: Danke! Vorwärts zu Jesus zurück!

30 Jahre lebte Jesus in Nazaret. Als unbekannter Bauarbeiter. In der Stille. Aber plötzlich ergreift ihn der Geist Gottes. Er verlässt alle und alles. Schon steht er mitten im Volk und ruft in die Welt hinein: Endzeit! Der Himmel ist offen! Das Reich Gottes ist nahe! Kehrt um und glaubt meiner frohen Botschaft!

Alles hat seine Zeit. Alles braucht seine Zeit. Nichts können wir vollenden, aber alles beginnen. Gott wird alles vollenden. Gott wird uns vollenden. Anfangen müssen wir. Mit Ausdauer und Geduld, mit Geduld und Ausdauer. Ein Leben lang.

Jesus und Franz von Assisi

Im Sommer des Jahres 1224 wanderte der heilige Franz mit drei seiner ersten und treuen Gefährten, mit den Brüdern Leo, Masseo und Angelo zum Berg Alverna, den ihm der Edelmann Orlando geschenkt hatte. Dies war zwei Jahre vor seinem Tod und Franziskus war durch sein äußerst armes und entbehrungsreiches Leben schwach und kränklich geworden. Sein Orden der Minderbrüder war in zwei Jahrzehnten auf viele tausend Mitglieder angewachsen. Aber sie hatten ihm die Leitung aus der Hand genommen, weil ihnen der Heilige in der radikalen Nachfolge Jesu zu streng war. So befiel Vater Franz, wie ihn seine Brüder nannten, immer wieder eine tiefe Schwermut und die Sorgen um die Zukunft seiner Gemeinschaft, die sich bereits auf viele Länder ausgedehnt hatte, bedrückten ihn hart. Gerne zog er sich deshalb in die Felsen und Schluchten von Alverna zurück, um wie sein geliebter Herr Jesus zu beten und nachzusinnen, was für ihn und seine Brüder das Rechte sei. Seine drei Gefährten legten über einen Abgrund einen Balken und bauten ihm inmitten der Felsen eine kleine Zelle aus Holz und Zweigen. Nur einmal am Tag durfte ihm Leo, sein Sekretär, den er wegen seiner Sanftmut „Bruder Lämmlein" nannte, Wasser und Brot bringen. Und das auch nur, wenn Franz auf ein vereinbartes Wort Antwort gab. Ein Falke aber, so wird erzählt, weckte den Heiligen jeden Morgen zum Gebet und war ihm zugetan, wie es sonst nur Haustiere sind.

Nach wochenlangem Fasten und Beten, Zweifeln und Ringen in dieser wilden und schönen Einsamkeit der Natur kam das Fest der Kreuzerhöhung. Franziskus schaute gleichsam zurück auf sein Leben, das er wie Christus selbst ganz Gott übergeben hatte. Und er sah sich als gut gekleideter und beliebter junger Mann des wohlhabenden Vaters und Tuchhändlers Pietro Bernardone. Er erlebte, wie er in den Krieg gegen die benachbarte, verfeindete Stadt Perugia zog und als Gefangener fast verschmachtet wäre. Damals hatte er nach und nach verstanden, dass er ganz anders leben müsse. Als er einem Aussätzigen begegnete, vor dem ihm bis zum Erbrechen ekelte, erkannte er in diesem stinkenden Kranken zum ersten Mal seinen einzigen Herrn, Christus selbst. So war es ihm plötzlich möglich, den mit Aussatz Bedeckten zu umarmen. Nun kannte sein Streben nur noch das eine: Christus so nachzufolgen, wie es im Evangelium stand. In San Damiano, diesem verfallenen Kirchlein außerhalb der Stadt, sprach sein Herr vom Kreuz herab mit ihm und trug ihm auf, die Kirche wieder aufzubauen. In der Auseinandersetzung mit dem Vater, der ihn durch härteste Strafen zur Vernunft bringen wollte, warf er vor dem Bischof und dem Volk alle seine Kleider jenem zu und lebte ab nun als Armer in verfallenen Kirchen, die er renovierte, in Laubhütten und in Fel-

Jesus und Franz von Assisi

senhöhlen. In allen Begegnungen mit Armen und auch Reichen, mit Tieren aber auch mit Wasser, Feuer und Stein sah er den unendlichen Gott aufleuchten. Und immer mehr Männer, darunter auch Adelige, Professoren und Priester, liefen ihm zu, um mit ihm als Minderbrüder arm und ganz auf Christus bauend und vertrauend zu leben.

Das alles sah Francesco, der Poverello, wie er von den Leuten genannt wurde. Und er schaute seine mächtig angewachsene Gemeinschaft, die ihm immer mehr zu entgleiten drohte. Da rief er in den monderleuchteten Wald hinein, wie Bruder Leo es hörte und aufschrieb: „Wer bist du, gütigster Gott, und wer bin ich, das Würmlein, dein kleiner Knecht?" In dieser Stunde schwebte über ihm ein Mann, der wie ein Engel Flügel hatte und gleichzeitig ans Kreuz genagelt war. Der Blick des Gekreuzigten war voller Liebe. Aber sein Leiden tat dem Heiligen an Leib und Seele bitter weh. Es war ihm, als ob alles Leid seiner Person, aller Menschen und Zeiten und aller Geschöpfe in seinen müden Leib und seine zermarterte Seele einströmte. Nach langem erhob sich der Heilige traurig und glücklich zugleich. Da wurden an seinen Händen und Füßen die Spuren von Nägeln sichtbar und an seiner rechten Seite war eine Wunde, aus der oft und oft Blut floss, so dass seine Kleider benetzt wurden.

Vor ihm war Christus noch keinem so begegnet.

Begegnungen
Auf der Fußwallfahrt von Pinkafeld nach Assisi im September 1993

Der Himmel schaut auf mich herab.
Die Luft umhüllt mich.
Die Vögel singen mir zu.
Die Gräser verneigen sich vor mir.
Die Katze läuft vor mir davon.

Ich schultere den Rucksack
und er drückt mich wie immer.
Ich betrete den Asphalt
und er empfängt mich hart wie gestern.
Ich schaue die Straße entlang
und sie hat wieder kein Ende,
sondern entschwindet am Horizont.

Ein Bruder geht vor mir,
einige Brüder marschieren hinter mir,
ein Bruder hält Schritt mit mir.
Seine Worte dringen in mich ein.
Meine Antworten verschlägt der Lärm.

Erinnerungen steigen in mir auf.
Schuld belastet mich.
Visionen tauchen auf,
kreisen in mir,
setzen sich in mir fest.
Gnade lässt mich aufatmen.

Die Autos brüllen mir zu,
dass ich langsam bin.
Der Regen erklärt mir,
dass ich das Wetter
und das Glück nicht machen kann.
Die Nacht verspricht mir,
dass morgen auch noch ein Tag ist.

Begegnungen

Müde von all den Begegnungen
blicke ich in mich hinab.
Wie gerne möchte ich endlich
der sein, der ich bin,
der, den Gott in mir angelegt hat,
ganz ein ganzer Mensch,
ganz ich.

Ganz ich sein.
wie die Sonne Sonne ist,
wie der Stein Stein ist,
wie die Blume Blume ist,
wie der Vogel Vogel ist,
wie das Kind Kind ist,
wie Gott Gott ist.

Da spüre ich in mir einen Hauch,
da höre ich in mir eine Melodie,
da rieche ich in mir einen Duft,
da schmecke ich in mir ein Aroma,
da erblicke ich in mir ein Bild,
da glaube ich in mir an einen Freund,
da hoffe ich in mir auf einen Bruder,
da liebe ich in mir plötzlich alles
und auch mich selbst,
da weiß ich in mir
den einen einzigen Gott,
der mich, wie ich bin, küsst.

Jesus, der revolutionäre Mystiker

Pinkafeld, Frühjahr 2010

Lieber Bruder Jesus,

du hast mich davon befreit, über Menschen am Rand, über die vielen Diskriminierten, verächtlich zu denken. Bei meinen vielen Fußwallfahrten und nach 40.000 Kilometern auf dem Fahrrad bin ich selbst einer von ihnen, einer am Rand, am Straßenrand geworden. Dafür bin ich dir überaus dankbar. Dadurch wurde ich von allen üblichen Standesdünkeln befreit. Wer das Glück hat, freiwillig am Straßenrand zu leben, der überhebt sich nicht mehr über andere. Der Straßenrand ist eine Schule der Solidarität, der Nächstenliebe, der Barmherzigkeit.

Dreck. Tote Ratten. Vergilbte Zeitungen. Wasserlachen. Verfaulte Obstreste. Gestrüpp. Weggeworfene Fetzen. Ein kaputter Schuh. Stinkende Tümpel. Leere Konservendosen. Müll aller Art. Und eine wunderbar blühende Distel, die von einer nektarberauschten Hummel umschwirrt wird.

Eine hässliche Alte stochert herum. Manches hebt sie auf und lässt es in einem ihrer Plastiksäcke verschwinden. Ein Straßenarbeiter mäht das armselige Gras.

Am Straßenrand gehe ich dahin, radle ich von daheim zur Arbeit und wieder nachhause. Schritt um Schritt und Tritt um Tritt. Alles am Rand und im Graben kann ich sehen. Ich habe Zeit, es zu identifizieren. Ich steige über mehr als viele kleine und große Tierleichen. Ich radle an ihnen vorbei. Es graust mir. Aber gleichzeitig steigt ein tiefes, echtes Erbarmen in mir auf. Selbst der fetten Straßenratte wegen, die blutig vor mir liegt und mich mit den toten Augen klagend anstarrt. Autos sind brutal. Tote Motoren ermorden lebende Ratten. Motoren spüren ja nichts.

Irgendwo muss ich rasten, muss ich essen. Aber alles ist verbaut. Alles ist von bellenden Hunden bewacht. Also dann – warum nicht? – rasten und essen am Straßenrand. Eigentlich stört es mich nicht mehr. Heraus mit Brot und Wurst. Zwischendurch ein Schluck aus der Wasserflasche, manchmal gefüllt mit Wein. Schmeckt alles bestens. Und die Ameisen freuen sich über die Brösel. Nichts geht verloren. Am Straßenrand.

Auch Schlafplätze finde ich genügend. Im Maisfeld, unter einem Pfirsichbaum, unter einer Brücke, in einem Container der Straßenmeisterei und in einem Straßengraben.

Lieber Bruder Jesus, wie wenig brauche ich eigentlich wirklich! Das hast Du ja auch erlebt und deshalb allen zugerufen: Macht euch keine Sorgen und fragt nicht: Was sollen wir essen? Was sollen wir trinken? Was sollen wir anziehen? Und ich ergänze es: Wo sollen wir essen? Aus welchen Gläsern sollen wir trinken? In welchen Betten sollen wir schlafen?

Lieber Bruder Jesus

Die Pflanzen, Tiere und Menschen am Straßenrand haben es mich gelehrt, dass ich nur wenig brauche. Mein Glaube an den gütigen Vater im Himmel ist am Straßenrand mit neuem Vertrauen aufgefüllt worden. Nie mehr will ich über die am Rand verächtlich denken. Sie machen den Rand zur Mitte. Ich danke Dir, Jesus, dass ich zu ihnen gefunden habe, dass ich zu ihnen gehören durfte. Fast glaube ich, dass wir alle Randerfahrungen machen müssen, um in die Mitte zu Dir zu gelangen.

Dein Minderbruder Fritz

Als barfüßiger Fernsehjournalist unterwegs

Es ging um eine Fernsehsendung mit dem Titel „Das Prinzip Hoffnung". Im Büro des Bundeskanzlers hatte man mir einen Termin für ein Interview mit Kanzler Dr. Fred Sinowatz gegeben. Mit meinem Kamerateam hatte ich mich direkt am Ballhausplatz verabredet.

„So willst du da hineingehen?", fragte mich der Kameramann mit Blick auf meine bloßen Füße. „Ja, warum nicht? Ich geh immer so und hätte gar keine Schuhe mit."

Die Polizeiwache am Eingang verlangte unsere Ausweise. Die zwei Kollegen des Teams waren ORF-Angestellte, während ich seit zwei Jahren nur noch Freier Mitarbeiter war. Meine Anstellung als Redakteur/Reporter hatte ich im Zuge der Gründung unserer Franziskusgemeinschaft Pinkafeld gekündigt.

Das Interview verlief durchaus ergiebig. Der Bundeskanzler zeigte sich gut vorbereitet und antwortete ausführlich, interessiert und ausgesprochen optimistisch. Dass ich bloßfüßig gekommen war – darüber hatte er großzügig hinweggesehen, ohne ein Wort zu verlieren.

Freundliche Verabschiedung, Frage nach dem Sendetermin.

In der Zwischenzeit hatte die Polizeiwache im ORF-Zentrum angefragt, ob ich auch „echt" sei. Beim Verlassen des Bundeskanzleramts reichte mir der Diensthabende den Telefonhörer: „Ein Gespräch für Sie, Herr Ertel, aus dem ORF." Es war der ansonsten so ruhige, überlegene Chef vom Dienst der „WIR"-Sendung, etwas echauffiert: „Laschober. Was muss ich hören? Du bist ohne Krawatte und ohne Schuhe unterwegs? Stimmt das?" – „Ja, ich geh doch immer ohne Schuhe, das weißt du ja?" – „Ich muss dich ausdrücklich darauf aufmerksam machen, dass du in einer der Würde des Hauses entsprechenden Kleidung aufzutreten hast – und dazu gehört laut Generalintendant Bacher auch eine Krawatte." Von den Schuhen sprach Christoph Laschober, der elegante „Herrenreiter" unserer Redaktion gar nicht mehr. Er ließ es dabei bewenden, erwähnte die Geschichte im ORF-Zentrum am nächsten Tag gar nicht. Als ob es ihm peinlich wäre. Herumgesprochen hatte es sich wohl nur durch das Kamerateam.

Vielleicht war es eine gewisse Narrenfreiheit, die man mir seit meinem franziskanischen Aufbruch zubilligte.

Dem Generalintendanten Gerd Bacher hatte ich per Hauspost zuvor einen Brief mit der Anrede „Lieber Bruder Gerd" geschickt – mit der Bitte, doch im ORF-Zentrum für die mehr als eintausend Mitarbeiter einen Meditationsraum einzurichten, wo man den Stress zwischen Recherche, Texten, Mischung und Sendung abbauen konnte. Papst Johannes Paul II. könne diesen Raum bei seinem bevorstehenden ersten Besuch in Österreich ja gleich einweihen. „Na, hat dir dein Bruder Gerd schon geantwortet?", fragten sie mich in den nächsten Tagen am Küniglberg milde lächelnd – irgendwie musste das durchgesickert sein. Antwort ist übrigens keine gekommen aus der Generalintendanz. Es war die Zeit, wo ich in allen Menschen meine Brüder und Schwestern sah, vom Generalintendanten bis zum Obdachlosen – und als Brüder und Schwestern redete oder schrieb ich sie auch an.

Dann war da einer meiner Rundbriefe an alle meine Kolleginnen und Kollegen. „Lieben, bis es weh tut", hatte ich als Motto ein Wort von Mutter Teresa über mein Schreiben gesetzt – und wie wichtig es sei, das auch in unserem Beruf als Journalisten zu leben.

Als Christoph Laschober – meiner ansichtig – am Gang grinsend wiederholte: „Ja, ja, lieben, bis es weh tut, gell?" und dazu eindeutige Handbewegungen machte, wusste ich, dass dieses Wort absichtlich missverstanden, umgedeutet werden konnte. Ich brauchte einige Zeit, um mich von diesem Schock zu erholen.

Trotzdem schrieb ich weiter meine Rundbriefe, denn „wes das Herz voll ist, des geht der Mund über".

Ich konnte einfach nicht an mich halten vor Glück und Freude über den neuen Weg eines Lebens in einer verbindlichen Gemeinschaft, mit Geschwistern, die alle ebenso erfüllt waren wie ich von der Sehnsucht nach Einfachheit, ja Armut, von einem Glauben an ein Miteinander in Geschwisterlichkeit, Brüder und Schwestern, die alle das Experiment mittrugen, ganz ohne eigenes Geld zu leben.

Es funktionierte ja – wir hatten nur 40 Schilling Taschengeld im Monat und fühlten uns wunderbar frei. „Die Freiheit der Kinder Gottes", ging es als geflügeltes Wort durch die Gemeinschaft.

Die Mutter Erde mit den Füßen lieben. Gänzlich bloßfüßig wollte außer mir niemand in der Gemeinschaft gehen. Im Gegenteil, ich wurde immer wieder gemahnt, dass man in Kirchen mindestens Sandalen zu tragen hätte; der Anblick nackter Füße könne andere von ihrer Andacht ablenken und sei auch Zeichen mangelnden Respekts Gott gegenüber.

Aus diesem Grund nahm ich bei unseren alljährlichen Mariazell-Fußwallfahrten immer ein Paar Sandalen mit, die ich dann erst bei der Ankunft in der Basilika anzog.

Auf der Rotsohl-Alm bei der Hohen Veitsch, auf 1400 m Seehöhe, hatte es einmal auf unserem Pilgerweg geschneit. In knöchelhohem Neuschnee barfuß zu gehen, hatte mir nichts ausgemacht – im Gegenteil, auf der Hütte mussten die anderen alle ihre nassen Socken und Schuhe trocknen, während meine Füße in ein paar Minuten angewärmt waren.

Das Wort „Die Mutter Erde mit den Füßen lieben" hatte ich bei einem Jugendtreffen der Pfarre Oberwart mit Bischof Stefan László zum ersten Mal gehört – im Zusammenhang mit einem Lob der Schöpfung, mit der Einheit von Mensch und Natur, die uns weitgehend verloren gegangen sei.

Ich machte mir dieses Wort zu eigen, war glücklich, damit einen Ausdruck für meine Sehnsucht gefunden zu haben, wie Franziskus von Assisi einfach und arm durch die Lande zu ziehen. Die Zefirelli-Biographie „Brother sun and sister moon" hatte mich ins Herz getroffen; Plakate mit Graham Faulkner, dem Darsteller des Franziskus aus diesem Film und dem Wort „Herr, was willst du, das ich tun soll?", waren mir zuallererst in Assisi aufgefallen.

In diesen ersten Jahren der Gemeinschaft trugen viele von uns das „blaue Hemd" mit dem eingestickten roten Herzen und dem „Tau" darüber. Wir wollten aller Welt zeigen, welchen Weg wir für uns gefunden hatten, das Evangelium authentisch in unserer Zeit zu leben. Die Apostelgeschichte mit ihrem Bericht über die Urgemeinde in Jerusalem war uns Vorbild. „Die Gemeinde der Gläubigen war ein Herz und eine Seele. Keiner nannte etwas von dem, was er hatte, sein Eigentum, sondern sie hatten alles gemeinsam." (Apostelgeschichte 4,32)

Ein Herz und eine Seele sein, einander umarmen, miteinander alles teilen, Freud und Leid, den Weg und das Quartier, die Arbeit und die Freizeit. Es war ein Traum. Für mich gilt es heute genauso wie damals. Ich glaube, dass es möglich ist, so zu leben. Es muss einfach möglich sein.

Nach dem Steigflug des Alles-hinter-sich-Lassens, des gemeinsamen Aufbruchs sind die Tugenden der Beharrlichkeit, der Ausdauer und des Durchhaltens gefragt. Der Motor läuft nur noch gedrosselt. Wenn man an Höhe verliert, ist ein neues Durchstarten nötig. Wer von uns verliert nicht an Höhe im Niederdruck des Alltags?

Das Barfuß-Gehen hat seine Zeit in meinem Leben gehabt.

Es war einfach wunderbar.

Im ORF schauten meine Kolleginnen und Kollegen noch viele Jahre lang zuerst auf meine Füße, wenn ich ihnen am Gang begegnete.

Bei der Agape nach der Feier der Osternacht im Stift Melk fragte mich der Grazer Bischof Johann Weber einige Jahre später angesichts meiner Sandalen schmunzelnd: „Na, Herr Ertel, Sie lassen auch schon nach. Früher sind Sie ganz bloßfüßig gegangen ...".

Ja, früher.

Da konnte ich die Mutter Erde wirklich mit den Füßen lieben, den Feldweg genauso wie den Asphalt der Großstadt (und nie bin ich in Hundsträmmerl oder sonst was hineingestiegen. Ich sah, wo ich hintrat).

Erst dieser Tage las ich, dass die Marathonläufer aus Kenya bloßfüßig besser liefen als mit Laufschuhen: Man verlagert das Gewicht auf den Vorderfuß und schont Ferse und Gelenke. Nach sechs Jahren Barfußgehen hatte ich eine dicke Hornhaut auf der Fußsohle, die auch das Laufen möglich machte. Nicht einmal eine Tetanus-Impfung hielt ich für notwendig. Und auch die Warnung von Schwester Gertrude zeigte keine Wirkung: „Ihr werdet schon sehen, was ihr für Nierenkrankheiten bekommt." Niemand von uns Barfußgehern hat Probleme mit den Nieren bekommen. Im Gegenteil – der Wiener Erzbischof H. H. Groer ermunterte mich einmal, als wir – eine kleine Gruppe aus der Gemeinschaft samt einer Regelsbrunner „Kleinen Schwester von Jesus" – zu Fuß von Pinkafeld nach Wien gingen: „Die russischen Heiligen sind auch bei minus 20 Grad bloßfüßig gegangen!" Bis minus 8 Grad hatte ich es in der Gemeinschaft auch gebracht, so um das Fest des Hl. Martin am 11. November. Da mahnte mich Schwester Stefanie – in ihrem früheren Beruf Fürsorgerin – ich solle doch bitte vernünftig sein ... und so wie sie das sagte, so fürsorglich und liebevoll, konnte ich es einfach nicht ignorieren. Als ich daraufhin Sandalen mit Socken trug, hatte ich nicht das Gefühl, dass mir ein Stein aus der Krone fallen würde. Wir lächelten einander an, Stephanie und ich, wortlos und – erleichtert.

Warum ich nicht mehr barfuß gehe?

Waltraud und ich wollten den Lebensweg gemeinsam gehen – sie mit Schuhen, ich ohne? Die Liebe zu ihr war stärker als alle Prinzipientreue. Ich hätte ihr das nicht antun können, sich für mich überall außer Haus zu genieren.

Aus Liebe zu Mutter Erde und allen ihren Geschöpfen, bis zum kleinsten Wurm, bin ich barfuß gegangen, etwa von 1981 bis 1987. Aus Liebe zu meiner Frau habe ich wieder Sandalen getragen. Das war ganz einfach, und so einfach kommt es mir im Rückblick auch heute noch vor.

Aus Liebe zu den Menschen im Heiligen Land sind wir 2009 mit dem Fahrrad nach Jerusalem gefahren, Waltraud und ich, und zwanzig andere. Aus Liebe zu den Israelis und Palästinensern, die alle Kinder des einen Gottes Abrahams, Isaaks, Jakobs und Ismails sind. Ich ertrage das fast nicht, wie sie miteinander umgehen. Ich ertrage es nicht, weil ich selber erleben durfte, wie wunderschön es ist, „ein Herz und eine Seele" zu sein und miteinander in Geschwisterlichkeit zu leben: Andere sollen auch so glücklich sein können.

Alles aus Liebe tun?

Ja – wäre doch eine absichtslose Liebe die Triebfeder aller meiner Handlungen!

Bruder Werner

Drahteseleien

Frühjahr 1975. Plötzlich aus heiterem Himmel eine Erdölkrise. Treibstoffe wurden knapp. Jeder Autofahrer musste einen autofreien Tag pro Woche auf sich nehmen. Dazu hatte er ein „Mo" oder „Die" oder „Mi" und so weiter Pickerl auf die Windschutzscheibe seines Gefährts zu kleben. An diesem Wochentag durfte er nicht mit dem Auto unterwegs sein. Aber wie bei allem gab es eine Ausnahme für die, die nicht mit öffentlichen Verkehrsmitteln zur Arbeit und heimzu gelangen konnten. Die erhielten auf der Bezirkshauptmannschaft nach Prüfung der Sachlage das Zusatzpickerl „S", das Sonderpickerl. Als Direktor des Bildungshauses St. Bernhard kostete mir die Zuteilung dieser Sondergenehmigung nur eine kurze Fahrt nach Baden, wo mir die Sekretärin des Bezirkshauptmannes, mit dem ich befreundet war, mein „S" sofort und freundlich aushändigte. Also für mich, einem Zugehörigen zu den Privilegierten, kein autofreier Tag. Und das stand mir auch zu.

Damals gingen sogar Minister durch Straßen und über Plätze zu Fuß in ihr Ministerium. Sie zeigten sich solidarisch mit dem Volk und wurden in den Medien dafür gewürdigt. Viele hamsterten Benzin und Diesel, manche füllten das kostbare Nass – so wurde jedenfalls behauptet – in ihre Badewannen, um im Falle des Falles doch noch einige hundert Kilometer in den Tank gießen zu können. Und manche entdeckten, dass man mit dem Fahrrad auch ganz gut vorankam.

So plötzlich wie die Erdölkrise aus heiterem Himmel gekommen war, verschwand sie auch wieder. Das war mehr als eigenartig. Mich brachte die Sache zum ergiebigen Nachdenken. Wer hatte die Krise wohl absichtlich herbeigeführt, um gute Gewinne zu machen? Das konnte ich nicht herausfinden. Aber ich betrachtete eingehend meine eigene Position bei diesem globalen Drama. Rasch fand ich heraus, dass die Rolle, die ich gespielt hatte, eine miese war. Denn wenn die Krise doch eine echte gewesen wäre, hätte auch ich sparen müssen. Außerdem musste ich zugeben, dass ich mich in den Kreis der Privilegierten gestellt hatte und dies mit dem Nichtverzicht auf mein Auto beweisen wollte. War ich, war meine Arbeit, meine Position, eigentlich meine Person tatsächlich von einer fahrenden Blechkiste abhängig?

Nein, das durfte nicht sein. Ich musste diese Autoabhängigkeit loswerden. Und zwar sofort. An einem wunderschönen Morgen ging ich nach dem Ende der Krise, die keine Krise gewesen war, zu Fuß die acht Kilometer von meinem Heimat- und Wohnort Oberwaltersdorf nach Baden. Ich betrat ein Radgeschäft, wählte ein starkes Rad mit Zehngang für mich aus und kaufte es. Dann schwang ich mich auf meinen neuen Esel, auf den Drahtesel, und radelte, den Sonnengesang

Drahteseleien

des heiligen Franz singend, nach Hause. Eine heitere Freude, eine beglückende Freiheit stieg in mir auf.

Am nächsten Morgen strampelte ich zum ersten Mal die knapp 25 Kilometer nach Wiener Neustadt zum Bildungshaus St. Bernhard auf meinem Rad. Vor dem Tor des Bildungshauses hatte sich das Dutzend meiner Mitarbeiter aufgestellt und begrüßte mich mit dem Song „Jo, er is' mit dem Radl do!" So begannen meine Drahteseleien. Von da an legte ich in 7 Jahren 40.000 Kilometer auf meinem Rad zurück. Ich radelte also einmal um die Erde. Und diese Radlerei hat vieles in meinem Leben und an mir und in mir geändert. So wurde die Ölkrise für mich zu einem Segen.

Anfangs fuhr ich nur bei schönem Wetter und bei Tag mit dem Rad. Dann wagte ich es auch bei schlechtem Wetter und in der Dunkelheit. Gewitter überraschten mich. Manchmal radelte ich ihnen richtig davon. Der Wind war fast immer ein Problem. So dichtete ich die ewigen Verse: „Ein kleiner Wind im Rücken des Radfahrers Entzücken. Ein großer Wind von vorne – der Radfahrer im Zorne."

Die Mitarbeiter im Bildungshaus, wo ich ja Direktor, also Chef war, kannten mich als Marathonläufer, wunderten sich aber doch von Tag zu Tag mehr, dass ich bald bei jedem Wind und Wetter, bei Tag und Nacht nur mit dem Rad unterwegs war. Die Leute in meinem Dorf, in dem ich eine „berühmte Person" war, besprachen meine Radlerei selbstverständlich auch sehr ausführlich. Einige wagten mich nach meinen Motiven zu fragen. Andere fragten meine Eltern, nicht mich oder auch nicht meine Frau und meine Kinder, ob ich mir ein Auto nicht mehr leisten könne. Es wurde auch gemunkelt, dass ich im Kopf nicht mehr normal sei oder vielleicht gar glaubte, die Welt verbessern zu können.

Die erste Fahrt bei Sturm in der Nacht, die erste Fahrt bei so dichtem Schnee, dass ich meinen Esel über die Felder schleifen und tragen musste, die erste Fahrt nach Wien, das waren schon Herausforderungen an meinen Mut und auch an meinen Glauben, an meine neuen Ideale eines „einfach anders leben".

Zuhause wartete immer – auch wenn es Mitternacht war – Helli, meine Frau, auf mich. Und wir setzten uns meistens und gerne in unser Kellerstübchen und verkosteten ein Glas des besten Weines aus dem Keller unseres Freundes Sepp Auer.

Tatsächlich wurde ich auf meinem Drahtesel ein anderer, irgendwie ein neuer Mensch. Ich erfuhr mir ein neues Leben. Ich erlebte nicht nur die Natur, das Wetter hautnah, sondern ich sah und hörte und spürte, wie es den Tieren und Pflanzen auf und neben den Straßen erging. Der Lärm, die Brutalität der rasenden Maschinen, das Ausgesetztsein der Kleinen, Schwachen, Langsamen, das Angespritzt- und fast Überfahrenwerden, aber auch das vorsichtige und rücksichtsvolle Ausweichen und Drosseln der Geschwindigkeit, all das nahm ich tief in mich auf. Am Rad lernte ich ohne große Anleitung wie von selbst zu meditieren und zu beten. In Günselsdorf begegnete ich oft einem alten Mann mit Stock, der mich immer auf ein Viertel zu einem Heurigen einlud. Aber auch als Radler wollte ich doch eher nüchtern dahinsausen. Zweimal hatte ich es mit der Polizei, damals noch Gendarmerie, zu tun. Das eine Mal hielt mich nach Mitternacht in Sollenau ein Gendarm auf mit dem viel sagenden Wort „Fahrzeugkontrolle". Fast alles befand er in Ordnung. Nur das Rücklicht funktionierte seiner Meinung nach nicht. Was ich aber bestritt. Da kam mir eine plötzlich in mir erwachte Frechheit zugute – ich wollte doch endlich nachhause kommen – und ich hob das Vorderrad hoch und befahl dem Ordnungshüter, das Vorderrad und damit den Dynamo zu drehen. Tatsächlich fügte sich der etwas überraschte Polizeimann meinem Wunsch-Befehl, drehte mit seiner behandschuhten Hand das Rad und ließ mich nach meiner Feststellung „Es geht ja eh!" weiterradeln. Das zweite Mal war es wieder das Rücklicht, das anscheinend selten funktionierte, so dass mich ein Polizeiwagen überholte und mitten in Theresienfeld stoppte. Auf dem Gehweg neben der Straße untersuchten zwei sehr freundliche Diensthabende und ich die Sache. Sie legten sogar Hand an, jedoch das Rücklicht streikte. „Wohin fahren Sie denn?" „Nach Oberwaltersdorf." „Was, so weit?" Ich merkte, dass ich ihnen erbarmte. Gegen alle Vorschriften empfahlen sie mir: „Fahren Sie am Gehweg weiter, aber vorsichtig und nicht zu schnell." Das tat ich. Nach einem Kilometer fuhr ihr Auto wieder an mir vorbei und hielt an. Der Beifahrer kurbelte sein Fenster herunter und rief mir zu: „Jetzt brennt es wieder!" „Danke vielmals!" antwortete ich, lenkte meinen Esel zurück auf die Straße und schon war ich weg. Ob das Rücklicht wirklich brannte, weiß ich nicht.

Eigentlich legte ich nun alle Wege mit dem Rad zurück. Ich radelte zu allen Besprechungen des Pastoralen Vikariatsrates, in dem ich Mitglied war, nach Piesting oder nach Pottendorf, in die Propstei in Wiener Neustadt oder ins entlegene Deutsch-Altenburg. Ich radelte auch nach Wien zur Budgetbesprechung der Bildungshausdirektoren mit dem Direktor der erzbischöflichen Finanzkammer. Als ich in der Wollzeile 2 vom Rad stieg, wunderte sich als erster der Portier, der mich ja gut kannte aus meiner Zeit am Stephansplatz. Dann sah mich Pater Zeininger, der Bischofsvikar des Vikariats Wien-Stadt, mein jahrzehntelanger Freund und auch Chef im Katholischen Jugendwerk und im Pastoralamt. Er musterte mich, als ob ich aus den Wolken gefallen wäre, und dann nur: „Fritz, jetzt übertreibst du!" Meine Kollegen der Bildungshäuser Neuwaldegg und Großrußbach, bestens geschalt in Anzug und mit Krawatte, ich aber in Knickerbocker und Windbluse, wir wurden im Vorzimmer des allgewaltigen Finanzkammerdirektors freundlich begrüßt. Sein Blick auf mich, ein Lächeln, und schließlich die Frage: „Kommen Sie vom Wandern?" Aber ein guter Geist gab mir die spontane Antwort ein: „Herr Direktor, es geht uns in St. Bernhard finanziell so mies, dass ich nur noch mit dem Rad fahren kann." Wir lachten alle. Nach der Besprechung unseres Budgets lachte nur noch ich. Denn Dr. Schober kürzte meinen Kollegen allerlei weg, mich aber, also mein Budget ließ er ungeschoren, denn: „Ihnen darf ich nichts streichen, sonst müssten Sie noch zu Fuß gehen, und das käme dann auch teuer." Als wir wieder draußen waren, beschimpften Josef und Peter mich ordentlich, denn ich hätte diesen Radlertrick nur angewendet, um ungekürzt durchzukommen. Das stimmte überhaupt nicht. In ihrer Wut gingen sie ins nächste Restaurant essen, ich kaufte mir in einer Durchfahrt in der Wollzeile bei einem Würstelstand eine heiße Burenwurst und ein Bier und strampelte – leider bei Gegenwind – zurück nach Wiener Neustadt, denn ich hatte noch eine Veranstaltung. Erst danach ging es heimzu. Das ergab an diesem Tag weit über hundert Kilometer. Ich war mehr als müde.

Einige dutzend Anekdoten könnte ich noch erzählen, ernste und sehr heitere. Vor allem von den vielen und herrlichen Radfahrten mit Weihbischof Florian Kuntner, der als Propst, also Pfarrer der Dompfarre von Wiener Neustand, auch durch viele Jahre Bischofsvikar des Vikariats Unter dem Wienerwald war. Alle nannten ihn den „radelnden Bischof". Alle schätzten ihn wegen seiner Kontaktfreudigkeit und Herzlichkeit. Im Juli 1981 radelte er auch drei Tage bei der Radwallfahrt nach Lourdes bis zur österreichisch-italienischen Grenze mit. 50 Teilnehmer waren wir. Die Jüngste, 15 alt, eine liebe Turnerin. Der Älteste, ein Sportsmann mit 70 Jahren, genannt Carlo. Nach 14½ Tagen zogen wir wie im Triumph in den heiligen Ort ein und genau um 12 Uhr mittags sanken wir in der Erscheinungsgrotte nach 2.000 geradelten Kilometern auf die Knie. Nach harter Plage und oft bitterer Qual. Nach Nächten auf Steinböden, auf Asphalt, im Freien und im Sand am Strand von Nizza. In steter Sorge um alle Wallfahrer, vor allem um die Schwachen und mitunter Verlorengegangenen. Nach Entbehrungen und Strapazen bei Sonne, Regen, Gegenwind. Nach Stürzen, die alle glimpflich ausgingen. Trotzend allen Defekten und einer lästigen Durchfallerkrankung eines Drittels der Mannschaft. Endlich am Ziel gingen wir vor der Marienstatue in die Knie. Da war nicht nur ich in Tränen. Auch einige hart gesottene Kilometerschlucker wischten ihre Augen. Denn wir hatten das große Wunder erlebt: das Wachsen der Gemeinschaft durch Teilen und Dienen, durch Helfen und Trösten. Wir – doch 50 so Verschiedene an der Zahl – waren ein Herz und eine Seele geworden.

Jesus, der revolutionäre Mystiker

Einige Zeit später war dann in einer französischen Zeitung zu lesen, dass 100 junge Österreicher zum Eucharistischen Weltkongress angeradelt waren, an der Spitze „Monsignore Giblinger". Wahrscheinlich konnten sie Giglinger nicht aussprechen und schreiben. So wurde ich sogar ein Monsignore, was in den südlichen Ländern nur dem Bischof als Anrede zusteht. In meinem Fall also ein Laien-Monsignore.

Ehrlich kann ich behaupten: Meine Drahteseleien haben mein Leben bereichert und ich konnte mir ein neues Leben erfahren, erradeln. Auf einem Esel. Auf meinem Drahtesel.

Lieber Bruder Jesus

Pinkafeld, Frühjahr 2010

Lieber Bruder Jesus,

ist es nicht so, dass Gott in Dir radikal und total Mensch geworden ist, damit er, Gott, als Mensch unter Menschen leben kann? Damit ist auf unserer Erde der Mensch das Maß aller Dinge geworden.

Der Mensch ist das Maß aller Dinge. Für Dich. Für mich. Für Gott.

Mit seinen Maschinen beherrscht er alles. Er kann auf den Mond fliegen. Er kann ein neues Herz einpflanzen. Er hat nichts und niemanden zu fürchten.

Allerdings: Der Mensch hat den Menschen zu fürchten. Seine Maschinen. Seine Gier. Seine Macht. Seinen Stolz. Also sich selbst und den Mitmenschen.

Und noch etwas hat er zu fürchten: Das Erdbeben. Ja. Und auch das Feuer, und auch den Wirbelsturm, und auch die Überschwemmungen, und auch die Dürre, und auch die unheilbaren Krankheiten. Und vor allem: den Tod! Ja, den Tod!

Aber der Mensch kann sich alles kaufen, was er essen will, was ihm Freude macht. Auch ein Haus. Ein Auto. Jeder kann sich das schon kaufen. Fast jeder. Bei uns jedenfalls. Wenn er arbeitet und Geld verdient.

Jedoch die vielen, die keine Arbeit haben und deshalb kein Geld haben? Diese vielen in den armen Ländern und immer mehr auch bei uns? Die nichts zu essen haben, die keine Wohnung haben, keine Kleider haben, weil sie keine Arbeit und deshalb kein Geld haben?

Jesus, die vielen! Ja, die vielen.

Unser Reichtum, gehört der eigentlich uns? Gehört er nicht allen? Was gehört uns eigentlich? Was können wir wirklich? Sind wir gar nicht der Mittelpunkt? Ist der Mensch gar nicht das Maß aller Dinge?

Lieber Bruder Jesus, auf meinen vielen Wallfahrten habe ich erlebt: Auf 10 Kilometer Weg ein einziger Baum, der Schatten gibt. Eine fingerdünne Quelle, ein leiser Lufthauch, der kühlt, eine Zitrone, die sich noch im Rucksack findet. Ein aufmunterndes Wort der Schwester, des Bruders, eines Straßenarbeiters. Die Vögel, die Sonne, der Himmel. Etwas Ähnliches wie ein Bett. Oder nur die Plastikmatte. Geschenkte Melonen, Pfirsiche, ein Glas Wein. Ein Lied, das einem einfällt, das er singt, in das wir alle einstimmen. Alles ist Geschenk.

Ich habe eigentlich nichts. Außer Geschenke. Viele, sehr viele Geschenke. Kleine und Große. Lebensnotwendige und nicht so wichtige, aber Freude machende.

Ich bin mir selbst ein Geschenk. Aus der Hand Gottes. Aus dem Herzen Gottes. Durch Gott bin ich wieder als Mensch das Maß aller Dinge. Ich. Jeder Mensch. Sozusagen wiedergeboren aus Gott. Wie Du, Bruder Jesus, auch ich,

Dein Bruder Fritz

Die Straße der Kontemplation
Auf der Fußwallfahrt von Pinkafeld nach Assisi im September 1993

Kontemplation in der Einsamkeit,
in der Stille, in der Zelle,
in der Kirche.
Kontemplation in der Wüste,
auf einem Berggipfel.
Kontemplation im Krankenbett,
vor dem Grab eines lieben Menschen.
Aber Kontemplation auf der Straße?
Ein Schauen, ein Hinhören,
gar ein Versinken in sich,
sogar in Gott?
Wie soll das gehen?
Es geht nicht.
Es kommt.
Auf dich zu.
In dich hinein.
Beim Gehen.
Die Kontemplation auf der Straße.

Bruder Carlo sagte uns stets: Lernt
die Kontemplation auf den Straßen!
Kampf und Kontemplation,
dieses Wort von Frére Roger,
ist das Ziel aller Mystik.
Kampf und Kontemplation
sind eine Sache des Herzens.
Die Kontemplation auf den Straßen
ist eine Sache des Herzens.
In jedem Herzen wohnt Gott.
Jeder Mensch ist ein Mystiker.
Du bist es für deinen Nächsten.
Dein Nächster ist es für dich.
Der Mensch ist das mystische
Antlitz Gottes.

Die Straße der Kontemplation

Du gehst, gehst, gehst ...
einen Tag, zwei Tage, dreizehn Tage, dreißig Tage ...
der tote Vogel weckt in dir
ein neues Mitleiden
mit aller gequälten Kreatur.
Alles Tote beginnt
in dir neu zu leben.
Der rasende Verkehr mit seinem Lärm,
seinem Gestank, seinem Dreck,
seiner Brutalität hämmert dir ein,
dass alles Irdische, Quantitative,
Maschinelle und Schnelle verpufft.
Du siehst auf einmal durch die Welt,
durch die Vergänglichkeit hindurch.

Die Straße ist kontemplativ.
Die Straße macht dich kontemplativ.
Ihr Lärm verstummt in dir.
Ihre Bilder lösen sich in dir auf.
Ihre Ereignisse sprechen in dir:
Das kann doch nicht alles sein.
Es muss noch etwas Anderes,
einen Anderen geben.
Es muss einen Gott geben.
Der alles trägt, bewegt, bewahrt,
erlöst, rettet, an sich nimmt und liebt.

Auf der Straße der Kontemplation
zieht es dich nach oben.
Dein Leib schwebt.
Dein Herz geht und lässt sich nieder
im Land der Ruhe.
Es wurzelt sich ein
im Garten des Friedens.
Es wohnt in der Stadt Gottes.
In dir pulst „Jesus" und „Abba".
In dir atmet die Geistin Gottes.

Alles wird dir zum Zeichen
für das Wesentliche,
das Unvergängliche,
das Göttliche.
Alles zeigt dir seinen Sinn,
der im Inneren, in der Tiefe,
im Herzen existiert.
Alles drängt dich zum Glauben,
zum Hoffen und zum Lieben.
Weil Gott alles liebt.

Beten

Beten, das ist wie
ein Sprechen mit Gott,
das Atmen der Seele,
ein Rufen in der Nacht,
ein Schauen in die Sonne,
das Spielen eines Kindes.

Beten, das ist wie
das Murmeln des Wassers,
das Singen der Vögel,
ein Liebesgeflüster,
der Schrei eines Ertrinkenden,
das Stöhnen eines Leidenden.

Beten, das ist wie
der Anstieg auf einen hohen Gipfel,
das Durchschwimmen eines großen Wassers,
ein Tanz übers hochgespannte Seil,
die sanfte Landung mit einem Fallschirm.

Beten, das ist wie
das Gefühl, dass alles gut ist,
das Heimkommen nach einer langen Reise,
eine lange, zärtliche Umarmung,
einem anderen alles sagen können
im sicheren Wissen, dass er alles versteht.

Beten, das ist wie
leben an der Seite eines Freundes,
das liebevolle Miteinander
von Mann und Frau, von Eltern und Kindern,
in einer Gemeinschaft alles teilen,
einander voll Freude dienen,
an der Seite Jesu durchs Leben zu gehen,
von Jesus zärtlich geliebt zu werden
und Jesus zärtlich zu lieben.

Im Beten durchströmt und erfüllt
Gottes Zärtlichkeit den Menschen.
Beten ist Zärtlichkeit.

Jesus, der revolutionäre Mystiker

Pinkafeld, Frühjahr 2010

Lieber Bruder Jesus,

danke, dass ich Dir schreiben kann, weil ich weiß, dass Du mein Freund bist und meine Briefe gerne liest.

Das Danken habe ich von den Eltern gelernt. Ich habe es mir so sehr angewöhnt, dass ich für alles danken kann, sogar für Schweres und Leidvolles.

Ich danke für mich im Stillen, ganz einfach in mir. Ich sage ein „Danke" hörbar vor mich hin sozusagen für mich. Ich danke laut den anderen und Gott vor den anderen im Gemeinschaftsgebet in unserer Kapelle. So bin ich ein Dankender und Dankbarer geworden. Ich habe dabei erfahren und begreife es immer mehr und tiefer: Danken macht frei und glücklich.

Ich danke beim Aufstehen um 5.15 Uhr früh, dass ich – wenn auch etwas schief – aus dem Bett komme. Ich danke für das warme Wasser im Badezimmer. Ich danke, dass ich alles habe, um ein Frühstück für Helli und mich richten zu können. Und ich danke, dass Molly, unsere Katze, mit einem knurrenden Laut, der sich anhört wie ein „Gu-Morgn", durch die Tür ins warme Haus schlüpft. Vor mehr als 15 Jahren hatte sie ein junger HTL-Schüler als winziges, wildes Kätzchen auf der Straße aufgelesen und zu uns gebracht. Er wusste nicht, was er mit dem Tierlein anfangen sollte und dachte, die „Franziskaner" werden es schon nehmen.

Ich danke, wenn unsere kleine Kirchturmglocke jahraus und jahrein um 6 Uhr früh, um 12 Uhr mittags und um 6 Uhr abends uns alle zum Gebet ruft. Ich danke, dass Schwester Susie „Die Presse" zwischen meine Hausschuhe vor der Kapelle steckt, so dass ich nach Gebet und Frühstück zunächst einmal die Schlagzeilen aufschnappen kann und erfahre, wie die Austria, meine Lieblingsmannschaft, im Derby gegen Rapid gespielt hat, und ob unsere Ski-Asse bei der Lauberhornabfahrt wenigstens Vierter oder Fünfter geworden sind. Ich danke für die Schale Kamillentee und das Honigbutterbrot. Ich danke, dass unsere vier Enten mit wilder Freude aus dem Stall schwärmen, wenn ich das Türl aufmache. Ich danke, dass ich mir bei der Vormittagsjause ein Schüsselchen Salat aus Paprika, Paradeisern und grünem Zeug, alles aus dem Garten, machen kann, und für das Stück selbstgebackenes Brot.

Dann sitze ich an meinem uralten Schreibtisch in meinem kleinen Arbeitszimmer, voll geräumt mit Büchern, Schallplatten und Papier, Manuskripten, allerlei Zeug, so viel, dass ein Besucher gerade noch Platz zum Stehen hat. Ich sitze bei einer kleinen Tasse Indiokaffee, rauche eine halbe Toscano – entsetzlich!, schädlich! – meine Lieblingszigarre aus Italien, und danke für meinen Schreibtisch, mitgenommen aus meinem Büro im Bildungshaus St. Bernhard, und für meinen stilvollen Sessel mit Armlehne, von einem Freund geschenkt. Ich danke für viele Zigarren aus aller Herren Länder, alle geschenkt von Freunden und Freundinnen, darunter ganz liebe alte Damen, die mich mit solch giftigen Dingen erfreuen.

Lieber Bruder Jesus, es stimmt: Ich bin ein Genießer. Du warst es doch auch zumindest ein wenig. So danke ich auch dafür, dass ich ein Genießer bin.

Ich danke, dass ich die Hasenställe ausmisten kann. Ich danke auch, wenn ich mir dabei einen Kratzer an der Hand zufüge, weil ich ungeschickt war, oder weil mich eine gerade schlecht aufgelegte Häsin mit ihren scharfen Zähnen ein wenig beißt. Ja, ja, diese lieben Tiere, die sich gerne streicheln lassen und dabei die Ohren zurücklegen, können auch beißen. Sie sind wie die Menschen.

Ich danke sehr innig, als die Hacke bei der Holzarbeit im Wald meiner Hand entgleitet und auf mein Schienbein zuspringt, sich aber im letzten Augenblick so dreht, dass mir nur die Breitseite einen Dippel und blauen Fleck verursacht. Da sage ich dann mehr als einmal: Danke, lieber Schutzengel, danke.

Tatsächlich kann man an einem langen Tag, in einer langen Woche, in einem ganzen Jahr für so vieles danken, z. B. dass die Heufuhre samt Traktor so umgefallen ist, dass der Bruder, der obenauf saß, auch nach dem Umfall verletzungsfrei noch obenauf sitzt. Oder dass die Bienen gut überwintert haben und wir viermal so viel köstlichen Honig schleudern konnten als im letzten Jahr. Oder dass wir die Operation für die afrikanische Schwester Eugenie im Kongo bezahlen können. Oder dass die Kuh Ilse einen prächtigen, strammen Stier zur Welt gebracht hat ohne jede Komplikation, für den mir sofort der Name Jaromir einfällt.

Unzählig sind die Möglichkeiten und Anlässe für einen Dank. Der Dank begleitet auch den bittern Tod. Schwester Stefanie ist mit 89 Jahren bei uns gestorben. Sie war Gründungsmitglied unserer Franziskusgemeinschaft. Und meine Resi-Tante, die wir in der Gemeinschaft 18 Jahre betreuen konnten, ist mit 87 Jahren von uns gegangen. Für beide Frauen danke ich oft. Und ich danke, dass wir einen eigenen kleinen Friedhof neben unserem Barockkirchlein haben, dass wir, wie ich es nenne, ein Selbstversorgerbegräbnis halten können. Das bedeutet: selbst das Grab ausheben, das ich mit den Brüdern Ferdinand und Franz besorge, selbst den von Bruder Franz gezimmerten Sarg aufstellen, dann die Verstorbene in der Kirche aufbahren, Parte und Gedenkbildchen schreiben und drucken und eine Gebetsandacht beim Sarg halten. Da unser Mitglied Martin Priester ist, können wir auch die Totenmesse bei uns feiern. Dann tragen wir selbst den Sarg aus der Kirche auf dem etwa 20 Meter kurzen Weg zum Grab, senken ihn in die Erde hinunter, singen der lieben Verstorbenen nochmals den Sonnengesang, wobei vielen bei der Strophe von Bruder Tod die Stimme versagt, und werfen eine Blume oder einen grünen Zweig nach. So danke ich auch für Bruder Tod und für unsere neuen Fürsprecherinnen im Himmel.

Im unzähligen Danken bin ich ein Dankender und Dankbarer geworden, was aber nicht heißt, dass ich keine Fehler habe. Aber auch für diese danke ich, weil sie zu mir gehören. Bescheiden und ehrlich muss ich mir eingestehen, dass ich höchstens zum Durchschnitt gehöre und dass es oft schwer ist, mich selbst so anzunehmen, wie ich eben bin. So danke ich zuletzt an jedem Abend vor dem Einschlafen auch für mich selbst. Ich erfahre und begreife es immer tiefer: Danken macht frei und glücklich.

Danke, lieber Bruder Jesus, dass ich danken kann.

Dein dankbarer Bruder Fritz

Mutter / Vater unser

Du-immer-da-Seiende
geheiligt werde Dein
unfassbarer Name
Deine Mütterlichkeit
durchdringe
unsere Atemluft
und sickere ein
in der Erde Grund
Stärke uns Tag für Tag
Gib uns Wegzehrung
und vergib uns unser Vergehen
Führe uns aus der Verwirrung
Wohl ausgestattet mit feinen Sinnen
Hast Du uns geschaffen –
so halte uns an
das Wahre zu erkennen
und ermutige uns
danach zu handeln
Lehre uns zu vergeben und
nachsichtig zu sein,
damit in uns der Samen
des Friedens keimen kann
und über uns hinauswächst

roseleitner
(Nottiano bei Assisi, Juli 2008)

Jesus, der revolutionäre Mystiker

Vertrauensvolle Bitte einer Frau

Wie lange noch, Jahwa,
willst du mich,
das Kind, das Mädchen, die Tochter,
zu der du mich schufst, vergessen?
Wie lange verhüllst du dich vor mir?

Wie lange soll meine Seele
noch dürsten nach dir,
täglich in meinem Herzen die Not!
Wie lange darf über mich richten
das andere Geschlecht!
Sieh her, meine Schöpferin!
Und erhöre mich!

Hauch mir neuen Atem ein,
damit ich nicht ersticke;
dass nicht prahle mein Gegenüber:
ich habe sie im Griff – im Würgegriff!

Habe ich doch, o Göttin,
auf deine Hilfe gebaut!
Über deine schützende Hand
frohlocke mein Herz!

Tanzen will ich
für Jahwa,
die sich an mir, ihrem Geschöpf,
erfreuen soll.

roseleitner
(nachempfunden dem Psalm 13)

Jesus und die Sünderin

Jesus wandert von Dorf zu Dorf und von Stadt zu Stadt. Er ist ein Freund der Menschen. Aller Menschen. Er lehrt sie, er tröstet sie, er heilt sie. Er geht in ihre Häuser und isst und trinkt mit ihnen. Mit den Pharisäern und mit den Zöllnern. Mit den Gerechten und mit den Sündern. Dabei weiß er, dass sie sagen: „Dieser Fresser und Säufer, dieser Freund der Zöllner und Sünder!" Aber wer kann es den Leuten recht machen? Haben sie nicht auch von Johannes dem Täufer, der kein Brot gegessen und keinen Wein getrunken hat, behauptet, dass er von einem Dämon besessen ist?

So folgt Jesus auch der Einladung ins Haus des Pharisäers Simon. Die ganze Stadt weiß es längst: „Der Prophet, der Wundertäter ist da. Und Simon, dieser schlaue Fuchs, hat ihn und die Vornehmen zu sich geladen. Denn man kann nie wissen, was aus dem Galiläer wird."

Auch die Sünderin hat erfahren, dass Jesus in der Stadt ist. Viel Gutes hat sie schon von ihm gehört. Dass er Kranke heilt und Dämonen austreibt. Dass er wunderbar von Gott reden kann und einer Ehebrecherin das Leben gerettet hat. Dass er auch mit Zöllnern und Dirnen verkehrt und öffentlich bekannt hat, dass er für die Sünder gekommen ist und nicht für die Gerechten.

In ihrem schönen Haus läuft sie nervös hin und her. Sie wirft sich aufs Bett. Und springt wieder auf. Tränen steigen ihr auf. Dann sucht sie ihre schönsten Kleider und zieht sie doch nicht an. Schließlich eilt sie aufs Dach. Laut ist es auf der Straße. Kein Wunder: Jesus geht vorbei. Um ihn das Volk. Seine Gefährten bahnen ihm einen Weg. Der Zug gerät immer wieder ins Stocken, wenn die Leute Kranke vor ihn stellen. Auch vor ihrem Haus halten sie an. Weit neigt sie sich über den Vorsprung vor und – hat er sie gehört? Nein, das ist unmöglich – und plötzlich blickt er für einen langen Augenblick zu ihr hinauf. Seine Augen treffen die ihren. Das trifft sie mitten ins Herz. Wie ohnmächtig sinkt sie auf der Terrasse nieder. Jetzt ist alles klar. Seine Augen haben es ihr gesagt: „Komm, Sünderin! Ich werde dich heilen. Ich werde dich retten. Auch du bist eine Tochter Abrahams. Auch du bist meine Schwester. Fürchte dich nicht. Komm!"

Schnell schlüpft sie in das vorhin weggelegte Kleid, kämmt sich eilig, schminkt sich flüchtig und nimmt ihr kostbares Alabastergefäß mit dem sündteuren, wohlriechenden Öl an sich. Aus dem Haus. Durch die leere Straße. Zu Simons Haus. Nur einen Gedanken hat sie: „Ich will loskommen von meinem Dasein als Dirne der Mächtigen und Wohlhabenden. Ich will werden wie damals, als ich ein frohes Mädchen war. Ich bin zwar reich geworden durch meine Sünde. Aber lieber will ich ohne Sünde arm sein und mich plagen. Denn die Sünde tötet mich. Ich kann nicht mehr. Er muss mich retten. Er wird mich retten. Jesus, rette mich, rette mich …!" Niemand verwehrt ihr den Eintritt. Jesus liegt bei Tisch. Von hinten tritt sie an ihn heran. Sie kann nur noch weinen. Vor ihm sinkt sie nieder. Seine Füße werden von ihren Tränen nass. Sie trocknet sie mit ihren langen, schönen Haaren. Kein Wort bringt sie heraus, aber unaufhörlich küsst sie seine Füße und salbt sie mit Öl. Was sollte sie auch sagen? Sie spürt, dass er alles von ihr weiß.

Simon spürt das nicht. Er zweifelt an der prophetischen Kraft Jesu, weil er sich von der stadtbekannten Dirne berühren lässt. Aber Jesus belehrt ihn und kann seinem Gastgeber die Rüge nicht ersparen, dass diese Sünderin ihm tut, was er versäumt hat: das Waschen der Füße, den Begrüßungskuss und die Salbung mit Öl.

Alle schweigen. Es ist feierlich still. Nur das leise Schluchzen der Frau ist zu hören. Da sagt er zu ihr: „Deine Sünden sind dir vergeben." Und als er die Gedanken der anderen Gäste erahnt, fügt er an: „Dein Glaube hat dir geholfen. Geh in Frieden!" Eine neue Zeit ist angebrochen. Die Zeit Jesu. Wer glaubt, wird befreit. Wer hofft, findet zu Gott. Und wer viel Liebe zeigt, dem werden die vielen Sünden vergeben.

Allerhöchster Herr,

ergebenst grüße ich Dich. Ich weiß, ich weiß, Du hast etwas gegen mich und mein Geld. Ich aber habe Dich immer bewundert. Das mit Deiner Menschwerdung war wirklich ein genialer, eben ein göttlicher Trick. Aber das dann am Kreuz war eine glatte Niederlage. Und mein Sieg. Gib es zu. Denn für Geld wurdest Du verraten. Und bis heute ist das Geld in der Welt die erste und letzte Kraft. Auch die überwiegende Mehrzahl Deiner Anhänger – nach Dir Christen benannt hält von mir mehr als von Dir. Ihre Götter sind die Brieftaschen, Sparbücher, Bankkonten, Aktien und Goldreserven.

Ich mache Dir einen Vorschlag: Schließen wir Frieden. Dir gehört der Himmel und mir die Erde. Das entspricht der Wirklichkeit. Das ist vernünftig. „Endlich!" werden die Deinen sagen und aufatmen. Auch die im Vatikan. Wenn Du zustimmst, werde ich dafür sorgen, dass alle Caritasgelder mit 20 Prozent verzinst werden.

Ich bin nicht so schlecht, wie ich scheine.

Dein ergebenster Mammon

Es geht ums Geld

"Gerechtes" Geld – gibt es das? Jeder Kauf ist ein Tausch. Entweder Ware für Ware oder Geld für Ware und Arbeit. Das Geld ist etwas Gutes, wenn damit der echte Wert einer Ware oder einer Arbeit bezahlt wird. Dieses Geld ist "gerecht".

Die Verwendung des Geldes hat der Menschheit große Dienste erwiesen und vielen ein besseres Leben möglich gemacht. Geld hat aber auch Ungerechtigkeit und Ausbeutung beschleunigt und verstärkt. Wir können das Rad der Geschichte nicht zurückdrehen, aber wir können uns für eine Zukunft mit "gerechtem" Geld einsetzen.

Das Geld ist ein Tauschmittel. Man kann aber auch ohne Geld Waren und Dienstleistungen tauschen, direkt, mit Kontozetteln, oder mit "anderem" Geld. Viele tun dies auf der ganzen Welt. Vor allem die, die kein Geld haben. Als Argentinien bankrott war und zum Beispiel Schuhfabriken ihre Arbeiter mit Schuhen bezahlten, konnte man mit "Creditos" Nahrungsmittel und anderes eintauschen.

Auch bei uns sind in den letzten Jahren so genannte Tauschkreise entstanden. Jedes Mitglied bietet eine Ware oder einen Dienst zu einem meist von ihm selbst bestimmten "Preis" an. Vieles kann so getauscht werden: Kinderwagen gegen Sportschuhe, Grasmähen gegen Sprachunterricht, Babysitten gegen Übernachtungsmöglichkeit. Jedes Mitglied hat ein Konto, auf dem "Einkauf" und "Verkauf" eingetragen werden. So schafft sich der Tauschkreis sein eigenes Geld.

Ob Schwarz, Rot, Orange, Blau oder Grün regiert, das höchste Dogma in der Politik lautet: Die Wirtschaft muss wachsen! Wehe, wenn eine Stagnation droht. Weltuntergang bei einer Rezession. Und jetzt, da dieses Buch geschrieben wird, steckt die ganze Welt in einer schweren Wirtschaftskrise. Warum? Fragt sich der Laie. Wie aus der Kanone die Antworten der Finanzfachleute und Wirtschaftsbosse: Weil die Arbeitslosigkeit steigt. Weil nicht mehr investiert wird. Weil das Geld an Wert verliert.

Damit die Wirtschaft ständig wachsen kann, müssen ständig neue Produkte entwickelt, erzeugt und verkauft werden. Sie bringen Fortschritt und Wohlstand. Siehe den Siegeszug des Handys. Banken, Aktionäre und Multis und auch Politiker jubeln.

Wer aber hat den Mut zu sagen: Genug!? Haben wir nicht längst genug? Schlägt nicht schon oft unser Wohlstand in Notstand um? Vor allem für die, die Opfer des Wachstumszwangs und des Fortschrittstempos werden? Dazu Kohelet, um 250 vor Christus: "Wer das Geld liebt, bekommt vom Geld nie genug." (Kohelet 5,9)

Geld regiert die Welt. Sagt man heute. Vielleicht schon immer. Aber nicht das Geld sondern der geldgierige Mensch regiert die Welt. Sein Geld wandert, springt immer dorthin, wo ihm sein Geld am meisten bringt. Das ist nicht so in den Bereichen Gesundheit, Soziales, Bildung, Kultur. Deshalb herrscht hier ein immer größer werdender Geldmangel. Die Geldleute lassen ihr Geld in die Ölbranche springen oder in die Waffenproduktion, oder sie schieben es auf den Aktienmärkten hin und her, bis ihr Vermögen sich verdoppelt und vervielfacht hat. So geht die Schere zwischen Arm und Reich immer weiter auseinander. Die Armen – ganze Völker, ja Kontinente – werden immer ärmer und die Reichen – einige Milliardäre und Weltkonzerne – werden unvorstellbar reich. Jesus fordert uns in der Bergpredigt auf: „Ihr könnt nicht beiden dienen, Gott und dem Mammon." (Matthäus 6,24)

Arme Länder – wir nennen sie Entwicklungsländer – sind gezwungen, Kredite bei den Reichen aufzunehmen, oft zu sehr hohen Zinssätzen. Durch Zins und Zinseszins aber verdoppelt sich jede Schuld in regelmäßigen Abständen. Beispiel: Bei 30% Zinsen verdoppelt sich die Schuld in 26 Monaten. Es gibt so hohe Zinssätze.

Wie und wann können die Armen solche Schulden je zurückzahlen? Nie! Sie müssen ihnen erlassen werden. Dafür treten heute viele ein. Mit wenig und meistens noch immer ohne Erfolg. Dazu aus dem Mosaischen Gesetz: „Wenn dein Bruder verarmt, sollst du ihn unterstützen, damit er neben dir leben kann. Du sollst ihm weder dein Geld noch deine Nahrung gegen Zins und Wucher geben." (Levitikus 25,35f)

Das 2. Vatikanische Konzil hat sich in mehreren Dokumenten für eine gerechte und allen Menschen dienliche Wirtschaftsordnung ausgesprochen. Das zeigt ein Zitat aus der Konstitution über „Die Kirche in der Welt von heute", Punkt 69: „Gott hat die Erde mit allem, was sie enthält, zur Nutzung für alle Menschen und Völker bestimmt, so dass die geschaffenen Güter allen in einer billigen Art und Weise zufließen müssen, wobei die Gerechtigkeit der Leitstern und die Liebe ihre Begleiterin sei ... Wer sich aber in äußerster Notlage befindet, hat das Recht, sich aus dem Reichtum anderer das Notwendigste zu besorgen. Da endlich in der Welt so viele vom Hunger niedergedrückt werden, drängt das Konzil alle einzelnen und alle Autoritäten, dass sie – eingedenk jener Väterlehre: ‚Gib dem Hungernden zu essen, denn wenn du nicht gibst, bist du ein Mörder' – nach Maßgabe ihrer Möglichkeiten ihre Güter wirklich mitteilen und wirksam einsetzen."

Dazu ein klares Wort aus dem 1. Johannesbrief: „Wenn jemand Vermögen hat und sein Herz vor dem Bruder verschließt, den er in Not sieht, wie kann die Gottesliebe in ihm bleiben?" (1. Johannesbrief 3,17)

alles allen

du kannst sagen
das ist mein Tisch
aber ist nicht die Erde
der Tisch für alle

du kannst sagen
das ist meine Schale
aber hat nicht der Himmel
Luft und Wasser für alle

du kannst sagen
das ist mein Apfel
aber gibt nicht die Natur
Nahrung und Kleidung für alle

du kannst sagen
das alles hat mir mein Gott geschenkt
aber ist nicht dein Gott
ein Gott für alle

wer kann sagen
das gehört nur mir
gehört nicht alles allen

Supercoolgeil

prgemanagter
Supermarkttand
spitzfindigaufgemachte
Ohnenachfrageangebote
niedrigstgepreiste
Ausverkaufswegwerfartikel

medialprotokollierte
Phrasendrescherei
einanderzugebrüllte
Wortfetzenartigkeiten
bestprogrammierte
Vorortwortspendenscharmützel

indiemediengeschleuderte
Parteitagsrednerparolen
gegnerverarschende
Gottseibeiunsbeschwörungen
alleweltchaotisierende
Kriegsaufrufbrandreden

supergestylter
Missworldlaufstegsex
coolstrategischgecouchter
Börsenbillionenbesitz
sichgeildurchgefolterte
Friedensweltmachtarroganz

und nur ein kleines Licht
auf dem alten Tisch der Erde
ein bedrohter Funke
hoffentlich du
hoffentlich ich

Rede des Windes

Liebe Menschen! Ich beginne meine Rede an euch mit der Frage: Wisst ihr, wer ich bin? Bin ich ein Element wie das Wasser? Bin ich eine Kraft wie die Elektrizität? Bin ich nur, weil andere mich abstoßen oder anziehen? Jesus sagte über mich: „Der Wind weht, wo er will; du hörst sein Brausen, weißt aber nicht, woher er kommt und wohin er geht." (Johannes 3,8)

Bin ich nur eine Bewegung? Plötzlich bin ich da, säusle, wehe, rausche, brause und stürme. Plötzlich stehe ich still. Weil ich ruhe? Weil ich fortgeeilt bin? Wer bin ich? Ein Rätsel? Ein Geheimnis? Oder bin ich gar ein Nichts? Aber ich habe doch seit eh und je einen Namen. Ich bin der Wind. Und ich halte euch, liebe Menschen, diese Rede.

Mein wichtigster Satz an euch ist: Im Letzten, im Tiefsten ist alles, was Gott geschaffen hat, ein Geheimnis. Ein wunderbares Geheimnis. Und das ist sehr gut.

Liebe Menschen! Ich weiß, ich weiß, dass jeder Gebildete unter euch, jeder Lehrer, gar jeder Professor, sofort erklären kann, wer der Wind ist, wie er ist und was er tut. Er wird mir Namen geben wie: Lüftchen, Böe, Brise, Sturm, Föhn, Orkan, Taifun. Ihr könnt ja alles erklären und benennen. Vom Staubkörnchen bis zum Elefanten, vom Grashalm bis zu den fernsten Gestirnen, vom Nervensystem bis zum Rinderwahnsinn, der euch so sehr beunruhigt. Ihr analysiert und manipuliert. Ihr zerlegt und verändert. Ihr erklärt und glaubt, alles zu verbessern. Schon dringt ihr in die Geheimnisse des Lebens ein, bemächtigt euch der Gene und lasst die Paradeiser haltbar werden, die Masthühner zu kleinen Schweinchen heranwachsen und legt eure ungeborenen Babys, die ihr Embryonen nennt, aufs Eis, um sie bei Bedarf gebrauchen oder missbrauchen zu können. Aber was könnt und wisst ihr wirklich? Das fragt euch dieses Nichts, der Wind. Was wisst ihr zum Beispiel vom Gänseblümchen? Alles. Würden die Spezialisten unter den Botanikern sagen. Aber selbst dann, wenn sie alles über das Gänseblümchen wüssten, über seine Säfte und Fasern, über seine Stoffe und Farben, über seine Kräfte und Möglichkeiten, selbst dann, wenn sie alle Teilchen bemessen, gewogen, benannt und erkannt hätten, wüssten sie dann, was ein Gänseblümchen wirklich ist? Wüssten sie etwas über seine Einmaligkeit, seine Lebenskraft, seine Schönheit? Wüssten sie, wie viel Freude es einem Trauernden gemacht hat? Wie vielen Insekten es Nahrung gab? Dass es ein einmaliges Geschöpf des Gottes der Liebe und des Lebens ist?

Liebe Menschen! Vor einigen Jahren – ich glaube, es war an einem sonnigen Frühlingstag – schwebte ich so vor mich hin und kam zu einem weltberühten Forschungsinstitut. Ich schlich mich durch ein offenes Fenster und setzte mich in einen dicht besetzten, arg verrauchten Konferenzsaal auf den Tisch. Es sprach gerade der Oberspezialist der Spezialisten. Von seiner Rede verstand ich kein Wort. Aber alle spendeten dem Oberspezialisten großen Applaus, als er zu Ende gekommen war. Nur einer klatschte nicht. Kaum war es wieder still, stand er auf und sagte ganz ruhig, aber mit großer innerer Kraft: „Liebe Kollegen und Kolleginnen! Wir Spezialisten wissen von immer weniger immer mehr, bis wir am Ende von nichts alles wissen werden." Und er nahm seine Sachen und ging weg.

Liebe Menschen! Ich beneide euch nicht um euer Wissen. Ich sehe, dass ihr bereits so weit seid, dass ihr ein Leben lang auf der Schulbank sitzen müsst, um euch aus- und weiterbilden, ein- und umschulen zu lassen, um Arbeit zu finden und Geld zu verdienen. Maschinen und Computer nehmen euch viel Arbeit ab und trotzdem habt ihr immer weniger Zeit für all das, was ihr nur anschauen, nur anhören, nur angreifen, nur erleben könnt.

Merkt ihr es nicht? Das „Geheimnis", das „Mysterium" habt ihr verloren. Ich, euer Bruder, der Wind, bin ein Geheimnis. Ihr, liebe Menschen, seid wunderbare Geheimnisse. Alles, was lebt und liebt, ist voller Geheimnisse. Wie sagen eure Priester, wenn bei der Messe Brot und Wein in Leib und Blut Jesu verwandelt wurden? „Geheimnis des Glaubens" rufen sie euch zu. Das lege auch ich euch ans Herz: „Alles ist Geheimnis des Glaubens, des Lebens, der Liebe!"

Jenseits der Straße
Auf der Fußwallfahrt von Pinkafeld nach Assisi im September 1993

Jenseits der Straße
gibt es keine Straße.
Jenseits der Straße
geht und rennt,
fährt und rast niemand.
Jenseits der Straße ist,
was wir auf der Straße
das Ziel nennen.

Jenseits der Straße
ist die Sehnsucht suchtlos,
der Wunsch wunschlos,
die Idee sinnlos.

Jenseits der Straße
warten auf mich viele,
die schon im Jenseits sind:
mein Zwillingsbruder Georg,
mein Vater, meine Mutter,
mein geistlicher Vater Carlo,
meine Vorbilder Franziskus und Charles,
viele Freunde und Bekannte.

Jenseits der Straße
wartet auf mich mein Ich,
wie es Gott erdacht und erschaffen hat.
Erst jenseits der Straße
komme ich ganz zu mir,
werde ich ganz ich selbst sein.

Jenseits der Straße
schmerzt kein Zahn und kein Herz,
zerbricht kein Glas und kein Glück,
verwelkt kein Blatt und keine Freude,
schmeckt keine Speise und
keine Beziehung fad oder scharf,
wird kein Salz und keine Freundschaft

schal oder zertreten,
verblüht keine Blume und keine Liebe,
stirbt kein Licht und
kein Mensch einfach weg.

Jenseits der Straße
will niemand etwas haben,
weil jeder alles hat,
werden die Begriffe „mein" und „dein"
höchstens nostalgisch verwendet,
erhebt niemand die Hand zum Schlag
oder feuert eine Rakete ab,
um andere ins Jenseits zu befördern,
braucht niemand zu herrschen,
weil jeder Erster ist,
sagt niemand dem anderen Böses nach
oder schickt ihn gar in die Hölle,
ist der Himmel groß genug für alle.

Jenseits der Straße
singt alles, freut sich alles,
lebt alles, blüht alles, liebt alles.
Der Heilige ist der Normale
und der Normale ist ein Heiliger.
Der Mensch ist wie Gott,
weil er in Gott ist,
und Gott ist wie das Wasser, das Licht,
der Raum, die Zeit, das Zuhause,
das Mahl, der Vater, die Mutter,
die Schwester, der Bruder, der Freund,
das Herz, der Schoß, die Wonne,
das Glück, die Fülle, der Friede,
das Alles ohne Nichts,
der Anfang ohne Ende
und das Ende ohne Anfang.

Jesus, der revolutionäre Mystiker

Ohne Liebe kommt
jenseits der Straße
niemand ins Jenseits.
Lieblosigkeit verdammt
zum Diesseits, bis Liebe
die Tür zum Jenseits öffnet.
Lieblosigkeit ist das Fegfeuer
zwischen Diesseits und Jenseits.

Was ist, wenn alles vom Jenseits
nur ein leerer Traum,
eine hohle Phantasie,
eine Ausgeburt des Glaubens
oder Aberglaubens ist,
gleich dem „Opium für das Volk"?
Was ist, wenn jenseits der Straße
nichts als das Nichts ist?

Nein, in Ewigkeit, nein!
Denn die Liebe, die schon
im Diesseits alles eint,
zwei Wassertropfen ebenso
wie zwei Menschen,
die Liebe, die sich
vom freundlichen Lächeln
bis zur Hingabe des Lebens dehnt,
die Liebe, die einen
gekreuzigten Jesus beten ließ:
„Vater, vergib meinen Mördern!",
diese Liebe erzwingt
den Glauben und die Hoffnung,
dass es jenseits der Straße
ein Reich der Liebe geben muss.

Jenseits der Straße

Jenseits der Straße
sind alle verliebt
in die ewige Liebe,
werden alle verschmolzen
durch die ewige Liebe,
werden alle ewige Liebe
empfangen und geben
und in ewiger Liebe
ewige Liebe sein.

Diesseits der Straße
gibt es nur viele Worte
für das Unsagbare im
Jenseits der Straße.
Aber jenseits der Straße
Gibt es nur das Jenseits der Liebe.

Wo kämen wir hin
wenn alle sagten
wo kämen wir hin
und niemand ginge
um einmal zu sehen
wohin wir kämen
wenn wir gingen

(Kurt Marti)

Jesus, der Freund und Bruder

Seht doch, wie gut und schön ist es, wenn Brüder miteinander in Eintracht wohnen. (Psalm 133,1)

Euch aber, meinen Freunden, sage ich. (Lukas 12,4)

Und er streckte die Hand über seine Jünger aus und sagte: Das hier sind meine Mutter und meine Brüder. Denn wer den Willen meines himmlischen Vaters erfüllt, der ist für mich Bruder und Schwester und Mutter. (Matthäus 12,49f)

Dieser Fresser und Säufer, dieser Freund der Zöllner und Sünder. (Matthäus 11,19)

Ich nenne euch nicht mehr Knechte ... Vielmehr habe ich euch Freunde genannt. (Johannes 15,15)

Amen, ich sage euch: Was ihr für einen meiner geringsten Brüder getan habt, das habt ihr mir getan. (Matthäus 25,40)

Es gibt keine größere Liebe, als wenn einer sein Leben für seine Freunde hingibt. Ihr seid meine Freunde, wenn ihr tut, was ich euch auftrage. (Johannes 15,13f)

Sogleich ging er auf Jesus zu und sagte: Sei gegrüßt, Rabbi! Und er küsste ihn. Jesus erwiderte ihm: Freund, dazu bist du gekommen? Da gingen sie auf Jesus zu, ergriffen ihn und nahmen ihn fest. (Matthäus 26,49f)

Ich habe ihnen deinen Namen bekannt gemacht und werde ihn bekannt machen, damit die Liebe, mit der du mich geliebt hast, in ihnen ist und damit ich in ihnen bin. (Johannes 17,26)

Lieber Bruder Jesus

Bicske, November 2008

Lieber Bruder Jesus,

die Evangelien, die von Deiner Botschaft und Deinem Leben erzählen, habe ich schon mehrmals ganz gelesen. Abschnitt um Abschnitt. Seit meiner Kindheit höre ich bei den Gottesdiensten, was Du gesprochen und getan hast, wie hilfsbereit und liebevoll Du zu allen warst. Als Jugendlicher saß ich oft bis in die Nacht am Küchentisch im Elternhaus bei einer brennenden Kerze und las begierig all das, was Matthäus, Markus, Lukas und Johannes über Dich aufgeschrieben haben. In ein Heft schrieb ich die gelesenen Stellen und die Gedanken, die mich bewegten.

Später hörte ich, dass man eine ganze und eigene Bibel besitzen soll. Sofort erwarb ich eine. Eine Schwester machte mir dazu einen schönen Einband mit aufgesticktem Christusmonogramm, dem XP. Und eine blaue Leinenhülle bekam ich auch für meine Bibel.

Dreimal habe ich die ganze Bibel vom Anfang bis zum Ende durchgelesen. Aber ich nehme sie auch jeden Tag immer wieder zur Hand, um eine bestimmte Stelle oder ein Wort von Dir zu suchen. Bei besonderen Anlässen schlage ich sie blind auf und notiere mir dann mit Bleistift in meiner Bibel das Datum oder das, was mich gerade bewegt.

Überallhin nehme ich meine Bibel mit. Zu allen Glaubens- und Wüstenwochen, Seminaren und Tagungen, auf meine großen Wallfahrten nach Assisi, Lourdes, ins Heilige Land, in Deine Heimat, mein Bruder Jesus. Nach Assisi habe ich die Bibel getragen. Im Rucksack ein Kilo mehr. Auf der Radfahrt nach Lourdes hatte ich sie in der Seitentasche. Am Flughafen in Haifa musste ich bei der Kofferkontrolle erklären, dass sie kein israelfeindliches Buch ist. Ich sagte aber nicht, dass in ihr sehr revolutionäre Ideen verborgen sind.

Ich lege auch Gebete und Bildchen in meine Bibel ein und Fotos von meinen Kindern, von lieben Verstorbenen, von heiligen Menschen. So ist meine Bibel dick geworden und durch den ständigen Gebrauch und das viele Sonnenlicht ist sie vergilbt, verknittert und fast schon am Zerfallen. Meine Bibel, dieses einmalige Buch über Dich, meinen Freund und Bruder, ist mein wichtigstes Buch, gehört ganz mir und zu mir, ist ein Teil von mir. Mit mir ist sie alt geworden und sagt mir schon äußerlich, dass auch ich schon vergilbt, verknittert, am Zerfallen bin.

Aber der Inhalt ist bei jedem Lesen, bei jedem Hören wie neu für mich. Deine Worte, Dein Leben bewegen mich immer wieder anders. Sie sind lebendige und nicht tote Worte und Geschichten, sie erwecken in mir stets etwas Aufmunterndes, Aufregendes, Herausforderndes, auch Beruhigendes und Beseligendes. Ich

Jesus, der Freund und Bruder

lasse mich von meiner Bibel kritisieren und zu einer Änderung bewegen. Sie deutet mir mein Leben und das der Kirche und der Welt.

Im Letzten versichert mir jede Bibelzeile: Du, Jesus, bist das Leben und die Liebe, Du bist mein Freund und mein Bruder, nichts kann mich von Dir trennen. Du wirst immer bei mir und für mich sein. Mein armseliges Dasein, mein Mühen, Fallen und Aufstehen, mein Gutes und meine Schwächen, alles wird von Deiner und meiner Bibel durchwoben.

Wenn ich versuche, alles zusammenzuschauen, zusammenzufügen, dann wage ich zu bekennen: Es gibt eigentlich nur zwei, die immer für mich sind. Der Erste bin ich mir selber und der Zweite bist Du, Jesus. Oder auch der Erste bist Du und der Zweite bin ich. Würdest Du mir heute erscheinen, wie Du nach Deiner Auferstehung dem zweifelnden Thomas gegenübergetreten bist, dann würde ich Dir zusagen: Mein Freund und mein Bruder! Ich sage es Dir ja oft still für mich. Und stets höre ich mit großer Freude Deine Zusage an mich: „Selig sind, die nicht sehen und doch glauben."

Danke, dass es dieses Buch über Dich gibt. Danke für meine Bibel. Die Bibel ist meine Taufe und Firmung, meine Beichte und Eucharistie, mein Sakrament. Die Bibel ist meine Kirche. Meine Familie und meine Gemeinschaft sind meine Priester und Bischöfe. Du aber bist mein Freund und Bruder. Danke, dass ich Dein Freund und Bruder sein kann,

Dein Minderbruder Fritz

Auch ein Credo? Mein Credo!

O Gott!
Mein Gott und mein Alles?
O Gott, Du Nichtgott!

O Gott, wie bist Du arm,
hast keine Millionen
auf Banken und Börsen.

O Gott, wie wirkst Du alt,
verstaubst und vergilbst
im letzten Winkel einer Hütte
in einem dreckigen, stinkenden Slum.

O Gott, wie bist Du uralt
in dieser Postmoderne, in der man
jung und gestylt sein muss.
Du bist nicht in, nicht cool und geil,
Du bist out.

O Gott, wie bist Du passé,
Deine Angebote tragen ein
längst vergangenes Ablaufdatum.

O Gott, wie bist Du fremd,
wie ein Asylant, der abgeschoben wird.
Die Nationalisten der Erde werden Dich,
den Bewohner des Himmels,
nicht mehr auf die Erde lassen.
Schon gar nicht Jesus, Deinen Juden.
Ihr steht doch auf der Watchlist.

O Gott, wie bist Du still
zwischen den Lärmhalden
von Konsum, Medien und Events.
Stumm bist Du in der
virtuellen Allgegenwart rund um die Erde.

O Gott, bist Du gar dumm?
Schlägt Dich nicht jedes Kind
mit dem Wissen aus seinem Computer?

Jesus, der Freund und Bruder

O Gott, wie bist Du machtlos.
Das Kapital und die Waffenarsenale
der Generäle, Aktienschieber
und Geistlichkeiten regieren
die Welt, die Religionen und Kirchen.

Höchstens ein altes Mütterlein
lässt sich von Dir noch trösten.

O Gott, Dein Jesus,
geboren von einer Frau,
sie werden ihn und Dich
in eine Mülltonne werfen,
in eine Tonne mit toten Embryonen
und zerbombten Terroristen
und ihren Opfern.
Denn Du bist ein Wegwerfgott geworden.

O Gott, wie bist Du tot.
Viele glauben es, seit einer
von einer Kanzel geschrien hat:
„Gott ist tot!"
Seit es viele
in Deinen Himmel brüllen,
dass es sogar Deine Engel hören müssen.

O Gott, Erlösung am Kreuz
in der Spaßgesellschaft?
Was soll's?
Nur am Rande warten noch
einige kleine, arme Gestalten.
Auf Dich?
Was wollen sie von Dir?

O Gott, ein Nichtgott bist Du geworden.
Gib es zu.

Auch ein Credo? Mein Credo!

O Gott, trotzdem!
Wie war es,
wie ist es,
wie wird es immer sein
mit Deinem Jesus und seiner Botschaft,
dass du das Leben und die Liebe bist?

O Gott!
Mein Gott und mein Alles!

Jesus ist für mich der ewige Bruder

Dieses Wort „Jesus ist für mich der ewige Bruder" hat der große jüdische Gelehrte Schalom Ben-Chorin in seinem Buch „Bruder Jesus" niedergeschrieben. Im Deutschen Taschenbuch Verlag erschien die 1. Auflage von „Bruder Jesus" im März 1977. Das folgende Zitat ist der 16. Auflage im Dezember 1996 (97. bis 99. Tausend) entnommen.

„Martin Buber hat in seinem Werk ‚Zwei Glaubensweisen' (1950) das berühmte Wort vom ‚Bruder Jesus' gesprochen: ‚Jesus habe ich von Jugend auf als meinen großen Bruder empfunden. Dass die Christenheit ihn als Gott und Erlöser angesehen hat und ansieht, ist mir immer als eine Tatsache von höchstem Ernst erschienen, die ich um seinet- und um meinetwillen zu begreifen suchen muss ... Mein eigenes brüderlich aufgeschlossenes Verhältnis zu ihm ist immer stärker und reiner geworden, und ich sehe ihn heute mit stärkerem und reinerem Blick als je. Gewisser als je ist es mir, dass ihm ein großer Platz in der Glaubensgeschichte Israels zukommt und dass dieser Platz durch keine der üblichen Kategorien umschrieben werden kann.'

Mit diesem Bekenntnis Bubers ist auch meine eigene Position abgesteckt. Jesus ist für mich der ewige Bruder, nicht nur der Menschenbruder, sondern mein ‚jüdischer Bruder'.

Ich spüre seine brüderliche Hand, die mich fasst, damit ich ihm nachfolge. Es ist *nicht* die Hand des Messias, diese mit den Wundmalen gezeichnete Hand. Es ist bestimmt *keine göttliche*, sondern eine *menschliche* Hand, in deren Linien das tiefste Leid eingegraben ist.

Das unterscheidet mich, den Juden, vom Christen, und doch ist es dieselbe Hand, von der wir uns angerührt wissen. Es ist die Hand eines großen Glaubenszeugen in Israel. Sein Glaube, sein bedingungsloser Glaube, das schlechthinnige Vertrauen auf Gott, den Vater, die Bereitschaft, sich ganz unter den Willen Gottes zu demütigen, das ist die Haltung, die uns in Jesus vorgelebt wird und die uns – Juden und Christen – verbinden kann: Der Glaube Jesu einigt uns, habe ich andernorts gesagt, aber der Glaube an Jesus trennt uns.

Der Glaube Jesu, wie er in der Bergpredigt zum Ausdruck kommt, in seinen Gleichnissen von der Vaterschaft Gottes und seinem Reiche und in dem Gebete, das Jesus seine Jünger lehrt, dem ‚Unser Vater ...'."

Lieber Bruder Jesus

Nottiano, November 2007

Lieber Bruder Jesus,

oft und stets mit Freude denke ich daran, wie ich mit so vielen anderen unserer Pfarre in der Zeit nach dem entsetzlichen Zweiten Weltkrieg in der Katholischen Jugend, in Deiner Jugend, mitleben und mitarbeiten durfte. Wir stellten uns ganz in den Dienst für Dein Reich, für Dein Königreich. Kreuz und Krone war unser Zeichen, das wir voll Stolz trugen, als Anstecknadel oder aus Stoff genäht am weißen Hemd.

Wir waren viele, mehr als viele. 200.000 Burschen und Mädchen waren Mitglieder der „Katholischen Jungschar" und „Katholischen Jugend" in Österreich und bildeten die größte Jugendorganisation unseres Landes. Wir legten ein Versprechen ab, Dir zu gehören, Deiner Kirche und unserem Heimatland zu dienen. Das prägte unser junges Leben in Familie und Pfarre, in Schule und Beruf, in unseren Gruppen und in der Freizeit. Den KJler kannte man nicht nur am Abzeichen, sondern vor allem an seinem Glauben, seiner Hilfsbereitschaft, seiner Freundlichkeit.

1952 war der große Katholikentag in Wien. Am Abend versammelte sich die „Katholische Jugend" vor dem Wiener Rathaus zu einer Bekenntnisfeier. Und dann marschierten wir vier Stunden lang – denn wir waren 60.000 – vom Rathaus zur Oper über den Ring, vorbei an der Ehrentribüne vor dem Parlament, auf der Kardinal Innitzer und Bundeskanzler Raab mit vielen Prominenten saßen. 60.000 Mädchen in verschiedenen Trachten und Burschen in weißen Hemden aus allen Bundesländern, dekanatsweise geordnet, vorne die Fahnen und auch Trommel- und Fanfarenzüge. Wir schmetterten unsere Lieder in die Nacht, vor allem unser Bekenntnislied: „Lasst die Banner wehen über unsern Reihen. Alle Welt soll sehen, dass wir neu uns weihen, Kämpfer zu sein für Gott und sein Reich, mutig und freudig den Heiligen gleich. Wir sind bereit, rufen es weit: Gott ist der Herr auch unserer Zeit. Christi Zeichen tragen unsre Sturmesfahnen, mutig woll'n wir's wagen, uns den Weg zu bahnen ..."

An den Gehsteigen der Ringstraße standen viele Tausende, die uns zujubelten, uns, ihrer und Deiner Jugend. Ich spüre noch heute die tiefe Erregung, die mich damals erfasste und in den Jugendjahren begleitete. Du warst der Herr und König der „Katholischen Jugend" Österreichs. Du warst auch mein Herr und Gott, mein König, für den ich lebte. Wir waren eine verschworene Gemeinschaft, geführt von Priestern und Laien, die wir auch „Führer" nannten. Aber im Gegensatz zum Verführer Hitler mit allen seinen Anhängern strebten wir nach Gerechtigkeit und Wahrheit, nach Frieden und Liebe. Ein neues Österreich war unser Ziel.

Jesus, der Freund und Bruder

In dieser Nacht der 60.000, als meine Schar zur Oper kam, standen am Endpunkt zwei unserer großen Führer: Herbert Slach, der Diözesanführer von Wien, und Fritz Csoklich, der Zentralführer fürs ganze Land. Ein Jahr vorher hatte ich bei ihnen im Jugendschloss Neuwaldegg einen Kurs für die Leitung einer Jungschargruppe gemacht. Damals hörte ich zum ersten Mal ein freies Gebet, wie es heute selbstverständlich ist. Herbert Slach sprach es als Tagesabschluss in der Schlosskapelle. Noch heute nach so vielen Jahrzehnten höre ich seine Worte über den großen Auftrag, junge Menschen zu Dir, Christus, zu führen. Und nun stand Herbert Slach da mit Fritz Csoklich. Plötzlich riefen sie mir zu: „Fritz, Fritz, bravo! Wie gut, dass du auch da bist." Sie kannten mich noch mit Namen.

Das war eine der größten Auszeichnungen, die mir je geschenkt wurde. Ich spürte damals: So kennst auch Du, Jesus, mich.

Damals war ich 17, heute bin ich 75. Du kennst mich noch immer beim Namen. Du rufst mich noch immer mit meinem Namen. Damals warst Du für mich Herr und König. Im Lauf des Lebens aber bist Du für mich vom Königsthron gestiegen und bist mir nach und nach und immer mehr Menschenbruder geworden. Du bist für mich noch immer mein Herr und mein Gott. Aber als Bruder und Freund. Und das macht mich glücklich und frei. Schön war die Zeit, als Du mein großer König warst. Noch beglückender ist es für mich heute, weil Du mir Bruder und Freund rund um die Uhr bist. Danke sagt Dir

Dein kleiner Bruder Fritz

Liebe Schwester Maria

Pinkafeld, Frühjahr 2010

Liebe Schwester Maria,

während ich Jesus, Deinem Sohn, Brief um Brief schreibe, ist mir der Gedanke gekommen, dass ich auch Dir, seiner Mutter, schreiben muss. Denn es gibt keinen Sohn ohne Mutter. Und meistens, vielleicht immer, möchte doch jede Frau auch Mutter werden. Mutter einer Tochter oder eines Sohnes.

Du wurdest – einzigartig in der Menschheit – Mutter eines Sohnes, eines Mannes, den viele Millionen Menschen als Mensch und zugleich als Gott im Glauben erkennen und lieben. Hast Du auch in Deiner Mutterliebe Deinen Jesus als Gott erkannt? Ich kann mir gut vorstellen, dass Du erst nach und nach erfahren und verstanden hast, dass Du geradezu lernen musstest, dass Dein Sohn als Mensch ganz aus Gott hervorgegangen und so Gottes Sohn ist.

Dieses Erkennen Deines Sohnes als Gottessohn stelle ich mir sehr schwer vor. Sehr leidvoll sogar. Bangend, zweifelnd, kopfschüttelnd wirst Du oft Jesus erlebt haben, wenn er Dich, die Familie und die Verwandten wie Fremde behandelt hat. Damals, als er, ohne sich abzumelden, in Jerusalem im Tempel zurückgeblieben ist und Dich und Deinen Mann Josef nach schmerzerfüllten Tagen des Suchens mit der Frage vor den Kopf stieß: „Warum habt ihr mich gesucht? Wusstet ihr nicht, dass ich in dem sein muss, was meinem Vater gehört?"

Oder später, wieder auf der Suche nach ihm, als er Dich und seine Brüder vor der Haustüre stehen ließ, im Haus aber erklärte: „Das hier sind meine Mutter und Brüder." Diese Nichtverwandten, diese Fremden, diese neuen Freunde, diese von ihm Begeisterten und mit ihm Herzumziehenden.

Und zuletzt in diesen fürchterlichen Tagen und schmerzvollsten Stunden, als er wie ein Verbrecher, wie ein Gotteslästerer, wie ein Rebell und Mörder gefoltert und gekreuzigt wurde. Damals, als fast alle den Glauben an die göttliche Sendung Deines Sohnes Jesus verloren haben.

In der Liebe glaubtest Du an ihn bis in den Tod, bis über den Tod hinaus, wie auch er alle Menschen bis in den Tod und bis über den Tod hinaus liebte und an die göttliche Berufung aller Menschen glaubte.

Aller Glaube kommt aus dem Glauben anderer. Alle Liebe zeugt Liebe in anderen. Weil Du Jesus geliebt, an ihn geglaubt hast, konnte auch er alle lieben und an alle glauben. So wurdest Du für ihn und für alle, auch für mich zur liebevollen Glaubensmutter und Glaubensschwester.

Deshalb, Maria, spreche ich Dich lieber als Schwester an, weil ich mich von Dir durch Deinen Glauben und Deine Liebe wie einen Bruder angenommen weiß. Weil wir Menschen als glaubende und liebende Geschwister Kinder Gottes geworden sind. Weil ich dadurch auch Jesus als Bruder ansprechen, ihm glauben

Jesus, der Freund und Bruder

und ihn lieben darf. Das ist die größte soziale Revolution, die wahrhafte Umwälzung aller menschlichen Gegebenheiten und Denk- und Verhaltensweisen.

Du bist für mich nicht Königin, wie auch Jesus für mich nicht König ist. Du bist für mich nicht eine einsame Herrscherin, reich geschmückt und gekrönt hoch oben thronend, sondern meine Schwester, die mich zu ihrem Sohn führt und mir liebevoll zuspricht:

„Jesus, mein Sohn – dein Bruder!" So bist Du für mich einmalig, unersetzlich, Mutter Jesu und meine Schwester. In Liebe!

Dein Bruder Fritz

Straßenbrüder
Auf der Fußwallfahrt von Pinkafeld nach Assisi im September 1993

Werner ist die Glocke,
Heinz das Lied,
Josef das Buch,
Franz das Wort,
Andreas die Kerze,
Gerhard die Hand,
Fritz der Fuß,
Jesus das Herz.
Wir alle wollen Brüder werden.
Jesus ist Bruder für alle.

Werner holt das Wasser,
Heinz reicht den Wein,
Josef trägt das Kreuz,
Franz kauft ein,
Andreas pflegt Füße,
Gerhard deckt den Tisch,
Fritz schreibt das Tagebuch,
Jesus schenkt sich im Wort und im Brot.
Wir alle wollen Brüder werden.
Jesus ist Bruder für alle.

Werner will rasten,
Heinz treibt an,
Josef fügt sich,
Franz wählt den anderen Weg,
Andreas kehrt heim,
Gerhard kämpft sich durch,
Fritz schweigt sich aus und geht,
Jesus lebt und liebt.
Wir alle wollen Brüder werden.
Jesus ist Bruder für alle

Jesus, der Freund und Bruder

Bruder werden – ist nicht schwer.
Bruder sein – dagegen sehr.
Die Straße verbrüdert.
Die Straße entbrüdert.
Jesus allein ist Bruder
für alle und auf ewig.

Als Fremder

Wir gehen auf einer langen Straße.
Das Ende ist nicht abzusehen.
Es geht bergauf.
Die vielen Wanderstunden haben uns ermüdet.
Die Füße schmerzen.
Der schwere Rucksack drückt.
Die Nachmittagssonne blendet.
Schweißbedeckt schleppen wir uns dahin.
Durch ein Dorf. Durch eine Stadt. Wo immer.
Die Häuser mit Gärten fest umzäunt.
Hunde, die uns verbellen.
Achtung! Bissiger Hund! Attento cane!
Leute beobachten uns neugierig.
Aus sicherer Entfernung.
Wir würden es auch nicht anders machen.
Wer weiß, wer die sind.
Sitzen am Straßenrand. Auf dem Boden.
Vagabunden. Fremde. Ausländer.
Also: sichere Distanz.

Als Fremder wirst du solidarisch
mit allen Fremden.
Du wirst behandelt wie ein Fremder.
Wie ein Ausländer.
Willst du erfahren, wie es einem Fremden
ergeht, dann geh lange Wege.

Aber es kann dir auch so ergehen:
Ein Mann fragt uns freundlich,
wohin wir marschieren.
Er ist freudig erstaunt
über unser Unternehmen.
Unsere Wallfahrt gefällt ihm.
Er bittet uns in sein Haus.
Auf ein Glas Wein.
Er ruft seine Familie zusammen.

Jesus, der Freund und Bruder

Ein gutes Gespräch wie unter Freunden
ergibt sich sofort.
Er freut sich, dass wir seine Gäste sind.
Wieder auf dem Weg bringt uns sein Sohn
eine Flasche Wein nach.
Oft und oft geht es so:
Ein freundliches Wort, ein Stück Melone,
Brot, Käse, Kekse, Kaffee,
herrliche Pfirsiche
oder gar ein Quartier.
Vertrauen und Gastfreundschaft
für uns Fremde.
Wir werden behandelt wie Freunde.
Wie Inländer.
Denn auf unserer kleinen Erde
gibt es keine Ausländer,
es gibt nur Inländer.
Es gibt keine Fremden,
es gibt nur Freunde.
Nur ein Traum?
Ja, ein Traum,
der Wirklichkeit wird,
wenn wir den langen Weg gehen,
wenn wir aufeinander zugehen,
miteinander gehen.

Lieber Jesus,

morgen entlassen sie mich in die Freiheit. Vorzeitig. Wegen guter Führung. Ich habe Angst. Große, tiefe Angst. Denn einmal habe ich es schon erlebt. Damals wollte ich auch neu anfangen. Ganz ehrlich. Aber: Was essen? Wo wohnen? Wo arbeiten? Betteln? Ja. Von Chef zu Chef um Arbeit betteln. „Woher kommen Sie? Ach so. Leider." „Na ja, geht zurzeit nicht." „Kommt bei uns nicht in Frage." Alle winken ab. Oft beinhart. Nach drei Tagen rückfällig. Wieder hinein. Wieder drinnen.

Inzwischen habe ich Dich kennengelernt. Durch einen, der mir geschrieben hat. Der war dann beim Cursillo dabei. Zuerst hat mir der religiöse Zirkus nicht viel gegeben. Aber bei der Schlussmesse umarmt mich der. Der Bruno. Da bin ich eingegangen. Zum ersten Mal in meinem Leben hab' ich geheult. Wie ein kleines Mädchen. Niemand hat gelacht. Und der Bruno hat auch geheult. Er hat mich dann regelmäßig besucht. Mit anderen. Sie haben mir Mut gemacht. Ich habe ihnen meine 17 Stationen erzählt: Heime, Anstalten, auf Bahnhöfen, in aufgelassenen Häusern und im Knast. Sie haben für mich an den Minister geschrieben. Und an den Bundespräsidenten. Weihnachtsamnestie.

Morgen, am Heiligen Abend, werden sie mich entlassen. Vorzeitig. Wegen guter Führung. Weil der Bundespräsident mich auf seine Liste gesetzt hat. Bruno wird mich morgen abholen.

Jesus, bitte, lass den Bruno auf mich warten! Morgen, bitte! Bitte! Sonst, weißt eh. Bitte …

Dein Joschi

Jesus, der Freund und Bruder

Schwester – Bruder – Geschwisterlichkeit

Es ist leicht, bei einer zündenden Ansprache im Taumel der Begeisterung den Freunden und Freundinnen zuzurufen: Schwestern und Brüder! Wie das klingt. Wie das sogar im Herzen spürbar wird. Wie das die Menschen aufhorchen, aufatmen lässt.

Es ist leicht, bei einem gemeinsamen Mahl den Geschwistern mit einem Glas Wein zuzutrinken, ihnen auch Innerstes anzuvertrauen, das Herz auszuschütten, Trost zuzusprechen. Wie doch die Sehnsucht nach Geschwisterlichkeit in Liedern besungen, in Erlebnissen gefeiert, mit Umarmungen besiegelt wird.

Trotzdem bleibt diese Geschwisterlichkeit meist an der Oberfläche. Oft ist sie verschwunden, wenn die Stimmung der großen Rede vorbei ist, wenn der Wein verdampft ist, wenn alle wieder in ihren vier Wänden angekommen sind.

Es ist auch noch leicht, einen Freund, eine Freundin als Bruder und Schwester anzunehmen. Denn die Meinungen und Interessen stimmen weitgehend überein, die Sympathie knüpft aneinander. Und – man kann ja immer wieder Abstand halten.

Schwer ist es, auf Dauer zusammen zu sein, zusammenzuleben. Auch wenn es mit Menschen ist, die man mag, die Freunde und Freundinnen sind. Auch wenn wir überzeugt sind, dass wir in Geschwisterlichkeit verbunden sind. Aber nun lebst du mit ihnen. Du isst und arbeitest mit ihnen. Du bist fast ständig mit ihnen zusammen. Du entdeckst, was dir an ihnen gefällt und missfällt. Und ihnen ergeht es ebenso mit dir. Du bist auf sie angewiesen und sie auf dich. Jede, jeder hat seine Möglichkeiten, seine Vor- und Nachteile, seine Stärken und Schwächen. Das kann hart werden. Das ist hart. Fast unerträglich. Aber du kannst nicht weg. So ringst du mit dir – mitunter sehr, sehr lang – um die Annahme, um die herzliche Zuwendung und Verbindung zur Schwester, zum Bruder.

„Ihr alle aber seid Geschwister." Jesus hat es total gelebt. Von ihm her müssen wir Schwester und Bruder werden. Weil er es für alle war und für uns ist. Nicht zu begreifen. Und doch unsere letzte Richtlinie: Allen, allen Schwester und Bruder sein!

Das ist auch die größte und gerade heute die letzte Chance in dieser Welt voll Gier nach Besitz und Macht. In dieser Kirche, die durch die unsagbar schweren Missbrauchsfälle, die in Europa in die Tausende gehen, wie von einem schwersten Erdbeben zerrüttet und verschüttet wird, wie von einem Taifun zerrissen und weggeschleudert wird. Weil das erstarrte Machtsystem die gleiche Würde, die gleichen Rechte nicht allen gewährt, weil die uralte Leibfeindlichkeit nicht endlich aufgegeben wird. Unsere Chance liegt in der gelebten Geschwisterlichkeit. Wir alle sind Geschwister Jesu und damit Kinder Gottes. Wir müssen lernen, wie Schwestern und Brüder zu leben. Nur dann werden wir als Christen in der globalen Pluralität bestehen können. Denn wir werden am Leben und an der Botschaft Jesu gemessen, gezählt und gewogen. Wehe uns, wenn wir zu leicht befunden werden. Da nützt uns kein Dogma, dass der Papst unfehlbar die Wahrheit hat, dass pflichtzölibatäre Priester der Höhepunkt an Gehorsam und Heiligkeit sind, da helfen uns keine Enzykliken und Hirtenbriefe, Papstbesuche und Events, auch kein jahrzehntelanges Beten, wenn wir nicht die von Jesus uns ans Herz gelegte Geschwisterlichkeit leben. So schwer sie auch sein mag. Erst wenn wieder viele sagen: „Seht, wie sie einander lieben!" sind wir auf dem Weg Jesu.

Jesus, der Freund und Bruder

Tisch und Apfel

Alles ist Tisch
Nur ein Apfel
Von Eva

Gestern schon
Heute auch
Morgen noch immer

Alles ist Tisch
Tisch der Männer
Nur ein Apfel
Von Eva
Nur ein Apfel
die Eva

Gestern schon
Heute auch
Morgen noch immer?

Geliebte Frau,

diesen Brief muss ich Dir
endlich einmal schreiben.
Als Mann.
Stellvertretend für alle Männer.
Auch für die, die Dir
so einen Brief nicht schreiben,
nie schreiben wollen.

Ich habe Dich durch alle Zeiten
und in allen Völkern
und in allen Religionen
immer nur als zweiten Menschen gesehen
und wie eine Sklavin behandelt.
Erst heute erkenne ich, dass Du
wie ich der erste Mensch bist.
Kannst Du mir verzeihen,
was ich Dir angetan habe?

Du dienst, wenn ich herrsche,
Du machst lebendig, wenn ich zerstöre,
Du betest, wenn ich fluche,
Du liebst, wenn ich hasse.
Ich liebe Dich.

Du bist meine Freundin,
meine Schwester, meine Frau,
meine Tochter und meine Mutter.
Du bist das Herz Gottes.
Gestalten wir alles neu
nach Deinem Herzen.
Darum bittet Dich

Dein Freund, Dein Bruder,
Dein Mann, Dein Sohn, Dein Vater

Jesus, der Christus und die Kirche

Jakob war der Vater von Josef, dem Mann Marias; von ihr wurde Jesus geboren, der Christus (der Messias) genannt wird. (Matthäus 1,16)

Wir haben den Messias gefunden. Messias heißt übersetzt: der Gesalbte (Christus). (Johannes 1,41)

Simon Petrus antwortete: Du bist der Messias, der Sohn des lebendigen Gottes! ... Dann befahl er den Jüngern, niemand zu sagen, dass er der Messias sei. (Matthäus 16,16 und 20)

Die Frau sagte zu ihm: Ich weiß, dass der Messias kommt, das ist: der Gesalbte (Christus). Wenn er kommt, wird er uns alles verkünden. Da sagte Jesus zu ihr: Ich bin es, ich, der mit dir spricht. (Johannes 4,25)

Maria antwortete ihm: Ja, Herr, ich glaube, dass du der Messias bist, der Sohn Gottes, der in die Welt kommen soll. (Johannes 11,27)

Der Messias, der König von Israel! Er soll doch jetzt vom Kreuz herabsteigen, damit wir sehen und glauben. (Markus 15,32)

Mit Gewissheit erkenne also das ganze Haus Israel: Gott hat ihn zum Herrn und Messias gemacht, diesen Jesus, den ihr gekreuzigt habt. (Apostelgeschichte 2,36)

Seinetwegen habe ich alles aufgegeben und halte es für Unrat, um Christus zu gewinnen und in ihm zu sein. (Philipper 3,8f)

Wenn also jemand in Christus ist, ist er eine neue Schöpfung. (2 Korinther 5,17)

... so sind wir, die vielen, ein Leib in Christus. (Römer 12,5)

Er ist das Haupt des Leibes, der Leib aber ist die Kirche. (Kolosser 1,18)

Er hat mich gesandt, damit ich den Armen eine frohe Botschaft bringe ... dann bauen sie die uralten Trümmerstätten wieder auf ... Ihr alle aber werdet ‚Priester des Herrn' genannt. (Jesaja 61,1,4 und 6)

Ihr aber seid ein auserwähltes Geschlecht, eine königliche Priesterschaft ... Einst wart ihr nicht sein Volk, jetzt aber seid ihr Gottes Volk. (1 Petrus 2,9f)

... in Christus alles zu vereinen, alles, was im Himmel und auf Erden ist. (Epheser 1,10)

Er, der auf dem Thron saß, sprach: Seht, ich mache alles neu. (Offenbarung 21,5)

Giovanni Semplice bringt Franziskus den einzigen Ochsen seiner Eltern, den Franziskus aber prompt wieder zurückgibt.

Lieber Bruder Jesus

Pinkafeld, November 2009

Lieber Bruder Jesus,

es ist keine Einbildung und keine Übertreibung, und ich bin mir sicher, dass Du immer bei mir oder mit mir warst, dass Du mich geführt oder begleitet, auch getragen und getröstet hast. Am meisten dann, wenn ich mich selbst in Schwierigkeiten gebracht habe, wenn ich verzweifelt oder niedergeschlagen war, wenn ich nicht mehr ein und aus wusste. Und ebenso, wenn ich Neues wagte, eine Vision verwirklichen wollte, mich allein oder mit anderen auf ein Experiment einließ.

Schon als Jugendlicher saß ich spät abends im kleinen Elternhaus am Esstisch und las bei Kerzenschein aus den Evangelien, überlegte, was Deine Taten und Worte für mich, für meine Jungschar- und Jugendgruppen bedeuteten. Und ich schrieb meine Gedanken dazu in dicke Hefte. Der Schlusssatz des Evangeliums nach Matthäus „Ich bin bei euch alle Tage bis zum Ende der Welt" wurde für mich zur Grundfestung meines Glaubenshauses, abgesichert durch Deinen einmaligen Zuspruch an Deine Freunde: „Denn wo zwei oder drei in meinem Namen versammelt sind, da bin ich mitten unter ihnen."

Jesus, weißt Du noch, wie Du mir zum ersten Mal geradezu „leibhaftig erschienen" bist? Ich saß in der zweiten Klasse Gymnasium in Baden in der Biondekgasse. Wir hatten Religionsunterricht, den uns ein alter Herr in einer nicht gerade begeisternden Art vermittelte. Es ging um Dich. Mehr weiß ich nicht mehr. Aber plötzlich war in mir eine wunderschöne Gewissheit, dass Du bist, dass Du als Sohn Gottes ein einmaliger Mensch warst und bist. Vorher war mir immer nur der unendlich große Gott, der Alleswisser und Alleskönner, der als Allgegenwärtiger mich immer und überall sah und überprüfte, sozusagen ein Begriff, eine Glaubensinstanz. Schon als sechsjähriger, winziger Ministrant hatte ich diesem Gott, als gezeichnetes Auge im Gewölbe des Altarraumes Schwebender, gedient. Es war auch immer die Rede von Dir, Jesus, aber ich unterschied Dich nicht wirklich von diesem mich eher bedrohenden Gott. Und nun ganz plötzlich Du, Jesus, als Mensch, der gelebt, geheilt, die Menschen beglückt hatte. Der für mich gelebt und geredet hatte, der gelitten hatte, einen schrecklichen Tod gestorben war, mit dem ich auferstehen sollte. Es ist mehr als 60 Jahre her, aber ich weiß es noch genau, ich kann es in mir spüren, wie Du damals geradezu lebendig in mein Leben, zu mir getreten warst, wortlos gesagt hattest: „Ich bin dein Jesus." Viel, viel später erst hörte ich dich aus dem Mund von Pater Wolfgang Heiß, diesem charismatischen Franziskaner, zu mir sprechen: „Bruder Fritz, ich, Jesus, ich liebe dich!"

Zwischen diesen Deinen beiden „Erscheinungen" bei mir oder vor mir oder in mir gab es viele, sehr viele Begegnungen mit Dir. In einigen entscheidenden Situationen war ich dabei allein. Aber fast immer bist Du mir im Gebet mit anderen begegnet, hast mich ermuntert, mir Schritte auf meinem Weg gezeigt, hast mich gerufen, angetrieben oder auch aus einem Loch gezogen, hast mir verziehen und Frieden geschenkt. „Denn wo zwei oder drei in meinem Namen versammelt sind, da bin ich mitten unter ihnen."

So war es, als unsere kleine „Führergruppe" in unserer kleinen Pfarre Oberwaltersdorf in Niederösterreich einige Dutzend Kinder und Jugendliche betreute und sich dazu immer wieder traf, um miteinander für diese uns Anvertrauten zu beten und zu planen.

So war es, als einige Geschwister mit Weihbischof Florian Kuntner Mitte der 1970er Jahre in Wiener Neustadt Deine gute Botschaft lasen und darum beteten, ein „einfach anderes Leben" zu beginnen und zu gewinnen. Ich durfte bei dieser Lebenswende dabei sein.

So war es, als ich in meinem mühsam selbstgebauten, schönen Haus im Keller eine Hauskapelle einrichtete, in der ich mit Frau und Kindern betete.

So war es in Regelsbrunn bei den „Kleinen Schwestern", wo ich mit einem guten Dutzend Glaubensgeschwistern zum ersten Mal im Dezember 1976 „Wüstentage" begleiten, erleben, feiern durfte. Wir beteten und sangen, wie es uns der Geist eingab, wie es aus uns herausströmte, mit Hallelujarufen und oft unter Tränen. Hunderte solche Wüstentage und Wüstenwochen, vor allem in Assisi und Umgebung, aber auch in Wien und in Kirchberg am Wechsel, auf einer Alm in Bayern, seit Jahren am „Franziskushof" im ungarischen Bicske und einmal durch Ostösterreich radelnd, dutzende Charismatische Seminare und Glaubenskurse, meist in Rom, konnte ich bis heute begleiten. Mit Jugendlichen und Erwachsenen, mit Frauen und Männern, mit Arbeitern und Akademikern, mit Suchenden, Zweifelnden und Glaubenden. Das Gebet, vor allem das für uns alle „freie" Gebet, war immer Anfang, Mitte und Ende.

Lieber Bruder Jesus, Du weißt es, wie viel damals entstanden ist, als ich mit Pater Franz Edlinger, dem Zisterzienser aus Heiligenkreuz, der sich dann nur noch als Bruder anreden ließ, wie ich mit diesem jungen und dynamischen Priester im Neukloster in Wiener Neustadt Freund und Bruder wurde, weil wir nicht nur unsere Visionen von einer neuen Kirche teilten, sondern eines Tages den Kapitelsaal des Klosters entrümpelten, um zu zweit morgens um 7 Uhr und abends um 17 Uhr zu beten.

Mit dem Rad strampelte ich täglich um 6 Uhr früh, auch im tiefen Winter, 23 Kilometer zu meinem Arbeitsplatz im Neukloster, zum Bildungshaus St. Bernhard, damit ich mit Bruder Franz beten konnte. Und bald war Gerhard Stingl dabei, der eigentlich in Wien sein Büro hatte, aber vorher in die Gegenrichtung fuhr, um im Gebet mit uns vereint zu sein. Es dauerte nicht lange, da kamen

Frauen und sogar einige Männer dazu, auch Jugendliche, die sich nach Gemeinschaftsgebet sehnten. Daraus entstanden Nachtgebete und Jugendvespern, ja, eine ganze Bewegung mit einigen tausend Geschwistern ging daraus hervor. Die Geschichte dieser Bewegung – Franz Ferstl gab ihr den Namen „Wüstenbewegung" – muss erst geschrieben werden. Vielleicht einmal, irgendwann, wenn Du es willst. Wie schrieb der berühmte Theologe Romano Guardini Mitte des vorigen Jahrhunderts? „Es wird eine Zeit kommen, in der man weit fahren muss, um mit einem Bruder, mit einer Schwester beten zu können."

In einer kleinen Gruppe der Wüstenbewegung entstand auch die Sehnsucht, wie die Urgemeinden zu leben. Und so gründeten am 21. August 1981 vier Frauen und vier Männer im Pfarrhof von Steinabrückl nahe Wiener Neustadt die „Franziskusgemeinschaft", eine Gebets-, Arbeits-, Güter- und Lebensgemeinschaft, die nun schon 29 Jahre auf dem Kalvarienberg beim Städtchen Pinkafeld im Burgenland existiert und sogar kirchenrechtlich als „consociatio Christifidelium publica", also als „öffentliche Gemeinschaft von an Christus Glaubenden" errichtet wurde.

Alles kommt aus dem Gebet. Im Gebet erfüllst Du unsere Wünsche und Bitten, im Gebet führst Du uns neue, oft schwere, mühsame Wege, im Gebet versöhnst Du uns untereinander und mit Gott, im Gebet schenkst Du uns Freude und Frieden, im Gebet heilst und beglückst Du uns, im Gebet bist Du mit uns, bei uns, in uns, im Gebet lebst und stirbst Du mit uns und wirst uns auch mit Dir auferstehen lassen. Im Gebet. Wie einfach ist das. Gerade die Kleinen, die Armen, die Randfiguren, die Leidenden, gerade wir kleinen Leute aus dem Volk haben beim Beten diese unendliche Möglichkeit, mit Dir und mit Gott ganz vereint zu sein. Es bedarf dazu keiner Vorleistung, keiner Ausbildung, keiner Weihe.

Dieses Gebet zu Dir und mit Dir ist im Lauf von Jahrzehnten – aber das ist kein Verdienst sondern ein Geschenk – zu dem einzigen Wort „Jesus", zu Deinem Namen geworden, der sich mit meinem Atem, mit dem Ein- und Ausatmen verbunden hat.

Alles ist Gnade. Alles ist Zeichen. Vorwärts zu Dir, Jesus, zurück. Im Gebet. Danke!

Dein Bruder Fritz

Jesus, der Christus und die Kirche

Jesus,

die ihn gefunden haben, holten mich. Ob ich ihn erkenne. Wie sollte eine Mutter den nicht erkennen, den sie geboren hat, an ihrer Brust gestillt, tausendmal geküsst, in den Schlaf gesungen, dem sie beten gelehrt, Geschichten erzählt, die Seele getröstet und Wunden verbunden hat?

Jesus, da lag er. Vor mir auf der Erde. Voller Wunden wie Du. Entstellt wie Du. Ausgeblutet wie Du. Ermordet wie Du. Unschuldig wie Du. Arm wie Du. Sein Verbrechen war, Indio zu sein und für die Rechte der Indios zu kämpfen. Dein Verbrechen war, wie ein Indio zu sein und für die Rechte solcher zu kämpfen, die wie Indios sind.

Ich konnte nicht schreiben, nicht fluchen, nicht schluchzen, nicht einmal stöhnen. Ich blieb stumm. Denn ich habe es schon lange gewusst. Jeden Tag habe ich mir vorgestellt, wie er vor mir liegen wird auf der Erde. So, so, so wie Du. So, dass es mein Herz zerreißt. Wie es das Herz Diener Mutter zerrissen hat.

Deine Maria Favela

hört ihr sie nicht

die Todesschreie

ihr

Schlechtmacher Verleumder Lügner
Achselzucker Wegschauer Nichtwisser
Abrahmer Ausbeuter Betrüger
Ohrenbläser Speichellecker Arschkriecher
Diskriminierer Demolierer Massakrierer
Adabeis Mitnascher Mitmacher
Wortspender Trittbrettfahrer Feiglinge
Aufwiegler Kriegshetzer Kriegsgewinner
Diebe Mörder Raubmörder
Denunzierer Suspendierer Exkommunizierer
Geheimdienstler Folterer Diktatoren
Frauenschänder Kinderschänder Gottesschänder
hört ihr sie nicht

die Todesschreie

wer will sie schon hören?

Günther Zgubic – Seelsorger hinter Gittern

Wollte man versuchen, den Propheten Jesaja zu verfilmen, und zwar die „Frohe Botschaft des Gesalbten Jahwes", Kapitel 61, wo es heißt: „Er hat mich gesandt, damit ich den Gefangenen die Entlassung verkünde und den Gefesselten die Befreiung" – dann bräuchte man nur mit dem steirischen Priester Günther Zgubic in die Unterwelt des Strafvollzugs „Presidio Ary Franco" in Rio de Janeiro hinabsteigen. Im zweiten Kellergeschoß findet man den obersten Gefängnisseelsorger Brasiliens in einer mit gelben Eisenstäben vergitterten Zelle inmitten von einem Dutzend Häftlingen. Mit erhobenen Händen stehen sie da oder hocken auf ihren Stockbetten und wiederholen Wort für Wort ein frei formuliertes Gebet, das aus seinem tiefsten Inneren hervorbricht. „O Gott, du unsere Hoffnung, unsere Stärke, der du für uns gelitten hast und gekreuzigt wurdest, gib uns die Kraft, durchzuhalten, lass nicht zu, dass wir in Depressionen fallen oder in Gewalt. Du bist der Herr, zeige dich uns, denn du bist das Licht, führe uns zu Solidarität, zu einem vollen Leben. O Gott, schütze und segne unsere Familien, unsere Verwandten und Freunde ..."

Es ist wie ein kollektiver Aufschrei, wie der Chor der Gefangenen aus „Nabucco". Das ständige Rauschen der undichten Wasserspülung des Klosetts als Hintergrundgeräusch – es stört niemanden mehr hier. Tageslicht dringt nur spärlich in einen Schacht aus 8 m Höhe in diese vergitterte Unterwelt; Neonlicht hellt die Szene auf. An das freie, charismatische Beten schließen sich ein „Vater unser" und ein Lied an, dann lassen sie die Arme sinken, öffnen die Augen, die einigen feucht geworden sind. Die Gesichter entspannen sich.

Der Mann aus Österreich bringt ihnen Hoffnung und – er hört sich ihre Sorgen an. Er notiert sich alles – die Wünsche nach Versetzung aus diesem Bundesgefängnis in eine regionale Haftanstalt in der Nähe ihrer Familien, das monate-, oft jahrelange Warten auf einen Prozess, die Überfüllung der Zelle.

Die Gitterstäbe anderer Zellen am langen Gang werden für Padre Gunther zum „Beichtstuhl im Vorübergehen". Er nimmt Blickkontakt mit den Häftlingen auf, presst sein Ohr an die gelben Eisenstangen, lässt sich „Kassiber", Botschaften mit ihren Sorgen und Problemen zustecken und reicht seine Visitenkarten zurück.

Dem Gefängnisdirektor Azevedo de Jesus teilt er oben zu ebener Erde alles mit, was ihm die Häftlinge anvertraut haben. Dieser macht sich seinerseits Notizen, verspricht Abhilfe, wo ihm das möglich erscheint. Die Verlegungen in Gefängnisse in ihrem Bundesstaat müssen die Häftlinge selber bezahlen – das kann sich kaum jemand leisten. Die Mühlen der Gerichtsbarkeit kann der Direktor nicht beschleunigen. Gegen die Überfüllung seines Presidio Ary Franco in einer grauen

Vorstadt Rios ist er angesichts der steigenden Drogenkriminalität und fast täglicher Schießereien zwischen Polizei und Mafia machtlos. Aber Günther Zgubic wird ernst genommen, sehr ernst sogar.

Mit einem Sonderausweis des Justizministeriums kann er in jedem Gefängnis Brasiliens unangemeldet Kontrollgänge machen. Der unscheinbare Ausländer in seinem grauen Hemd mit weißem Kollar und seiner uralten, braunen Wollweste, die ihm die Mutter in Österreich gestrickt hat – er hat in fünfzehn Jahren härtester Arbeit die Folter in Brasilien als bis dahin allgemein anerkanntes Mittel zur „Besserung" Strafgefangener abgeschafft.

Sao Paolo „brutal".

Begonnen hat seine Karriere in Brasilien 1988, als er sich als steirischer Kaplan „an die Front" des gewalttätigen Stadtteils von Sao Paolo meldet und dort eine Pfarre übernimmt. „Die Polizei dieser Millionenstadt hat alle fünf Stunden einen Menschen wild niedergeschossen. Die Situation war brutal. Da musste meine Antwort auch brutal sein, in einem neuen Sinn, im Sinne von ganz oder gar nicht. Entweder ich setze mich ein für die Mitmenschen, werde zu einem Halt für sie und sie können auf mich zählen für ihr ganzes Leben, oder ich bin hier wertlos und auch einer, der sieht und nichts tut." Wir stehen am Friedhof dieses Stadtteils, beklemmende Kulisse für die Brutalität und Gewalt, der vor allem viele Jugendliche zum Opfer fallen.

„Padre Gunther", wie sie ihn hier nennen, organisiert gemeinsam mit Basisgemeinden ein Menschenrechtszentrum „Campo Limpo", das zurzeit von der holländischen Schwester Nelly Boonen geleitet wird. Alljährlich zu Allerseelen führt eine Demonstration gegen das Morden und die Gewalt zwanzig- bis dreißigtausend Menschen von der Kirche Sao Carmo Capao Redondo quer durch Sao Paolo zu diesem Friedhof. Flammende Appelle engagierter Christen werden unterstützt von charismatischen Gebeten, bei denen sich tausende Arme kämpferisch zum Himmel strecken. Bürgermeister Jose Serra pflanzt einen Friedensbaum.

„Durch die Arbeit des Menschenrechtszentrums ist die Zahl der Gewaltverbrechen in diesem Stadtteil Sao Paolos um mehr als die Hälfte zurückgegangen", so Günther Zgubic. „Hundert Basisgemeinden haben sich zusammengeschlossen und arbeiten für den Frieden. Das ist für mich die neue Kirche. Es ist die Kirche des Reiches Gottes, wo es nicht mehr darum geht, ob du evangelisch oder katholisch bist, ob du einer Art brasilianischer Religion angehörst oder Buddhist bist, sondern wir leben den Auftrag Jesu. Wir leben den Frieden, wir brechen das Brot mit den Armen, und das ist eine Ökumene im ursprünglichen Sinn."

Natürlich wird Padre Gunther bei seinem Einsatz für Gewaltfreiheit auch bedroht. Er lebt gefährlich, wie ein Bischof Kräutler im Amazonas, wie Padre Chico und Padre Baudillo, die ihren Kampf gegen Folter und Brutalität an der Seite von Günther Zgubic bereits mit dem Leben bezahlt haben. „Ich habe Freunde bei der Polizei, die mich warnen und mir sagen, ich solle jetzt einmal ein paar Wochen nicht im Fernsehen auftreten und von der Bildfläche verschwinden, bis Hass und Aggressionen gegen mich wieder abklingen", so der mutige Steirer. Er habe mit seinem Team immerhin in vier Monaten die Fälle von zwölfhundert Gefolterten in den Gefängnissen Sao Paolos recherchiert und zur Anzeige gebracht. In weiterer Folge seien 576 Polizisten verhört worden, die die von ihnen Verhafteten und Verhörten schwer gefoltert hätten. Viele der Gefolterten hätten die Misshandlungen nicht überlebt. „Einmal hatten wir an einem einzigen Tag in einem Gefängnis 107 von 400 Insassen, bei denen von Amtsärzten Spuren von Folterungen festgestellt wurden."

Die Mitarbeiter der Gefängnisseelsorge begleiten die Gefolterten zu Gericht, damit sie ihre Aussagen angstfrei machen können. „Bis dahin haben die Folterer ihre Folteropfer zu den Gerichtsverhandlungen geführt und ihnen gesagt: ‚Wenn du deinen Mund aufmachst, dann hast du ihn zum letzten Mal aufgemacht.' Es gibt nur Menschenrechte auf der Welt, wenn die Opfer sprechen dürfen. Das Ergebnis unserer Bemühungen war, dass im folgenden Jahr im gleichen Gefängnis nur mehr 20 Folteropfer festgestellt wurden. Da spüren wir, dass, wenn wir unser Leben einsetzen füreinander, die Welt veränderbar ist. Das Reich Gottes ist stärker als alles, was uns bedroht."

Auf Befragen nach Einzelheiten seines Einsatzes bringt Günther Zgubic dann einen erschütternden Bericht über seine Besuche im größten Gefängnis der Stadt, ja sogar ganz Lateinamerikas. Gefangene hätten ihm die dunklen Flecken getrockneten Blutes in ihren Zellen und die verkrusteten Wunden am Körper gezeigt. Als er das dem Direktor mitteilte, habe der Abhilfe versprochen – aber schon eine Woche später habe er bei den gleichen Gefangenen frische Blutspuren entdeckt. Als Strafe für ihre Beschwerden seien sie von den Wächtern neuerlich mit Eisenstangen geschlagen worden.

„Dann habe ich ihnen gesagt: Wir müssen eine gemeinsame Aktion starten, bei der ihr alle als Zeugen auftretet. Ich wusste, dass ich 1200 Angestellte des Gefängnisses gegen mich haben würde und dass das auch mich das Leben kosten könnte. Bei mir war das so: Ich hab' mich gefragt, wie kann ich's wagen? Ich hab' an Gott gedacht, ich wusste, ich kann erschossen werden, auf der Straße, oder mit Eisenstangen erschlagen werden, wie es vielen Menschen ergangen ist. Aber die Religion hat mir überhaupt nicht geholfen. Das war für mich wie ein Abgrund, über den ich springen musste. Ich hab' dann nur gespürt: Wie kann ich Priester sein, wenn ich das nicht wage, wenn ich mich nicht einsetze für euch? Dann kann ich nie mehr Messe zelebrieren, die ganze Messe wäre eine Lüge, und ich selber wäre eine Lüge als Priester. Ich habe das noch nie so tief verstanden – die Messe und das Priestersakrament. Das heißt: ‚Nehmt hin und esst, das ist mein Leib, für euch gegeben, mein Blut, für euch vergossen.' Wenn sie mich umbringen, dann ist wenigstens mein Blut für euch vergossen, und Gott kann aus meinem Leben, meinem Blut, meiner Solidarität vielleicht noch etwas machen. Wenn ich nichts für euch tue und mich feig davonschleiche, dann weiß ich, dass ich mich vor dem Projekt Jesu gedrückt habe und ich werde nie mehr glücklich sein können, ich werde depressiv sein mein Leben lang."

Hinter Padre Gunther legen Angehörige Blumen auf die Gräber ihrer Verstorbenen, Kinder springen unbeschwert zwischen den Grabsteinen herum. Das Gespräch hat ihn sichtlich Kraft gekostet. Und ich wüsste nicht, welche weiteren Fragen ich noch stellen sollte angesichts seines so starken, emotionalen Bekenntnisses zum Einsatz seines Lebens für die Verfolgten. Bleibt nur noch der Vergleich mit Jesus selbst.

Da ist zweitausend Jahre später ein kleiner, unscheinbarer Priester aus Pöls in der Steiermark bereit, sein Blut für die Gefolterten in Brasilien zu vergießen. Was gibt ihm die Kraft dazu? Was hat einem Maximilian Kolbe die Kraft gegeben, ganz unmittelbar an die Stelle der zu Ermordenden in Auschwitz zu treten?

Gott hat Günther Zgubic' Opfer nicht angenommen, er scheint ihn noch zu brauchen. „Zu allem bin ich bereit, alles nehme ich an. Was du auch mit mir tun magst, ich danke dir", so drückt es ein Charles de Foucauld in seinem Gebet der Hingabe aus.

Wer zu einer solchen Einstellung fähig ist – hat der nicht schon den Himmel auf Erden? Was, wenn nicht das, ist das Reich Gottes?

Jesus und der Schächer Salmon

Was für ein Geschrei. Die rohen Soldaten. Die spottende Menge. Noch nie verspürte Schmerzen. Und die lähmende Angst vor dem qualvollen Tod. Durch diese Hölle werden die Drei zur Kreuzigung getrieben.

„Nur einen Augenblick stehen bleiben können." Keuchend stößt es Salmon heraus. Aber auch dieser Hauch von Gnade wird ihm nicht gewährt. Sein Kumpan hinter ihm brüllt einen wilden Fluch. Salmon versucht zu denken: „Da ist einer hinter mir. Er. Der mich verführt hat. Und einer ist vor mir. Was schreien dem die Gaffer zu? ‚Jesus', schreien sie, ‚Jesus, du bist doch der Messias. Zeig, was du kannst. Mach ein kleines Wunder. Befrei dich. Na, was ist denn mit dir?'"

Salmon sagt vor sich hin, was er hört, bis er endlich begreift, wer der vor ihm ist. Der noch ärger taumelt als er. Der stürzt. Den sie hochreißen. Den sie anspucken. Auf dessen Blut er steigt. „Jesus ist es. Unser Jesus. Den wir zum König machen wollten. Damals, als er uns das Brot gegeben hatte. Jesus, der Prophet. Er hat kein Verbrechen begangen wie ich und der hinter mir. Jesus nicht. Nein. Nie. Ich kenne ihn. Als wir ihn auf die Schultern heben wollten, damals, da schaute er mir ins Herz. ‚Salmon', sprach er, ‚ich kann nicht ein König auf Erden werden. Ich bin der König des himmlischen Reiches.' Und er berührte meine und die Hände der anderen so sanft, dass wir sie sinken ließen. Dann ging er weg. Damals."

Salmon muss stehen bleiben. Der ganze Zug ist ins Stocken gekommen in der engen Gasse. Jesus ist abermals gestürzt. Reglos liegt er im Gedränge. Da schreit es aus Salmon heraus: „Jesus ist unschuldig. Gebt ihn frei. Ich kenne ihn. Er ist unschuldig." Da schlägt ihm ein Soldat einen dicken Strick über den Mund. Sofort blutet er. Und schweigt.

Aber in ihm spricht es weiter: „Jesus, was hast du uns damals gesagt? ‚Selig, ihr Armen. Euch gehört das Reich Gottes.' Euch, den Armen. Gehöre ich nicht auch zu den Armen? Warum bin ich denn zum Räuber geworden? Weil ich meinen armen Bruder aus der Sklaverei freikaufen wollte. Jahrelang hatte ich dafür im Steinbruch geschuftet. Aber soviel Geld, dass ich ihn hätte freikaufen können, konnte ich nicht zusammenbringen. Und der hinter mir. Der hat mich dann angeworben. In meiner Verzweiflung habe ich mitgetan. Ich, ein Armer. Um meinen armen Bruder zu befreien. Und jetzt? Was bin ich jetzt? Ein armer Verbrecher. Das Kreuz habe ich verdient. Aber ärmer bin ich als alle Armen. Mein Leben wird mir genommen."

Salmon, der Schächer, steht mit den zwei anderen zum Tod Verurteilten auf dem Felsen vor der Stadt. Auf Golgota. Schmerzen wie Feuer, wie bohrende Messer, wie pausenlose Geißelschläge toben in ihm. In Ohnmacht fällt er. Er stöhnt.

Jesus und der Schächer Salmon

Er weint wie ein Kind. Dann heult er wie ein Tier. Aber dazwischen hat er so helle, glückliche Augenblicke. Da spricht es in ihm: „Wie Jesus bin ich. Geschunden, gemartert, gekreuzigt wie er. Wie der König des himmlischen Reiches."

Endlich hängt er. Wie die zwei anderen. Wild nach Atem ringend. Sich windend, nach Halt suchend, in die Freiheit wollend. Der Kumpan brüllt zu denen hinunter: „Ich will leben!" und dann, in seiner Todesangst, zu Jesus: „Bist du nicht der Messias? Hilf dir und uns!" Salmon erträgt diese Schmähung Jesu nicht. Er schreit hinüber zum anderen: „Rede nicht wie die Spötter. Du hast doch das gleiche Los zu tragen. Und uns geschieht recht. Aber er hat nichts Böses getan."

Da wendet Jesus das schmerzentstellte Antlitz Salmon zu. Und seine sterbenden Augen blicken auf ihn. Stockend spricht Jesus: „Du – bist – Sal – mon. – Das – heißt – Frie – de."

Salmon bäumt sich auf, als wollte er sich vor Jesus zu Boden werfen. Denn wieder hat er ihm ins Herz geschaut wie damals, als sie ihn zum König machen wollten. Und jetzt würde Jesus sanft seine Hände berühren wie damals. Seine und Jesu Augen vereinen sich. Salmon keucht mit letzter Kraft: „Jesus, denk an mich, wenn du in dein Reich kommst." Und Jesus presst heraus: „Amen, ich sage dir, Salmon: Heute noch wirst du mit mir im Paradies sein." Irgendwann später hört Salmon Jesus schreien: „Abba!" Dann ist es still. Und finster. „Heute noch … heute noch …"

Als die Soldaten seine Beine mit den Keulen zerschlagen, sehen sie ihn lächeln „… heute noch …"

Gekreuzigter Jesus,

jetzt hänge ich am Kreuz wie Du.
Mein Kreuz heißt Krebs.
Unter meinem Kreuz stehen mein Mann und
meine drei kleinen Kinder.
Zuerst wollten sie es verschweigen.
Dann verharmlosen.
Aber ich wusste es sofort.
Operation abgebrochen.
Alles zu spät.
Als ich allein war, brach die Verzweiflung
durch. Ich schrie wie ein Tier.
Da kam die alte Klosterschwester. Sie
setzte sich zu mir ans Bett. Wütend drehte
ich mich weg. Sie blieb.
Irgendwann brüllte ich sie an: „Verschwinden
Sie!" Sie blieb.
Ich drehte mich zu ihr, um sie anzuspucken.
Aber sie weinte und hatte ein kleines Kreuz
in den Händen. Dann begann auch ich,
haltlos zu weinen.
Ganz fern hörte ich sie sagen: „Aus Liebe,
aus unendlicher Liebe."

Seit der Schule habe ich Dich vergessen.
Aber jetzt ... jetzt ... es ist, als ob Du
bei mir sitzt ... bei ...

Deiner gekreuzigten Schwester

Das Kreuz mit dem Kreuz

Jede Weltanschauung hat ihre Zeichen.
In den Symbolen drücken die Menschen aus,
was in ihrem Leben das Wichtige ist,
wohin sie streben, wem sie anhangen

Überall an Wegen und Straßen
sind Wegkreuze zu finden.
Ganz einfache.
Oder mit einem schön geschnitzten Christus.
Manche schon sehr verwittert.
Manche frisch hergerichtet.
Blumen dabei? Oder gar
ein betrachtender, betender Mensch?

Auch in den Wohnungen haben wir Kreuze.
In den Herrgottswinkeln. An Wänden.
Weil es so üblich war.
Geerbt vielleicht.
Weitergegeben von Generation zu Generation.
Oder auch, weil man was Frommes haben muss.
Natürlich gepflegt.
Denn es gehört ja zur Einrichtung.
Blumen oder Kerzen dabei,
Fotos von lieben Verstorbenen.
Schauen wir unser Kreuz an,
beten wir davor,
flüstern wir ihm einen Seufzer zu?

Viele Wegkreuze verfallen. Es scheint,
dass ihnen die Menschen
keine Bedeutung mehr schenkten.
Auch in den Wohnungen ist eher
der Fernseher oder der Computer
der Mittelpunkt als das Kreuz.

In Kindergärten und Schulen
soll es verschwinden. Das Kreuz.
Weil es Kinder erschreckt.
Sagen besorgte und anders- oder
nichtgläubige Eltern.
Hohe Gerichtshöfe verbieten das Kreuz.
Wer glaubt, bleibt auch ohne
das Zeichen des Kreuzes gläubig.

Also gut.
Gehen wir zur Tagesordnung über.
Die Zeit für das Zeichen des Kreuzes
ist eben vorbei.
Oder sind wir Christen zu bequem,
zu feig, zu ungläubig,
um den Herrgottswinkel,
das Schulkreuz, das Wegkreuz
zu behalten, zu pflegen,
wieder in die Mitte zu rücken?
Entscheidend wird sein:
Wer ist der für mich,
der am Kreuz gestorben ist?
Wer ist für mich dieser Jesus Christus?

Hauskapelle

Vor mehr als 30 Jahren lebte ich
mit meiner Familie in einem sehr schönen,
unter großen Mühen gebauten Haus.
Für vieles gab es in unserem Haus
einen eigenen Raum, wie dies sicher
in vielen Häusern üblich ist.
Für das Kochen eine Küche.
Für das Schlafen ein Schlafzimmer.
Für das Essen ein Speisezimmer.
Für das Baden und Waschen ein Badezimmer.
Für jedes Kind ein Kinderzimmer.
Für das Beisammensein ein Wohnzimmer.
Für mich ein Arbeitszimmer mit Bibliothek.
Und so weiter.
Als ich nach einem totalen Zusammenbruch
nach und nach ein neues Leben begann,
fragte ich mich: Welcher Raum
ist für das Stillwerden,
für das Meditieren und Beten,
für Gott?
Sicher, man kann das überall tun.
Gott wohnt nicht in Räumen,
sondern bei und in den Menschen.
Aber für alles, das nicht so wichtig ist
wie Gott, haben wir eigene Zimmer,
sagte ich mir.
Dann erlebte ich bei den „Kleinen Schwestern"
in ihrer Fraternität in Regelsbrunn,
dass sie einen eigenen Raum für Gott hatten,
eine schlichte, heimelige Hauskapelle.
Ich sprach mit meiner Frau darüber.
Sie war einverstanden, dass wir
einen hellen, stillen Raum im Keller
als Zimmer fürs Beten einrichteten.
Zwei große, schöne Nussbaumbretter
nagelte ich zu einem Kreuz zusammen

und stellte es an die Wand.
Davor eine Kerze, ein Föhrenzweig,
eine große Hausbibel.
Als unsere Kinder diese Neuerung entdeckten,
klebten sie ein großes Papier an die Tür
mit der Aufschrift „Kapelle".
Wir waren gern in unserer Hauskapelle.
Am Abend beteten wir dort gemeinsam.
Einmal kam unser fünfjähriger,
altkluger Georg aus dem Keller
und ich fragte ihn: „Wo warst du?"
Er antwortete selbstbewusst:
„Wo werde ich gewesen sein?
In der Kapelle war ich."
Eben.
Wir brauchen einen Platz
zum Stillwerden, fürs Beten,
für das bewusste Zusammensein mit Gott.
Es muss nicht ein ganzer Raum,
es muss nicht eine Hauskapelle sein.
Eine Ecke im Haus tut es auch.
Herrgottswinkel sagten die Alten dazu.
Die Kirche beginnt zu Hause.

Lieber Herrgott,

ich muss Dir etwas Klasses schreiben. Das ist nämlich so gewesen: Weil ich über die Nacht im Regen war, schleiche ich mich in der Früh in die Kirche. Ja und ich setze mich eh ganz hinten hin und bin gleich eingenickt. Da werde ich geweckt: „Wieso schnarchen Sie hier in der Kirche?" Es war der Pfarrer. „Ich geh eh schon, Herr Hochwürden", will ich sagen. Aber bevor ich das aussprechen kann, sagt der schon: „Kommen Sie mit in den Pfarrhof. Sie sehen ja ganz elend aus." Und der nimmt mich mit, serviert mir Würstel, Eierspeis und Bier, so viel ich will. Und dann führt er mich in ein Zimmer. Mit Bett, mit Tuchent und Polster. „Da schlafen Sie sich einmal aus", sagt er und geht. Da hab ich geheult wie ein Schlosshund, weil, weil er mich wie einen Menschen behandelt hat. Das schreibe ich Dir, weil Du auf den stolz sein kannst, verstehst Du? Und niemals mehr werde ich auf die Pfarrer schimpfen. Das kannst mir glauben. Wirklich.
  Hochachtungsvoll

Dein Poldi

Jesus, der Christus und die Kirche

Die Straße als Sakrament
Auf der Fußwallfahrt von Pinkafeld nach Assisi im September 1993

Vorwärts zur Straße zurück!

Der Regen tauft mich.
Der Wind firmt mich.
Mond und Sterne sagen mir meine Schuld.
Im Stress der Straße büße ich.
Brot, Wein und Brüder kommuniziere ich
und sie kommunizieren mich.
Die Sonne heiratet mich.
Der Rucksack ist mein Ehering.
Schweiß und Tränen salben mich.
Die Wallfahrt weiht mich zum Menschen.
Die Straße wird meine Kirche
und leibt mich ein.
Ich lebe und sterbe im Volk der Straße.

Vorwärts zur Straße zurück!

Gehen deshalb so viele und immer mehr
und immer lieber auf lange Wallfahrten?

Netze

Kunstvoll ist das Netz der Spinne,
nützlich zum Fang der Nahrung
und als luftiges Haus.
Der Fischer lebt vom Netz.
Das Leben und die Kunst des Artisten
wird vom Netz gesichert.
Kleider sind Netze zum Schutz
und zur Verschönerung des Menschen.
Alle Geschöpfe, alles Lebendige
sind Netze aus Zellen, Nerven, Adern,
aus Hormonen, Säuren, Substanzen.
Der Kosmos ist ein Netz
aus Stoffen und Kräften.
Die Evolution vernetzt
die Vergangenheit vom Anfang
bis zur Zukunft am Ende.

Die Liebenden spannen ein Netz
der Gefühle, Erlebnisse, Beziehungen
umeinander im Miteinander und füreinander.
Das Netz der Familie und des Volkes
trägt die Jungen und die Alten,
die Schwachen und die Behinderten.
Jede Gemeinschaft ist wie ein Netz.
Reißt ein Faden, besteht für alle Gefahr.

Sind wir nicht auch als Kirche ein Netz?
Verbunden mit und durch Christus
und untereinander und füreinander.
Keiner kann allein nur für sich Christ sein.
Auf Jesu Wort hin warfen seine Jünger
das Netz aus, werfen seine Freunde
und Freundinnen bis heute das Netz
des Glaubens, der Hoffnung, der Liebe aus,
um Menschen darin zu bergen.
Dein Glaube sichert meinen Glauben.
An meiner Hoffnung hängt die Deine.
Von unserer Liebe lebt die Welt.

Jesus, der Christus und die Kirche

Aus unseren Gebeten webt Gott ein Netz,
das er selbst in Händen hält,
in das wir uns fallen lassen können.
Schützend hängt es über den Lebensschluchten,
wenn wir Seiltänzer einen Fehltritt tun.
Dieses Netz der betenden Gemeinschaft
ist stärker als eines
aus stählernen Stricken.
Es ist unsichtbar und doch spürt
der Glaubende die tragende Kraft.
Wie oft wurde mir,
wurde uns schon gesagt:
Danke für dein Gebet,
danke für euer Gebet.
Es hat mich getragen.
Es hat uns geholfen.

Zum Thema der Themen

Einige Alltagsgedanken von einem simplen Laien, seit mehr als 50 Jahren verheiratet und Vater von vier Kindern, Großvater von sechs Enkelkindern, zum Thema der Themen, dem Pflichtzölibat und dem Zölibat überhaupt im römisch-katholischen Abendland-Tempel, in der von den Pforten der Hölle nicht bezwingbaren Petri-Fels-Burg der Hierarchie und des Klerus.

Jetzt, da unübersehbar und unüberhörbar am und im katholischen, also weltumspannenden Kirchengebäude – auch in Österreich – gar Manches zu bröckeln, abzufallen und einzustürzen beginnt – ausgelöst durch das Bekanntwerden von Missbrauch und Gewalt an nichtzölibatären Kindern und Jugendlichen durch zölibatäre Priester, Mönche und Nonnen – frage ich mich, was denn stehen bleiben könnte, falls tatsächlich Dach oder Mauern fallen?

Meine Vision, also meine Sicht ist so, dass Säulen stehen bleiben, wie man das ja auch an vielen antiken Bauwerken beschauen kann. Ganze oder halbe oder Säulensockel überleben Einstürze.

Aber wer sind diese Säulen, frage ich mich weiter? Meine Vision, also meine Sicht ist so, dass diese Säulen die Frauen sind. Denn die Frauen, die Schwestern, Gattinnen, Mütter und Großmütter sind schon immer und von Natur aus die Trägerinnen des Lebens und der Liebe. Von Gott so gewollt und daher unvernichtbar in die Schöpfung hineingeschaffen.

Wenn man dem offiziell geweihten Priestertum das Lehr-, Hirten- und Priesteramt als etwas Unauslöschliches aufgetragen hat, das an den Pflichtzölibat gebunden ist – *noch* jedenfalls – dann üben und leben die nichtzölibatären Frauen dieses dreifache Amt seit Beginn des menschlichen Daseins und lebenslang aus. Sie sind die Lehrerinnen der Kinder und – geben wir Männer es ruhig zu – der Männer, darüber hinaus vieler Menschen in allen Lebensbereichen. Sie sind die Hirtinnen, also die Menschen, die ihre Familie und viele andere ernähren, pflegen, umsorgen, trösten, bedienen, mit ihnen alles teilen, sie lieben. Sie sind auch die Priesterinnen, die vergeben und verwandeln, die Alltag und Feier, das Gute, Wahre und Schöne hüten und gestalten. Ist es nicht so?

Im Jahr 1953 war ich für ein Semester im Wiener Priesterseminar. Rasch erkannte ich, dass ich kein amtlich geweihter Priester werden konnte und wollte. Damals dachte ich zwar nicht wie heute, aber als 18-jähriger Bub vom Lande, aus ärmlichen Verhältnissen kommend, spürte ich intuitiv, dass ich so ein abgesondertes, hochgehobenes und auch zölibatäres Dasein nicht „schaffen" würde. „Gott sei Dank!", sage ich noch immer leise für mich, dass ich damals die Kraft fand, dem Priesterseminar zu entfliehen. Das war mehr als schwer. Eine gutmeinende, dem Kardinal Innitzer bekannte Frau führte mich zu seinem Sprechtag, um mich durch den Bischof umzustimmen und für ein Priesterleben zu retten. Noch heute, nach so vielen Jahrzehnten sehe ich die Szene meiner Vorführung geradezu von außen wie in einem Film. Der herzliche, aber sehr alte Bischof und der im Sturm und Drang lebende junge Mann, die Beiden, die einander wohlwollten, aber aneinander vorbeiredeten oder vorbeischwiegen, auf jeden Fall aneinander vorbeischauten in eine je eigene Zukunft.

Das Matthäusevangelium legt Jesus folgende Worte in den Mund, als es ums Heiraten und Scheiden ging: „Denn es ist so: Manche sind von Geburt an zur Ehe unfähig, manche sind von den Menschen dazu gemacht, und manche haben sich selbst dazu gemacht – um des Himmelreiches willen. Wer das erfassen kann, der erfasse es." (Matthäus 19,12)

Unfähig zur Ehe von Geburt an. Zur Ehe unfähig gemacht von den Menschen. Sich selbst zur Ehe unfähig gemacht. Also Eheunfähigkeit. Der Zölibat um des Himmelreiches willen. Daneben die Masse der Nichtzölibatären, die die Menschen zeugen, gebären, ernähren, erziehen sollen, damit wenigstens einige davon als Zölibatäre um des Himmelreiches willen leben, die Schlüssel zum Himmelreich verwahren, das Himmelreich aufsperren und so selbst ins Himmelreich kommen können.

Würden alle zölibatär leben, weil dies als das höchste Ideal um des Himmelreiches willen dargestellt wird, dann gäbe es eines Tages keine Nachkommen mehr, die als Zölibatäre um des Himmelreiches willen leben könnten. Das Himmelreich hätte keine Neuzugänge mehr. Schon etwas absurd die Sache. Auch meine Gedanken. Es ist nicht so. Es wird nie so sein. Aber eine Theorie, eine Lehre, fast ein Dogma mit so weitreichenden Folgen, wie der Zölibat sie bringt, muss man doch einmal zu Ende denken dürfen. Wobei ich die Tatsache noch anschließe, dass die Zölibatären zwar für das „himmlische Leben" einiges tun, aber für die irdische Nachkommenschaft alles den Nichtzölibatären auflasten. In dieser Hinsicht sind die Zölibatären die „Toten", verlangen aber von den nicht zölibatär „Lebenden" durch ihre Regeln und Gebote ganz vehement, möglichst viele Nachkommen zu haben. Durch diese Sachlage wird das eheliche Leben abgewertet. Fast bin ich versucht zu sagen, da wird die eheliche Sexualität zu einer geringen, minderwertigen, aber leider notwendigen Lebens- und Liebeskraft hinabgewürdigt. Jedoch in Wahrheit ist die sexuell vollzogene Liebe die Voraussetzung und damit der Ursprung für den Zölibat um des Himmelreiches willen.

Meine Gedanken erscheinen überspitzt zu sein. Sie sind vor allem lästig. Sogar mir selbst. Aber könnte es nicht sein, dass das so genannte Volk so denkt oder zumindest so fühlt und deshalb immer mehr Einzelne und ganze Gruppen aus dem einsturzgefährdeten Kirchengebäude heimlich, still und leise – medial sogar sehr laut – ausziehen, einfach weggehen und nicht mehr da sind? Zum Beispiel die überwiegende Mehrzahl der Jugendlichen. Immer mehr auch die Frauen. Wie seinerzeit die Arbeiter. Oder die Intellektuellen. Die Künstler. Die Männer schon vor langer Zeit. Ausgetreten. In Zukunft: Nie eingetreten, weil nicht getauft. Hör's Rom! Hört es, Bischöfe und Priester!

Die Chance in dieser mehr als schweren und nachhaltigen Krisensituation sehe ich darin, dass möglichst viele, die noch im Kirchengebäude ausharren, und auch solche, denen das Christliche, das Jesuanische wertvoll erscheint, das Alte und Traditionelle, das Reformbedürftige und Neue, die heutigen Lebens- und Liebeswerte, die Glaubens-, Sinn- und Glücksfrage, alle letzten Fragen ehrlich bedenken, bereden und im echten Dialog mehr als einen Weg, also viele Wege anbieten. Denn Veränderung und Vereinigung, Vereinigung und Veränderung, Einheit und Vielfalt, Vielfalt in Einheit, all das verlangt eine solche neue Denk- und Vorgangsweise, um neue Lebensweisen zu gewinnen. Die „Säulen" werden dabei eine entscheidende Rolle spielen. Die Frauen nämlich. Auch in einer Männerkirche. In einer zölibatären Altmännerkirche. Vielleicht erlebe ich noch Ansätze dazu. Vielleicht.

Denn im Letzten geht es um das, was unser Jesus, dieser Christus, der Menschenfreund und Menschenbruder in die Welt gebracht hat. Es geht um das Leben in Fülle und um die Liebe, die Gott ist.

Seien wir ehrlich: Alle Zölibatären verzichten auch nur auf die sexuelle Liebe. Denn Frauen haben alle um sich, bei sich, in Pfarrhöfen, Bischofshöfen, im Vatikan. Als Mütter und leibliche Schwestern. Als Mitarbeiterinnen, wo man hinschaut. Immer und überall. Warum nicht?

Nachsätze: Es war 1978 oder 1979, in der Zeit, als ich die Fraternität der „Kleinen Schwestern von Jesus" in Regelsbrunn an der Donau entdeckt hatte. Ich verbrachte bei ihnen eine „Zeit der Stille", wie man heute sagt, und kniete am Morgen in der heimeligen Kapelle, auf den Beginn der Eucharistiefeier wartend. Da hörte ich in der Sakristei die Stimme des Pfarrers, der mich durch die Öffnung erblickt hatte: „Wer ist denn der da drinnen?" Darauf die Antwort der „Kleinen Schwester" Claire-Frederique: „Der ist ein Menschenfischer." Ich, ein purer Laie sollte ein Menschenfischer sein? So einer, wie es Jesus Petrus und den anderen Fischern zugesagt hatte? Und dadurch allen Nachfolgern auf allen Sesseln, Thronen, Sitzen, Positionen? Tatsächlich habe ich einige Menschen „gefangen". Für Jesus und seine Botschaft. Ich hoffe, dass sie es nicht bereuen, „gefangen" worden zu sein. Kann also doch auch ein verheirateter Mann so etwas wie ein Priester sein? Sicher, wenn es das gibt, was es ja gibt: Das Verheiratetsein um des Himmelreiches willen.

Jesus, der Christus und die Kirche

Straßen-Gemeinschaft
Auf der Fußwallfahrt von Pinkafeld nach Assisi im September 1993

Gemeinschaft auf der Straße?
Eine Möglichkeit, ein Traum,
eine Utopie für einige Narren,
eine Chance?

Mit anderen rund um die Uhr
gemeinsam sein,
heute, da alles singlet?
Mit anderen einen Monat lang
alles gemeinsam haben,
heute, da jeder alles für sich hat?
Von früh bis spät und von spät bis früh
von anderen abhängig sein,
heute, da jeder sein eigener Herr ist?
Mit anderen alles,
sogar sich selbst teilen,
heute, da jeder das Seine absichert?

Auf alle brennt die gleiche Sonne.
Auf alle fällt der gleiche Regen.
Alle werden angehupt.
Alle haben Durst.
Alle liegen auf dem harten Steinboden.

Jeder hat sein Problem
mit den anderen.
Jeder hat seine Angst
vor den anderen.
Jeder hat seine Wut
auf die anderen.
Jeder müht sich um seine Liebe
zu den anderen.

Straßen-Gemeinschaft

Von den Egoismen wird ausgegangen.
Die Gegensätze sind zu überschreiten.
Nach Konflikten ist weiterzugehen.
Getrennte Wege müssen zusammenführen.
Der Einstieg ist immer möglich.
Auch der Ausstieg.
Jeder kann zum Kreuz für alle werden.
Aber auch zum Heil.

Ein Tag
im Miteinander auf der Straße
macht bekannt.
Drei Tage
im Miteinander auf der Straße
sind interessant.
Dreißig Tage
im Miteinander auf der Straße
trennen voneinander
oder machen verwandt.

Gemeinschaft auf der Straße?
Der letzte Schritt
bringt die Entscheidung.
Er verwirklicht die Möglichkeit,
er hebt den Traum ins Leben,
er verhallt auf dem Platz der Utopie.
Einige Narren knien nieder
und danken still für die Chance,
die ihnen geschenkt wurde.

Die Straßen-Gemeinschaft
führte von der Straßen-Bekanntschaft
zur Straßen-Verwandtschaft.
Geschwisterlichkeit leuchtet auf.
Zeichenhaft.
Vielleicht nur für Augenblicke.
Oder für immer.

Teilen

In jedem Mensch ist Egoismus.
Schon in den Kindern.
Ärger als in den Tieren?
Je mehr wir besitzen
umso gieriger werden wir.
Ohne es zu merken.
Wir nennen es: Lohn für Fleiß, Tüchtigkeit,
kaufmännisches Talent, Vorsorge für
schlechte Zeiten, Bonus für Risiko und
Verantwortung.
Was immer andere haben,
wollen wir auch haben.
Wir wollen nicht weniger haben.
Wer viel hat, gilt viel.
Deshalb sind wir unersättlich,
wenn es um Besitz, Geld, Macht,
um Konsum, Ehre, Prestige,
wenn es um das Haben geht.
Wer ist frei davon?
Ich?
Wäre ich es nur!
Du?
Ich wünsche es Dir.

Teilen

Trotzdem gibt es Menschen, die teilen.
Die alles teilen: Essen, Kleidung, Wohnung.
Auch Geld, Arbeit, Zeit.
Sogar das Leben.
Eben alles.
Aus Liebe. Wie man so sagt.
Es gibt mehr solche, als man denkt.
Ich habe viele solche kennen gelernt.
Manchmal denke ich:
In jedem Menschen ist Hilfsbereitschaft.
Jede, jeder teilt gerne etwas, vieles,
alles. Denn es ist nicht wahr, dass das,
was wir haben, nur uns gehört.
Es gehört allen.
Zum Beispiel die Luft, die Sonne,
das Wasser, die Erde.

In jeder Gemeinschaft eine, einer,
in jeder Gemeinde eine Handvoll,
in jedem Land einige Hundert,
in der Welt einige Tausend,
die alles teilen,
wie Jesus es ausgerufen und gelebt hat,
und ...
Lassen wir uns hineinreißen zum
Teilen!

Jesus, der Christus und die Kirche

Pinkafeld, 21. August 2010

Lieber Bruder Jesus,

am 21. August 1981 – heute am Tag meines Briefes an Dich ist der 21. August 2010 – also genau vor 29 Jahren haben die Geschwister Stefanie, Gertrude, Helene, Beatrix, Heinz, Josef, Werner und ich eine Gemeinschaft gegründet, weil wir ähnlich wie die Urgemeinden leben, beten, arbeiten und alles gemeinsam besitzen wollten. Du warst unsere leuchtende, liebevolle Mitte. Dein Evangelium war uns der einzige Weg und das einzige Ziel. Wir vertrauten Dir und Deiner Botschaft. Jede und jeder von uns 8 Geschwistern sprach für sich ein allen hörbares Ja zum Aufbruch in ein neues Leben. Auf Vorschlag von Gertrude nannten wir uns „Franziskusgemeinschaft". Das Wort, das Du dem reichen jungen Mann gesagt hast: „Geh, verkauf deinen Besitz und gib das Geld den Armen; dann komm und folge mir nach", diese Deine Weisung befolgten wir total und radikal. Wir verkauften alles, gaben unsere Berufe und Positionen auf und verließen unsere Heimat, um ganz leer und offen zu sein für das, was uns nun Dein Geist, Dein Heiliger Geist, den Du Deinen Jüngern versprochen hast, anbieten würde. Ein Experiment des Heiligen Geistes wollten wir sein. Dein Feuer, Jesus, brannte in unseren Herzen. Alle Warnungen von wohlmeinenden Freunden, Auseinandersetzungen mit den Verwandten, Probleme bei der Suche nach einer Niederlassung, Zukunftssorgen, all das konnte uns nicht aufhalten, Dir nachzufolgen. Und wenn auch nach fast drei Jahrzehnten manches in unserer Gemeinschaft anders, alltäglicher, behutsamer, leiser, weniger leidenschaftlich geworden ist, so lebt doch dieser Aufbruch, diese von Dir gestiftete Begeisterung noch immer in uns, in unserer Gemeinschaft. Du bist die Mitte geblieben. Dein Evangelium ist unsere Richtschnur. Glaube, Hoffnung und Liebe sind unser tägliches Lebenswerkzeug. Gebet und Arbeit füllen unsere Tage und Jahre aus. Unsere Tische sind mit Deinem Wort und Deinem Brot gedeckt. Wir teilen alles untereinander und mit den Armen in aller Welt. Und wir versuchen stets neu – und das ist immer schwer – die Liebe im menschlichen Miteinander zu leben.

Einige tausend Menschen, Junge, Ältere, auch Alte, Familien und Einzelne, vor allem Laien, aber auch einige Priester, waren für einige Stunden, für ein paar Tage, für Monate und sogar für Jahre bei uns, um zu schauen, zu hören, zu erleben, wie das denn ist, in unserer Weise Dir, Bruder Jesus, nachzufolgen. Aus aller Welt kamen und kommen sie. Aber nur 16 Mitglieder sind wir heute, einer davon lebt als afrikanischer Priester im Kongo. An die 50 wären wir schon, wenn alle, die sich ins Postulat und in das nachfolgende Noviziat begeben hatten, nicht vor der Aufnahme als Mitglied weggegangen wären, weil es nicht ihr Weg war. Wie sie alle sagen. Auch Mitglieder trennten sich wieder. Ein Schmerz, für sie und für alle in der Gemeinschaft. Mit allen diesen leben wir in Frieden, sind Geschwister geblieben.

Wie oft frage ich mich, fragen wir uns, wieso wir nicht viele eingliedern konnten? Wieso Du uns nicht viele für immer zugeführt hast? Wieso diese alle, die doch wie wir Dein Feuer in sich brennen hatten, das eine oder andere unserer Lebensform nicht annehmen konnten, etwa die Besitzlosigkeit, das Dienen und Teilen, das Fragen-Müssen, wenn man eine Idee hat und durchführen will, aber auch das Suchen nach Einmütigkeit in den kleinen Dingen des Alltags. Vor allem dieser Zustand „sie waren ein Herz und eine Seele" ist oft fast nicht zu erreichen in der Schar so unterschiedlicher Menschen, wie wir sie eben sind.

Warum ist das Reich Gottes, das Du in der Welt eingerichtet hast, errichten wolltest, dieses Reich der Gerechtigkeit und des Friedens, des Dienens und Teilens, der Freude und der Barmherzigkeit, des Lebens und der Vereinigung aller Menschen und Wesen mit Gott, wieso ist dieses Reich Gottes, das Du zu Deiner Zeit verkündet und vorgelebt hast, so brüchig, so labil, so schnell sich auflösend und verschwindend, so verletzbar, so umkämpft, so schon mitten unter uns und oft im nächsten Augenblick kraftlos, zerstört, vernichtet?

Das geschah Dir so. Tabor und dann Golgota. „Hosianna" und „crucifige". Aber auch Dein Leichnam im Grab und danach Dein verklärter Leib des Ersten von den Toten Auferstandenen. Die aus Angst geflohenen Jünger und danach die vom Geist entflammten Prediger in Jerusalem. Immer das „schon" und „noch nicht", um doch wieder „schon" da zu sein. Bei Dir, bei Franziskus und Klara, bei Mahatma Gandhi, bei Oskar Romero, bei Deinen vielen bekannten Jüngerinnen und Jüngern und bei ungezählten unbekannten war es so und ist es so.

Auch die katholische, also die weltweite „Kirche" war und ist immer gebunden an das „schon" und „noch nicht". Immer nur ein Teil der Kirche, manchmal nur ganz wenige sind es, die das Reich Gottes verkörpern, beseelen, leben, bezeugen. Ebenso ergeht es der gesamten Christenheit, die sich immer wieder spaltete, blutig bekämpfte, zur Einheit nicht zurückfindet, bis heute in der Trennung verharrt und die „andere Partei" oft bitter kränkt und ausschließt. Und allen Religionen, allen Menschen guten Willens geht es so. Den Keim des Reiches Gottes tragen alle in sich, der ganze Kosmos ist wie ein Leib mit dem Atem und dem Blut des Gottesreiches belebt, „schon" und immer wieder „noch nicht".

Der Prophet Jesaja beschreibt im „Lied vom Gottesknecht" – und das bist Du für uns, Jesus – dass dieser den glimmenden Docht nicht auslöschen wird. Das göttliche Feuer ist zwar manchmal am Erlöschen, aber es wird immer wieder glimmen und plötzlich wieder von einem, von vielen entfacht werden und als helles Feuer Wärme und Licht bringen. Und Du, der Gottesknecht, wirst das geknickte Rohr nicht zerbrechen. Ist nicht gerade heute so vieles am Zerbrechen, stehen wir nicht fast schon vor einem Absturz ins Nichts? Breitet sich nicht ein wegloses Chaos aus? Werden nicht immer mehr Menschen von Herrschsucht und Habgier ergriffen und damit zu Ausbeutern und Unterdrückern ganzer Völker, der Mehrheit der Menschen? Aber gerade das fast schon Zerbrochene wird durch den Lebenseinsatz vieler wiedererrichtet, geheilt, befreit. Die Quelle des Lebens und der Liebe kann missbraucht, verschmutzt, zugeschüttet werden. Aber sie kann nicht versiegen, nicht austrocknen.

Das „noch nicht" des Gottesreiches muss sein, um das „schon mitten unter uns" erscheinen zu lassen. Denn das Reich Gottes ist ein Reich der Ohnmacht und nicht der Gewaltherrschaft, ist ein Reich der dienenden Liebe und nicht des besitzgierigen Egoismus, ist ein Reich des zweifelnden Glaubens und nicht der abgesicherten Erkenntnisse, ist ein Reich der Hoffnung und nicht eine bis in letzte Kleinigkeiten versicherte und gesicherte Existenz.

Die Hoffnung stirbt zuletzt. Nein! Die Hoffnung stirbt nie! Lieber Bruder Jesus, habe ich damit recht, ist das der göttliche Plan des Vaters und der Mutter, Deines und unseres Gottes? Wenn es so ist, dann wirst Du, dann wird Deine Vision vom Reich Gottes, für die Du den Tod am Kreuz auf Dich genommen hast, dann wird alles, was Christen je in der Nachfolge geglaubt, gehofft und geliebt, getan und erlitten haben, ein Hoffnungszeichen für jetzt und für immer sein. Dann ist auch unsere Franziskusgemeinschaft, selbst wenn sie sich auflösen sollte, ein solches Hoffnungszeichen. Und ich, in all meinen Armseligkeiten, bin es ebenso. Eng und innig mit Dir verbunden. Alles habe ich von Dir umsonst empfangen, aber nichts ist umsonst und nichts kann mich trennen von Dir.

Dein Bruder Fritz

Der christusähnliche Franziskus

Franz von Assisi (1182-1226) wurde schon zu seinen Lebzeiten und gleich nach seinem Tod als „christusähnlich", als ein „anderer Christus", als ein „zweiter Christus" bezeichnet. Die Beschreibungen seines Lebens und die Geschichten über ihn weisen ihn immer wieder nicht nur als einen glühenden Jünger seines Herrn aus sondern auch als den Heiligen, dem Vieles und Entscheidendes wie Christus selbst geschehen ist.

Von den ganz wenigen Texten, die sicher von Franziskus stammen, sagen uns sein „Sonnengesang" und sein „Testament", dass er in seiner Nachfolge mit seinem Herrn geradezu identisch geworden ist.

Franziskus, dem in seine Gemeinschaft der Minderbrüder Tausende zuliefen, wollte immer nur das Evangelium als Lebensregel gelten lassen. Aber er musste sich in die Rechtsformen der römisch-katholischen Kirche einordnen lassen. Im Gehorsam tat er es, ließ er es geschehen. Aber er wusste, dass alle Satzungen und Paragraphen ganz verschieden ausgelegt werden konnten und das von Christus gepredigte Wort, das er allein im wörtlichen Sinne lebte und für seine Mitbrüder als verbindlich anerkannte, missdeutet, verfälscht, verharmlost werden könnte und würde. Das hatte er ja in seinen letzten Lebensjahren bitter erleben müssen. Deshalb verfasste er einige Monate vor seinem Tod, den er herannahen fühlte, ein Testament, in dem er nochmals und endgültig und für seine Brüder verpflichtend die radikale Nachfolge Christi beschwor. Wir wissen, dass nur wenige in seinem Orden das Testament befolgten. Franziskus aber musste es schreiben, um seiner Berufung und seinem Gewissen treu zu bleiben.

Das Testament des Heiligen ist ein klares Bekenntnis zur Bergpredigt, insofern auch eine stille Kritik an der damals ungeheuer reichen und übermächtigen Kirche und ihren Amtsträgern, denen er trotzdem untertänig und gehorsam sein wollte.

Wir zitieren hier einige wesentliche Teile aus dem Testament des heiligen Franziskus aus „Franz von Assisi. Legenden und Laude", herausgegeben von Otto Karrer, Manesse-Bibliothek der Weltliteratur, Manesse Verlag, Zürich 1975.

„Der Herr verlieh mir, Bruder Franz, den Anfang des neuen Weges auf folgende Weise: Als ich in Sünden lebte, kam es mir sehr bitter an, Aussätzige zu sehen. Aber der Herr selbst führte mich unter sie, und ich erwies ihnen Barmherzigkeit. Als ich von ihnen ging, ward mir dasjenige, was mir vorher bitter vorgekommen war, in Süßigkeit für den Geschmack des Leibes und der Seele verwandelt. Nachher zögerte ich noch ein wenig, dann verließ ich die Welt ...

Der Herr verlieh mir auch bis heute einen solchen Glauben im Hinblick auf die Priester, die nach der Form der heiligen römischen Kirche leben, und zwar um ihrer Weihe willen, dass ich mich an sie halten will, selbst wenn sie mich verfolgen würden ... Ich will nicht auf Sünde bei ihnen achten, weil ich den Sohn Gottes in ihnen erkenne und weil sie meine Herren sind ...

Als dann der Herr mir Brüder gab, war niemand, der mir zeigte, was ich tun solle, sondern der Allerhöchste selbst offenbarte mir, dass ich nach der Form des heiligen Evangeliums leben solle. Ich ließ es in wenigen, einfachen Worten niederschreiben, und der Papst bestätigte es mir. Die dann kamen, um unser Leben mit uns zu teilen, gaben alles, was sie besaßen, den Armen; sie waren zufrieden mit einem Habit, der außen und innen geflickt war, sowie mit einem Strick und Beinkleidern; und mehr wollten wir nicht haben.

Die von uns Kleriker waren, sprachen die Tagzeiten wie andere Kleriker; die Laien beteten das Vaterunser. Wir hielten uns gerne in den Kirchen auf. Wir waren einfältig und allen untertänig.

Ich arbeitete mit meinen Händen und will es heute noch, und ich verlange entschieden, dass alle anderen Brüder Handarbeit verrichten, wie es sich ziemt. Die es nicht können, sollen es lernen, nicht um aus der Arbeit Gewinn zu ziehen, sondern um des guten Beispiels willen und um den Müßiggang zu vertreiben. Wenn aber der Lohn für die Arbeit ausbliebe, so lasst uns zur Tafel Gottes unsere Zuflucht nehmen, indem wir uns an den Türen Almosen erbitten. Einen Gruß hat mir der Herr geoffenbart; wir sollten sagen: ‚Der Herr gebe dir den Frieden!'

Die Brüder sollen darauf achten, dass sie die Kirchen, die ärmlichen Wohnungen und alles andere, was man für sie einrichtet, überhaupt nicht annehmen, es sei denn alles der heiligen Armut entsprechend, die wir in unserer Regel versprochen haben. Denn wir sollen darin stets nur Herberge wie Fremdlinge und Pilger haben.

Im Namen des Gehorsams befehle ich nachdrücklich allen Brüdern, sie seien wo immer, dass sie sich nicht unterstehen, irgendein Privileg bei der römischen Kurie zu erbitten, weder auf unmittelbarem Wege noch durch Mittelspersonen, weder für eine Kirche noch für einen anderen Ort, weder unter dem Vorwand der (ungehinderten) Predigt noch um äußerer Verfolgung zu entgehen; vielmehr, wo man sie nicht aufnimmt, sollen sie in ein anderes Land fliehen, um mit dem Segen Gottes die Wandlung der Herzen herbeizuführen.

Es ist mein fester Wille, dem Generalobern dieser Brüderschaft und außerdem dem Guardian, den er mir geben will, zu gehorchen. Ich will so in seinen Händen ein Gefangener sein, dass ich nirgends hingehen noch etwas tun kann außerhalb des Gehorsams, ohne seinen Willen, weil er mein Herr ist ...

Im Namen des Gehorsams befehle ich mit Nachdruck meinen Brüdern, sowohl Priestern wie Laien, dass sie weder der Regel noch diesen Worten (des Testaments) eine Auslegung beifügen, etwa indem sie sagen: ‚Das ist so und so zu verstehen', sondern wie der Herr mir verliehen hat, die Regel und diese Worte (des Testaments) einfach und lauteren Herzens zu diktieren und zu schreiben, so sollt ihr sie auch einfach und lauter ohne Glosse verstehen und in heiligem Tun bis ans Ende befolgen."

Aus diesen einfachen Worten des heiligen Franziskus können wir klar entnehmen, worum es ihm immer und ohne Abstriche ging, nämlich, die Botschaft Jesu, seines geliebten Herrn, immer wortgetreu zu befolgen und keine andere Lebensweise zuzulassen. Denn das – davon war er felsenfest überzeugt – war seine einzige Berufung, die ihm Gott selbst auferlegt hatte.

Jesus, der Christus und die Kirche

Pinkafeld, August 2010

Liebe Mutter Kirche,

es geht Dir schlecht. Vielleicht sogar sehr schlecht. Zumindest bei uns in Österreich. Deshalb schreibe ich Dir. Denn Du bist mir nicht gleichgültig. Du bist mir nicht nur wichtig, sondern ich bin mit Dir seit meiner Taufe so verbunden, wie ein Mensch mit Mutter oder Vater, mit Ehepartnern oder Geschwistern eins ist. Ich gehöre zu Dir und Du gehörst zu mir. Das sage ich Dir nicht, weil ich es im Religionsunterricht so gelernt oder vom Pfarrer so gehört habe. Ich behaupte es, weil es im Rückblick auf mein 75-jähriges Leben tatsächlich so war. Auch wenn ich mitunter mit Dir unzufrieden war, gestritten habe, ein paar Mal sogar insgeheim für mich überlegt habe, mich von Dir leise oder unter lautem Protest scheiden zu lassen. Ich bin noch immer mit Dir vereint und werde Dich auf keinen Fall jetzt verlassen, da es Dir miserabel geht. Warum auch? Die Schuld an Deinem Zustand hast wahrlich nicht Du. Du bist noch immer die Kirche Jesu. Er ist Dein Herr, wie wir sagen. Dein Chef, um ein heute üblicheres Wort zu verwenden. Und aus der Taufe gehoben hat Dich damals vor langer Zeit in Jerusalem der Heilige Geist, mit dem wir Christen heute leider nur wenig anzufangen wissen. Außerdem werde ich das Gefühl nicht los, dass Jesus Dich sehr anders haben wollte als diese römisch-katholische Institution, die Du heute bist. Wenn ich so sein Leben und sein Evangelium betrachte ... Schuld an Deiner misslichen Lage sind alle die Deinen, die Christen genannt werden und es als schwache Menschen meistens nicht waren und nicht sind. Und meine armselige Person mitten drinnen.

Liebe Mutter Kirche, was gibt es da nicht alles bei Dir an Neid und Strebertum, an Machtbesessenheit und Gier, an Stolz und Sturheit, an Unbarmherzigkeit und Lieblosigkeit, an Blindheit und auch Dummheit. Das war immer so und wird wohl auch immer so sein. Denn wir, Deine Christen, sind auch nur Menschen wie alle anderen. Allerdings kann ich mich mit dieser Tatsache nicht ganz zufrieden geben, weil sie zur Ausrede wird, mit der dann alles so bleibt, wie es halt ist. Und es steht mit vielem schlecht. Gar manches könnte sich, kann sich zum Besseren wenden, wenn wir alle zusammen es nur wollten und wollen.

Wie das geht? Wenn wir die Übel beim Namen nennen, sie nicht verdrängen und vertuschen, Kritik von außen ernst nehmen und zugeben, dass sich auch in Dir, der Kirche manches verändern kann, darf, sogar muss, weil nicht alles göttlichen Ursprungs ist und weil auch Du als menschliche Gemeinschaft der Entwicklung unterworfen bist.

Wie war es damals an Deinem Anfang, als die Judenchristen in Jerusalem verlangen wollten, dass sich auch die christlich gewordenen Heiden beschneiden lassen müssen?

Liebe Mutter Kirche

Paulus, selbst ein leidenschaftlicher Jude, hat diese für Juden heilige Tradition für die von ihm bekehrten Heiden abgelehnt und die Zustimmung von Petrus, den wir den ersten Papst nennen, und den anderen damals Führenden erlangt. Wie war es in unserer Zeit, als der selige Papst Johannes XXIII. wie aus heiterem Himmel ein Konzil einberief mit dem Wunsch, Deine Kirchenfenster zu öffnen und Deine Kirchentüre, um mit der Welt und allen Menschen ins Gespräch und in einen guten Austausch zu kommen? Tatsächlich kam durch das Konzil ganz neues Leben in Dich, Mutter Kirche, und so viele, auch unsere Geschwister aus den anderen christlichen Kirchen, jubelten über diesen gewaltigen Aufbruch. Ich studierte damals mit Freunden tatsächlich nächtelang alle Konzilsdokumente. Wir waren begeistert von der Aufwertung der Laien, von der Verwendung der Volkssprache bei der Messe, von den kühnen Worten so mancher Bischöfe aus den armen Ländern, von der positiven Einstellung zu allen Religionen und Menschen. Das durch die Zeit und Welt und zu Gott wandernde Volk ist die Kirche. Rief uns das Konzil zu. Wir sind die Kirche. Wir, die Christen. Was für eine neue Seligkeit stieg da in uns auf.

Warum, frage ich Dich, Kirche, und eigentlich den Papst, seine Kurie, die Kardinäle und Bischöfe in aller Welt und bei uns, warum soll der Zölibat nicht freigestellt werden? Warum sollen die Priester, die heiraten wollen, nicht die Chance bekommen, eine christliche Ehe und Familie ein Leben lang zu führen und die Erfahrung zu machen, wie schön und auch wie schwer das sein kann? Warum sollen die Frauen nicht Priesterinnen und Bischöfinnen werden können und die Möglichkeit erhalten, es besser zu machen als die Männer, die ohnehin seit zweitausend Jahren alles und jedes bestimmt haben? Warum sollen wiederverheiratet Geschiedene nicht die Kommunion, die Vereinigung mit dem eucharistischen Jesus, empfangen, da doch Er mit den damals ärgsten Sündern gegessen hat? Warum ...?

Liebe Mutter Kirche, ich traue Dir und den Deinen und damit auch mir zu, dass alle diese Fragen und die damit verbundenen Probleme nach und nach oder auch plötzlich gelöst sind, dass Du gesund und neu wirst, dass es Dir wieder gut geht. Deshalb bleibe ich Dein Sohn, der alte

Bruder Fritz vom Kalvarienberg

Jesus, der Christus und die Kirche

Vor der Himmelstür

Großer Andrang.
Petrus hat es heute nicht leicht.
„Sie sind?" – „Katholik!" – „Hinein!"
„Sie sind?" – „Protestant!" –
„Ausweis, bitte. In Ordnung. Hinein!"
„Sie sind?" – „Muslim!" -
„Hm. Vor dem 2. Vatikanum wär's unmöglich gewesen.
Aber heute – auch hinein!"
„Sie sind?" – „Päpstlicher Hausprälat!" –
„Monsignore, wieso
haben Sie sich angestellt?
Bitte, durch das große Portal."
„Sie sind?" – „Buddhist!" –
„Das soll jetzt modern sein.
Wir können es ja probieren.
Also – hinein!"
„Sie sind?" – „Weiß ich nicht." –
„Glauben Sie an Gott?" –
„Irgendwie schon." –
„Na also, Sie sind anonymer Christ,
würde der Rahner sagen." –
„Was ist denn das?" –
„Das ist ein Christ, der nicht weiß,
dass er einer ist. Eintreten!"
„Sie sind?" – „Jude!" –
„O je, das geht leider nicht."
Da kommt Jesus gerade vorbei:
„Petrus, lass unseren Bruder hinein."

Jesus, das Wort und das Brot

Im Anfang war das Wort, und das Wort war bei Gott, und das Wort war Gott. (Johannes 1,1)

Gott der Väter und Herr des Erbarmens, du hast das All durch dein Wort gemacht. (Weisheit 9,1)

Und das Wort ist Fleisch geworden und hat unter uns gewohnt, und wir haben seine Herrlichkeit gesehen, die Herrlichkeit des einzigen Sohnes vom Vater, voll Gnade und Wahrheit. (Johannes 1,14)

Da sprach der Herr zu Mose: Ich will euch Brot vom Himmel regnen lassen. (Exodus 16,4)

Jesus antwortete ihnen: Ich bin das Brot des Lebens; wer zu mir kommt, wird nie mehr hungern. (Johannes 6,35)

Jesus, der Herr, nahm in der Nacht, in der er ausgeliefert wurde, Brot, sprach das Dankgebet, brach das Brot und sagte: Das ist mein Leib für euch. Tut dies zu meinem Gedächtnis. (1 Korinther 11,23f)

Gib uns täglich das Brot, das wir brauchen. (Lukas 11,3)

Jesus aber antwortete: In der Schrift heißt es: Der Mensch lebt nicht nur von Brot, sondern von jedem Wort, das aus Gottes Mund kommt. (Matthäus 4,4)

Ist nicht mein Wort wie Feuer – Spruch des Herrn – und wie ein Hammer, der Felsen zerschmettert? (Jeremia 23,29)

Er trieb mit seinem Wort die Geister aus und heilte alle Kranken. (Matthäus 8,16)

Da antwortete der Hauptmann: Herr, ich bin es nicht wert, dass du mein Haus betrittst; sprich nur ein Wort, dann wird mein Diener gesund. (Matthäus 8,8)

Die Worte, die ich zu euch gesprochen habe, sind Geist und sind Leben. (Johannes 6,63)

Ich bin das lebendige Brot, das vom Himmel herabgekommen ist. Wer von diesem Brot isst, wird in Ewigkeit leben. (Johannes 6,51)

Ein Brot ist es. Darum sind wir viele ein Leib, denn wir alle haben teil an dem einen Brot. (1 Korinther 10,17)

Der Sämann sät das Wort. Auf den Weg fällt das Wort bei denen, die es zwar hören, aber sofort kommt der Satan und nimmt das Wort weg, das in sie gesät wurde ... Auf guten Boden ist das Wort bei denen gesät, die es hören und aufnehmen und Frucht bringen, dreißigfach, ja sechzigfach und hundertfach. (Markus 4,14 und 15 und 20)

Jesus, das Wort und das Brot

Da sagte Maria: Mir geschehe, wie du es gesagt hast. (Lukas 1,38)

Wer mein Wort hört und dem glaubt, der mich gesandt hat, hat das ewige Leben. (Johannes 5,24)

Sie aber zogen aus und predigten überall. Der Herr stand ihnen bei und bekräftigte die Verkündigung durch die Zeichen, die er geschehen ließ. (Markus 16,20)

Sie hielten an der Lehre der Apostel fest und an der Gemeinschaft, am Brechen des Brotes und an den Gebeten. (Apostelgeschichte 2,42)

Meine Kinder, wir wollen nicht mit Wort und Zunge lieben, sondern in Tat und Wahrheit. (1 Johannes 3,18)

Das ist ein Fasten, wie ich es liebe: an die Hungrigen dein Brot auszuteilen. (Jesaja 58,6f)

Denn das Wort vom Kreuz ist denen, die verloren gehen, Torheit; uns aber, die gerettet werden ist es Gottes Kraft. (1 Korinther 1,18)

Denk daran, dass Jesus Christus, der Nachkomme Davids, von den Toten auferstanden ist; so lautet mein Evangelium, für das ich zu leiden habe und sogar wie ein Verbrecher gefesselt bin; aber das Wort Gottes ist nicht gefesselt. (2 Timotheus 2,8f)

Das Wort Christi wohne mit seinem ganzen Reichtum bei euch. (Kolosser 3,16)

Sein Name heißt „Das Wort Gottes". (Offenbarung 19,13)

Das ist mein Leib

Peter Trummer, Jahrgang 1941, lehrte an der Universität Graz Neues Testament und schrieb den kleinen Band „Dies ist mein Leib. Neue Perspektiven zu Eucharistie und Abendmahl" (Patmos Verlag, Düsseldorf, 2005). Sein Vorwort zu seiner Schrift sagt sehr Bedenkenswertes zu „Jesus, das Wort und das Brot". Deshalb nehmen wir es in unser „Jesus-Buch" auf.

„Kein Satz der Bibel hat so massive und folgenschwere Deutungen erfahren wie jene vier Wörter: Das ist mein Leib. Sie stehen, ähnlich wie die vier Buchstaben für den Gottesnamen im Judentum, im katholischen Glauben für das Letzte und Größte, worauf Menschen sich beziehen können. Sie bilden nicht nur den Mittel- und Höhepunkt im Gottesdienst, sondern auch den harten Kern des Amtsverständnisses bzw. das Richtmaß, von dem her die übrigen Kirchen beurteilt und die reformatorischen unter ihnen nicht selten abgewertet werden. Nur: Auch der katholischen Kirche gehen langsam die Priester aus.

Mehr als die Hälfte ihrer Gottesdienste wird weltweit bereits von Nichtpriestern geleitet, was per Definition und Kirchenrecht keine Eucharistiefeier sein kann, obwohl gerade sie die erklärte Mitte des Glaubenslebens ist und bleiben soll. Also haben die wenigen Priester immer mehr Gottesdienste zu lei(s)ten bzw. die priesterlosen Gemeinden hängen ihren Wortgottesdiensten gelegentlich eine Kommunionfeier an. Ideal ist beides nicht.

Die gegenwärtige Krise des Glaubenslebens mag viele Ursachen haben und geht gewiss über den Rahmen der katholischen Kirche hinaus. In ihr jedoch sind die Engpässe besonders spürbar, auch wenn sie zum Teil hausgemacht sind. Und zwar durch eine Kirchengeschichte und Theologie, die sich ganz auf das Wesentliche zu konzentrieren suchte und dabei begrifflich immer mehr reduzierte: Das ganzheitliche Feiergeschehen auf einen einzigen Augenblick, die aktuelle Glaubensgemeinschaft auf ihren einzig befugten Leiter/Vorsteher, die geistig-mystische Gegenwart Christi auf die eucharistischen Gestalten, wovon wiederum nur das Brot, aber dieses unabhängig von jeder Feierhandlung, seine Gnadenkraft bewahren sollte.

Die Frühzeit der Kirche hingegen lässt ein bunteres Bild erkennen: Selbst die vier Worte existieren dort nicht nur in jener einzigen, uns bekannten Form, sondern in den jeweiligen Kontexten einer vier-, wenn nicht fünffachen Überlieferung. Und es gibt Hinweise darauf, dass auch ohne die vier Worte Eucharistie gefeiert werden konnte, weil nicht nur das letzte Abendmahl, sondern vor allem die wunderbaren Speisungen Jesu das Leitmotiv eines dankbaren Brotbrechens darstellten.

Jesus, das Wort und das Brot

Solche Befunde aus der Urkirche erlauben uns nicht, die Tradition und ihre Strukturen einfach zu überspringen oder zu missachten. Dennoch bietet gerade der Gang zu den Quellen, wenn er sorgfältig genug geschieht, beachtliche Perspektiven und mögliche Auswege aus gegenwärtigen Pattsituationen an: Etwa hinsichtlich einer ökumenischen Gastfreundschaft oder in Bezug auf die unaufgebbare Eigenverantwortung der Gemeinden, gerade in der Gestaltung ihrer zentralen Feier.

Es wird wieder mehr und vielfältigere Formen der Eucharistiefeier geben müssen, damit christlicher Glaube sich nicht noch mehr verflüchtigt, sondern erneut mit Leben und Dankbarkeit erfüllt werden kann. Nichts weniger als dies meint Eucharistie."

Es geht ums Brot

Fast täglich
habe ich bei meinen Radfahrten
zur Arbeit oder heimzu
am Straßenrand
ein Stück Brot gefunden,
manchmal mit Käse oder Wurst belegt.
Weggeworfen.
Noch frisch und essbar.
Oder schon alt und hart.
Oder überfahren und vernichtet.
Ein Mensch hätte damit
seinen Hunger stillen können.
Einmal hatte ich den Mut,
meine Fahrt zu bremsen,
vom Rad zu steigen und
so ein Stück Brot
in den Straßengraben zu legen.
Für die Tiere.
Sagte ich mir.
Da mich dabei niemand sehen konnte,
hatte ich den Mut dazu.
Vor mir selbst.
Aber ich war zu feig,
das noch frische Brot zu essen.

Ich habe einmal
einem alten Mann zugesehen,
wie er ein Stück Brot aß.
Nach dem letzten Bissen
pickte er sorgsam
alle Brösel mit dem Finger auf
und aß sie.
Sein Gesicht war feierlich
wie beim Beten.
Als er bemerkte,
dass ich ihm zusah,
lächelte er mir zu.

Seither mache ich es auch so.
Kein Brösel soll verloren gehen.
Denn wenn es ums Brot geht,
geht es um Leben.

Es geht ums Brot.
Hast Du einen Laib zuhause?
Leg ihn auf den Tisch.
Sonst nichts.
Setz Dich allein
oder mit den Deinen hin.
Vor das Brot.
Schaut es still an.
Und dann sprecht miteinander
über dieses, euer Brot:
Wie es aussieht.
Wie es riecht.
Woraus und wie es gemacht wird.
Wer es isst.
Wer keines hat.
Dann mache ein Kreuz
über den Laib Brot,
wie das die Alten getan haben,
und schneide jedem eine Schnitte ab.
Esst das Brot.
Euer Brot.
Wenn Du an einigen Tagen des Jahres
nur Brot isst, dann wird eine
neue Kraft in Dein Leben kommen.
Die Kraft des Brotes.

Es geht ums Brot

Sicher hast Du es auch schon
einige Male erlebt, dass ein Mensch,
dem Du begegnet bist, geradezu auf
ein Wort von Dir gewartet hat.
Weil er traurig war.
Weil er Schmerzen litt.
Weil er sich so allein wusste.
Weil sein Herz vor Freude
fast zersprang.
Vielleicht hast Du ihm
das erwartete Wort gegeben.
Es kann auch sein,
dass Du geschwiegen hast.
Oft schweigen wir.
Unseren Liebsten gegenüber.
Unseren Nächsten gegenüber.
Wochenlang.
Jahrelang.
Lebenslang.
Irgendwann aber
braucht jeder ein gutes Wort.
So notwendig wie ein Stück Brot.
Bist Du bereit,
das Brot des Wortes zu geben?

Jesus, das Wort und das Brot

Gib dem Menschen Brot

Gib dem Menschen Brot
und er wird dir die Hand geben.
Gib dem Menschen ein Netz
und er teilt mit dir seinen Fisch.
Gib dem Menschen ein Kleid
und er wird dein Freund.
Gib dem Menschen Ziegel und Holz
und er wird für sich und
für dich ein Haus bauen.
Gib dem Menschen Fenster und Türen
und er wird dir durchs
Fenster zulächeln, dir die Tür öffnen
und dich auf einen Kaffee oder
ein Glas Wein einladen.
Schenk dem Menschen einen Herd
und er wird ein Zuhause haben und
dich wie Vater und Mutter ehren.
Wandere einen Tag lang mit
dem Menschen und er wird dir
seine Lebensgeschichte anvertrauen.
Gib dem Menschen eine Blume
und er wird dich umarmen.
Singe mit dem Menschen ein Lied,
erzähle ihm eine Geschichte und
er wird dich in sein Herz schließen.
Sage dem Menschen, dass er gut ist,
und er wird seine Fehler begraben.
Bete mit dem Menschen zu Gott
und sein Herz wird jubeln
und deines auch.
Schenk dem Menschen eine Bibel
und er findet darin
einen Vater und eine Mutter,
einen Bruder und eine Schwester.

Gib dem Menschen Brot

Gib dem Menschen einen Kuss
und er wird dich in
seine Familie aufnehmen.
Liebe den Menschen und er wird dich,
den Menschen, und alle Geschöpfe
und Gott lieben.
Wenn du eines oder all dies tust,
werden bei dir und den anderen
Friede und Freude einkehren.
Sie werden bei euch wohnen
und ihr werdet ein Stück Himmel
auf Erden haben.

Jesus, das Wort und das Brot

Am 24. Dezember 1945

sprach der österreichische Bundeskanzler Leopold Figl in einem zerstörten und vierfach besetzten Österreich in seiner Radiorede folgende Sätze:

„Ich kann euch zu Weihnachten nichts geben. Ich kann euch für den Christbaum, wenn ihr überhaupt einen habt, keine Kerzen geben, kein Stück Brot, keine Kohle, kein Glas zum Einschneiden. Ich kann euch nur bitten: Glaubt an dieses Österreich!"

Lieber Bruder Jesus

Bicske, November 2008

Lieber Bruder Jesus,

wo finde ich Dich? Wo finde ich Dich und Dein Reich, das Reich Gottes? – „Was ihr dem Geringsten meiner Brüder getan habt, das habt ihr mir getan", hast Du einmal gesagt.

Das wäre einfach zu verstehen. Und viele motivieren sich und andere auch damit zu Werken der Nächstenliebe.

Eine Mutter Teresa zum Beispiel hat immer wieder zu ihren Schwestern gesagt, sie sollten im Antlitz der Ärmsten Dich sehen und ihnen Gutes tun, als ob Du, Jesus, es wärest, dem sie zu essen, zu trinken geben, den sie waschen, kleiden, den sie trösten, dem sie Lebensmut zusprechen.

Ich komme durch meinen Beruf mehrmals im Jahr zu den Armen in den Ländern des Südens. Ich berichte über sie und ihr Schicksal im Fernsehen und hoffe, dadurch den einen oder anderen Zuseher zu Solidarität zu bewegen, zum Teilen der eigenen Mittel, der finanziellen Mittel, mit Menschen, die weit entfernt leben, deren Leben oft in einem einzigen Kampf ums Überleben besteht.

Ich versuche, in diesen Menschen einfach meine Mitmenschen zu sehen, Mitmenschen in Not, auch wenn sie, oder vielleicht gerade weil sie eher Zerrbilder Gottes als dessen Ebenbild sind. Und ich wünsche mir, ein bisschen etwas beitragen zu können, dass sie glücklich sind. Jeder von ihnen hat seine Würde, soll menschenwürdig leben können, soll das Gefühl haben, etwas wert zu sein und geachtet zu werden.

Ich sehe in ihnen weniger Dich, Jesus, sondern mehr meine Brüder und Schwestern. Das versuche ich wenigstens. Und wenn ich ihnen irgendwie helfen kann, dann um ihrer selbst willen, um ihrer Person, ihres Mensch-Seins willen.

Wo aber finde ich Dich und Dein Reich? Im Brot und im Wein, das von Priestern bei der Heiligen Messe gewandelt wird?

In letzter Zeit verstärken sich nicht nur bei mir die Zweifel, ob Du das wirklich gewollt hast: Priester, die Dich gleichsam verwalten, aus deren geweihten Händen wir Dich empfangen können, wenn wir uns an bestimmte Regeln halten – wenn wir zum Beispiel keine wiederverheirateten Geschiedenen sind.

Eine „unblutige Erneuerung Deines Kreuzesopfers" in Form einer heiligen, von einem Priester zelebrierten Messe – hast Du Dir das für die Zeit nach Dir vorgestellt, als Du Deinen Überzeugungen treu geblieben und dafür in den Tod gegangen bist?

Abgesehen davon, dass es immer weniger Priester gibt, die uns mit Dir „versorgen" würden – in einer so genannten „Versorgungskirche" – finde ich Dich eher bei „Eucharistiefeiern", die neuerdings von Laien in einer Art und Weise

Jesus, das Wort und das Brot

begangen werden, wie Du zu Deiner Zeit mit Deinen Jüngern oder wie die ersten Christen nach Dir „Mahl gehalten" haben. Wir sitzen an Tischen, beten gemeinsam, denken an Dich und teilen Brot und Wein miteinander, wie Du es beim letzten Abendmahl mit Deinen Jüngern getan hast. Mit Deinen oder ähnlichen Worten, frei und nicht formelhaft.

An ganz unterschiedlichen Orten und unabhängig voneinander tun dies heute entschiedene, selbstverantwortete Christen und ermuntern andere dazu: eine kleine Gruppe niederländischer Dominikaner um den mutigen P. Andre Lascaris, ein brasilianischer Bischof, Dom Clemente Isnard, eine „Plattform Wir sind Kirche" in Österreich.

Das sind einige, die bereits offen und furchtlos davon sprechen. Viele Christen praktizieren diese neue Form der priesterlosen Eucharistiefeiern einfach, ohne dass das an irgendeine große Glocke gehängt würde.

Müssen wir wieder in den Untergrund gehen, wenn wir Dir, unserem Gewissen entsprechend, nachfolgen wollen?

Dein Bruder Werner

„Wir erkannten sie am Brotbrechen"

Bald nach dem Zusammenbruch des Kommunismus in Osteuropa hatte ich Georg Motylewicz, einen tschechisch-kundigen Journalistenkollegen im ORF ersucht, mich nach Brünn zu begleiten, um eine gewisse Ludmila Javorova in der Stara Osada zu besuchen. Von einem verheirateten Untergrundbischof in Rychnov nad kneznou, nicht weit von der tschechisch-polnischen Grenze entfernt, hatten wir erfahren, dass ein Mitbruder, der verstorbene Brünner Geheimbischof Felix Davidek im Jahre 1970 erstmals Frauen zu Priesterinnen geweiht hatte. Eine davon sei dessen enge Mitarbeiterin und „Generalvikarin" Ludmila Javorova gewesen. Er, der Bischof aus Rychnow, habe damals bei einer Synode der Untergrundkirche so wie viele andere gegen die Frauenordination gestimmt; Davidek habe sich jedoch nicht abhalten lassen und habe gegen Ende 1970 fünf Frauen zu Priesterinnen geweiht.

Unangemeldet läuten wir in dem Betonplattenbau auf Stiege 23, Tür 1. Ludmila öffnet, fragt, wer wir seien – Religionsjournalisten aus Österreich, erwiderte Georg. Die schlanke, gutbürgerlich gekleidete Dame mit dem henna-roten Haar und den dicken Brillen bittet uns in ihre Wohnung, serviert Tee in der Sitzecke eines kleinen Wohnzimmers. Ludmila, Religionslehrerin in Brünn, beantwortet unsere Fragen nach der Untergrundkirche, nach Bischof Felix Davidek und nach ihrer eigenen Person sehr vorsichtig und zurückhaltend. Es ist ihr kein Bekenntnis zu entlocken, dass Davidek sie geweiht habe; geschickt weicht sie allen diesbezüglichen Anspielungen oder direkten Anfragen aus.

Ob sie uns noch zum Abendessen einladen dürfe?

Sie bittet uns in eine Mini-Küche neben dem Wohnzimmer und wärmt Reis mit Gemüse auf einem kleinen Gasherd. Dann stellt sie drei Teller auf den Tisch und bleibt stehen. Wir erheben uns, denken, jetzt würde ein kleines Tischgebet folgen. Sie aber macht nur über die Speisen ein Segenszeichen, wie es sonst Priester tun. Ein kleines, bescheidenes Segenszeichen, und das wie selbstverständlich, ganz natürlich – wie sie es wohl vor jeder Mahlzeit tut. „Dobro Choud", Mahlzeit!

Ich weiß heute noch, dass ich damals sofort an die Emmausjünger denken musste, wie sie Jesus am Brotbrechen erkannt hatten. Es fiel mir tatsächlich wie Schuppen von den Augen: Es war die zeichenhafte Bestätigung ihres Priestertums, das sie mit Worten nicht preisgeben wollte. Ich sprach sie dann beim Essen darauf an und jetzt erst bestätigte sie es: „Ja, ich bin eine Priesterin."

Diese fünf Worte unter ihrem Porträt waren dann das Titelbild in der Monatszeitschrift „kirche in" – und sie wurden zitiert von Medien rund um den

Erdball. Noch nie war bis dahin – bis zum Jahr 1994 – von Priesterinnen in der zweitausendjährigen Geschichte der römischen Kirche die Rede gewesen. Diese Titelgeschichte brachte Ludmila Solidarität von Frauen aus allen Kontinenten, besonders aus den USA, ein. Doch sie hielt sich weiter an die Vereinbarung mit dem Brünner Bischof Ckrle, ihr Priesteramt nie in der Öffentlichkeit auszuüben – das war die Bedingung der Kirche, dass sie Religionslehrerin in öffentlichen Schulen bleiben durfte, um ihre Existenz zu sichern.

Mein Kollege und ich, wir erkannten sie beim Brotbrechen, beim Segnen der Speisen. Genauso muss es den Emmausjüngern mit Jesus ergangen sein, Jesus, dem Auferstandenen.

Die tschechische Untergrundkirche erhielt 2011 den Preis der Herbert-Haag-Stiftung in Luzern für mutiges Auftreten in der Kirche. Menschen wie Ludmila Javorova ist es zu danken, dass die katholische Kirche während des Kommunismus trotz schärfster Verfolgung nicht untergegangen ist. Auf die beharrliche Leugnung ihres Priestertums durch die Amtskirche angesprochen, meinte sie mir gegenüber nur: „Wir sind die, die in diesem Kampf in der ersten Reihe stehen; und die erste Reihe muss immer fallen – die Nachkommenden werden es leichter haben."

Von Ratten angefressen

Karachi, Juli 2010

Liebe Freundinnen, liebe Freunde Pakistans, an alle, die uns begleiten,

es ist unerträglich heiß. Die höchste gemessene Temperatur dieses Sommers waren 49 Grad. Wir sind alle sehr langsam. Hier in der Wohnung von Dr. Pfau (im Krankenhaus MALC) gibt es immer Strom, da das Krankenhaus einen Notaggregator hat. Wir können also unseren Ventilator benützen. Sonst gibt es oft stundenlang keinen Strom in Karachi. Außerhalb der Stadt ist die Situation noch schlimmer. So hat Manghopir manchmal bis zu 8 Stunden keinen Strom. Wir wissen von vielen, die im Moment an Hitzschlag sterben. Leider auch eine 18-jährige Patientin, die nach dem zweistündigen täglichen Wasserholen umgefallen ist und tot war. Es wird schon so sein, dass Pakistani mehr an dieses Klima gewöhnt sind. Doch schwer ist es für sie allemal. Ich habe Dr. Pfau all die Monate, die ich jetzt schon hier bin, noch nie klagen gehört. Sie wird nur langsamer und stiller. Wenn es gar nicht mehr geht, legt sie sich nieder und schläft. Sie sagt, an diese Hitze werde sie sich nie gewöhnen, und sie ist nun schon 50 (!) Jahre in Pakistan.

Es ist so viel zu tun. Die Not ist groß. Im Afghan Camp (85.000 Menschen ohne Wasser und Strom) ist die Situation dramatisch. Wir sind nur mehr 3 im Team. Gestern, am 23. Juli, hatte ein Sohn von mir Geburtstag. Er kam vor 22 Jahren in Wien mit 3,40 kg auf die Welt. Ich habe viel an ihn gedacht, obwohl im Camp so viel los war. Genau an diesem Tag wird mir wieder einmal ein völlig ausgehungertes Kind gebracht. 7 Monate alt. Es wiegt genau 3,40 kg, Jakobs Geburtsgewicht, nach 7 Monaten! Sie sind beide Kinder Gottes. Nur auf verschiedenen Plätzen dieser Welt geboren.

Wenn ich diese kleinen, tapferen Menschenkinder aus ihren schmutzigen Fetzen wickle, um sie zu wiegen, bin ich erschüttert. Sie bestehen wirklich nur mehr aus Haut und Knochen und einem aufgedunsenen Bauch. Ich frage mich jedes Mal, wie sie es geschafft haben, bis jetzt zu überleben. Offensichtlich ist ein unglaublicher Lebenswillen in ihnen.

Ich schäme mich für meine Gedanken, ob es überhaupt Sinn macht, im Afghan Camp ohne irgendeine Zukunftsperspektive überleben zu wollen. Es ist ein hochmütiger und zugleich ein verzweifelter Gedanke. Es ist um jedes Menschenleben zu kämpfen. Am Montag nehme ich zwei dieser Kinder aus dem Camp mit ihren Müttern mit ins Krankenhaus. Vielleicht haben sie hier eine Überlebenschance.

Wenn ich nicht im Afghan Camp bin, arbeite ich im Moment mit dem „Social department" an einem neuen Profil „For community development". So habe ich die Möglichkeit, viele Hausbesuche bei Leprapatienten zu machen und kann dokumentieren, wie sie leben. Ja, „leprosy is under control", doch die Umstände, in denen viele Menschen mit Lepra leben müssen, sind unvorstellbar.

Es sind dann vor allem „ulcers" (Geschwüre), die ihnen das Leben so schwer machen. Da die meisten Leprakranken an den befallenen Körperteilen keine Empfindung mehr haben, merken sie auch dort keine Entzündungen. Dann beginnt dieser furchtbare Kreislauf der offenen Wunden. Die Ratten kommen. Sie befallen die Patienten in der Nacht und fressen an den offenen Stellen. Sogar wir hier im Krankenhaus haben dieses Problem. Wir können schnell reagieren. Aber Menschen, die in völliger Armut leben, haben diese Möglichkeit nicht. Es geht nur, wenn sie im wahrsten Sinn des Wortes aus diesem Dreck herauskommen. Im Moment gibt Dr. Assim allen Patienten mit ulcers einen Gips. Nun, wenigstens sind so die Patienten vor diesen ekelhaften Ratten geschützt.

Pakistan braucht uns. Dringend. Es ist nicht nur unser Geld. Es ist vor allem unsere Aufmerksamkeit und unser Wohlwollen. Unser differenziertes Hören der Nachrichten ...

Wir in Europa brauchen Pakistan. Die Herzenswärme, die sich die Menschen hier erhalten haben. Ihre Fähigkeit zu teilen. Ihr Durchhaltevermögen. Ihren unerschütterlichen Humor. Menschen, die füreinander eintreten ...

So kann ich Euch nur bitten, uns weiter zu begleiten.

Und lasst uns unseren Humor nicht verlieren. Weder dort, noch da.

„Salam" und „Pfiat Euch!"

Claudia

Nachwort

Die Wienerin Claudia Villani, eine weitschichtige Verwandte von Werner Ertel, arbeitet im Krankenhaus der deutschen, über 80-jährigen Ärztin Dr. Ruth Pfau, die seit Jahrzehnten ihr Können und ihr Leben für die Armen in Pakistan einsetzt. Bruder Werner hat Dr. Pfau schon besucht und bei ihr einen Filmbericht fürs österreichische Fernsehen gedreht.

Lassen wir den Brief von Claudia in uns eindringen. Er wurde vor der Überflutung großer Teile Pakistans geschrieben. Wie mag das jetzt nach dieser Flutkatastrophe sein? Und wie ist das in anderen ähnlich armen Ländern? Ist es wie in Karachi? Leider, wie in Karachi!

Ein Elend, das allen offenherzigen Menschen wehtut. Aber wer kann etwas dagegen tun? Wer kann das ändern? Wir Christen können es. Wenn wir in der Nachfolge Jesu zu leben beginnen. Wenn sein Wort durch uns und in uns Fleisch wird, indem wir es in die Tat umsetzen, und wenn wir wie er zu Brot werden. Wie vor uns die Apostel, wie ein Franziskus und eine Klara von Assisi, wie ein

Von Ratten angefressen

Mahatma Gandhi und ein Bischof Oskar Romero, wie ein Roger Schutz und eine Ruth Pfau und ihre Helferin Claudia, wie tausende unbekannte Andere. Wenn wir so zu leben beginnen, wie es dieses Buch anregen will. Wenn wir teilen, dienen, heilen. Dazu laden ein die

Brüder Fritz und Werner

„Tut dies zu meinem Gedächtnis"

„Tut dies zu meinem Gedächtnis." So lautet der Auftrag Jesu. Die frühen Christen prägten zwei Merkmale: Sie bekannten sich zu Jesus, dem Auferstandenen, folgten seinem Beispiel und sie feierten das „Herrenmahl". Davon berichtet die Apostelgeschichte: „Sie hielten an der Lehre der Apostel fest und an der Gemeinschaft, am Brechen des Brotes und an den Gebeten." (Apostelgeschichte 2,42)

Das Herrenmahl würdig und einfühlsam neu zu gestalten, ist eine Aufgabe, die ihrer Lösung harrt. Die Basisgemeinden im Wiener Raum stellten sich diesem Anspruch beim letzten Regionalforum. Durch den Tag führte die Salzburger Theologin und Gemeindeentwicklerin Margarita Paulus-Lehner.

Wenn Kinder fragen: „Mama, kann ich auch so ein Chips haben", wird erfahrbar, wie weit sich das eucharistische Zeichen vom Leben in unserer Zeit entfernt hat. Im Brot, der Nahrung für das Leben, im gebrochenen Brot ist Jesus als Auferstandener, als Lebendiger anwesend und erfahrbar. Die Hostien sind dabei offensichtlich eher irreführend. „Brechen des Brotes" ist der ältere Begriff für Eucharistie, berichtete die Theologin.

Die Feier der Eucharistie ist heute zu sehr priesterzentriert.
Immer häufiger fragen Gemeinden: Wer wird unserer Eucharistiefeier vorstehen? Die Zahl der Priester nimmt rapide ab. Viele sind in die Jahre gekommen und nicht mehr so gesund, dass sie mehreren Gottesdiensten an einem Tag vorstehen können. Bei anderen ist es besser, wenn sie nicht kommen, weil sie Kirchenleerer sind. Die Kunst der Vorsteher ist es, die verschiedenen Gnadengaben hervorzubringen. Alles, was dem Aufbau der Gemeinde dient, ist zu unterstützen. Was ihr nicht nützt, ist wegzulassen, dies rät zumindest der Apostel Paulus.

In den Gemeinden ist der Wunsch nach Eucharistie deutlich spürbar. Das gehört zu den Entwicklungen in unserer Kirche, die erfreulich sind. Es ist eine Frucht des Zweiten Vatikanischen Konzils, dass Eucharistie wieder zur Mitte, Quelle und zum Höhepunkt des gemeindlichen Lebens geworden ist. „Wir können ohne die Feier des Herrentags als Christen nicht leben", sagten die 49 jungen Märtyrer von Karthago im Jahre 304 nach Christus. Ähnlich klingt das heute.

Das entscheidende Zentrum der Eucharistie sind nicht die durch einen geweihten Amtspriester gesprochenen Wandlungsworte, sondern ist die Versammlung der Gemeinde, die Gott für sein Wirken dankt. Den Vorsitz beim Herrenmahl hatten in der frühen Kirche der Hausvater oder die Hausmutter.

„Einer ist Gott, Einer auch Mittler zwischen Gott und den Menschen: der Mensch Christus Jesus", ist im ersten Brief an Timotheus zu lesen. Mittler zwischen Gott und den Menschen ist nicht der Priester, sondern Jesus selbst oder die Gemeinschaft der Glaubenden als Ganzes. Die Kirche ist der Leib Christi. Sie hat als königliche Priesterschaft die Aufgabe, Gott in unserer Welt in Lehre und Praxis sichtbar und erfahrbar zu machen.

Wenn heute ein Priester der Eucharistie vorsteht, so tut er dies als Zeichen der Verbundenheit dieser Gemeinde mit der Gesamtkirche. Es geht um das Sakrament der Einheit. Es geht um die Einheit der versammelten Gemeinde und um die Einheit mit der Gesamtkirche. Deshalb ist es so wichtig, dass die leitende Person der Eucharistie nicht nur vom Bischof, sondern zuerst in der Gemeinde akzeptiert ist. Sonst wird dieses Zeichen pervertiert.

Der Priester handle „in persona Christi", ist immer wieder zu hören. Auch die Lektoren und Lektorinnen handeln „in persona Christi". Das sagt das gültige Messbuch. Der der Gemeinde gegenüberstehende Christus oder die Erfahrung, dass alles von Gott geschenkt ist, drückt nicht der Priester alleine aus, sondern ist durchgängig während der ganzen Versammlung spürbar zu machen.

Mit Jesus Christus ist der Kultpriester zu Ende gegangen. Er ist für die Darbringung von Opfern nicht mehr erforderlich. Es braucht keine Opfergaben, um einen erzürnten Gott freundlich zu stimmen. Es braucht auch keine Geschenke, um seine Freundschaft zu begründen oder zu erhalten. Es braucht die Hingabe der versammelten Christinnen und Christen, die Verbundenheit mit Jesus und den Einsatz für seine Botschaft in Wort und Tat.

In der Eucharistie wird das „bedanksagte" Brot gebrochen und der Wein geteilt, wie es Jesus bei seinem Abschiedsmahl getan hat. So sagte es die alte Kirche. Gewandelt wird hoffentlich die Gemeinde, zum Körper Christi in dieser Welt. Christus ist in der versammelten Gemeinde und im gebrochenen Brot gegenwärtig. Die Gemeinde ist Trägerin der Eucharistie. Wenn Mahl gehalten wird, so geschieht das zur gegenseitigen Stärkung. Es ist eine Rast auf dem Weg. Im Hören des Wortes Gottes und im Brechen des Brotes wird Jesu Leben, Sterben und seine Auferweckung gegenwärtig.

Der Platz des Herrenmahls ist nicht außerhalb des Lebens, sondern in seiner Mitte. In der Eucharistie spricht Gott der Versammlung Heil zu und sie antwortet. In dieser Versammlung sind daher die Zuwendung Gottes und sein heilendes Wirken erfahrbar zu machen. Nicht in einem mystischen Opfer, sondern dialogisch, in erfahrbaren Begegnungen, mit Gott und untereinander.

Deshalb sind zeitgemäße Worte und eine verständliche Körpersprache, sinnfälliges Brot und Wein als Stärkung und Wegzehrung, sowie persönliche Begegnungen notwendig. Im Hören des Wortes Gottes und im gemeinsamen Mahl wendet Gott sich der Versammlung zu. Spürbar wird dies bei der gegenseitigen

Jesus, das Wort und das Brot

Begrüßung, beim Bekenntnis von Schuld und Versöhnung, bei Bitte und Dank, beim großen Dankgebet oder beim Friedensgruß und vor allem im Austausch der Gedanken über die Texte und im gemeinsamen Essen und Trinken. Es gilt erfahrbar zu machen, Gott ist mit dir, mit allen Menschen.

Hans Peter Hurka
Plattform „Wir sind Kirche" – Österreich

Das wichtigste Möbelstück der Kirche

Vor etwa 40 Jahren schrieb der hochgeschätzte Kardinal Franz König in einem Pastoralbrief an seine Mitarbeiter in der Erzdiözese Wien die folgenden Sätze, die ich immer wieder lese, weil seine Vision heute mehr denn je aktuell ist und in der Kirchen- und Glaubenskrise Schritte in eine bessere Zukunft vorschlägt:

> „Jesus hat seine Kirche
> doch als Gemeinschaft gegründet.
> Rund um den Abendmahlstisch.
> Dort ist er ihnen erschienen,
> dort haben sie ihn
> als den Lebendigen erkannt
> mitten unter sich.
> Ein Dutzend Menschen
> kann Gemeinschaft bilden,
> kann eins sein,
> kann eine Gruppe von Freunden werden.
> Gemeinschaft braucht einen Tisch.
> Diese kleinen Gemeinschaften der Kirche
> sind die heißen Kerne im Reich Gottes.
> So wird den Christen in der Großstadt
> wieder warm ums Herz werden.
> Dann wird sich auch
> das geistige Klima ändern.
> Dann wird man wieder
> ‚Christen‘ kennen
> von Angesicht zu Angesicht,
> in jedem Büro,
> in jeder Familie.
> Tausend Gruppen von Christen
> jede rund um einen Tisch,
> werden ein Feuer sein,
> an dem sich viele entzünden."

Dazu kann ich nur sagen:
Das wichtigste Möbelstück
der Kirche der Zukunft
ist der Tisch.

Jesus, das Leben und die Liebe

In ihm war das Leben, und das Leben war das Licht der Menschen. (Johannes 1,4)

Denn bei dir ist die Quelle des Lebens. (Psalm 36,10)

Amen, amen, ich sage euch: Wer glaubt, hat das ewige Leben. (Johannes 6,47)

Wer den Sohn hat, hat das Leben. (1 Johannes 5,12)

Wer will, empfange umsonst das Wasser des Lebens. (Offenbarung 22,17)

Jesus sagte zu ihnen: Ich bin der Weg und die Wahrheit und das Leben; niemand kommt zum Vater außer durch mich. (Johannes 14,6)

Meine Seele dürstet nach Gott, nach dem lebendigen Gott. (Psalm 42,3)

Denn Gott hat den Tod nicht gemacht und hat keine Freude am Untergang des Lebenden. Zum Dasein hat er alles geschaffen, und heilbringend sind die Geschöpfe der Welt. (Weisheit 1,13f)

Ich werde nicht sterben, sondern leben, um die Taten des Herrn zu verkünden. (Psalm 118,17)

Den Urheber des Lebens habt ihr getötet, aber Gott hat ihn von den Toten auferweckt. (Apostelgeschichte 3,15)

Denn wie in Adam alle sterben, so werden in Christus alle lebendig gemacht werden. (1 Korinther 15,22)

Doch ich, ich weiß: mein Erlöser lebt. (Ijob 19,25)

Ich bin gekommen, damit sie das Leben haben und es in Fülle haben. (Johannes 10.10)

Er sagte: Ich bin der Erste und der Letzte und der Lebendige. Ich war tot, doch nun lebe ich in alle Ewigkeit. (Offenbarung 1,17f)

Stark wie der Tod ist die Liebe ... auch mächtige Wasser können die Liebe nicht löschen. (Hohelied 8,6f)

Aus der Ferne ist ihm (dem Volk Israel) der Herr erschienen: Mit ewiger Liebe habe ich dich geliebt. (Jeremia 31,3)

Als Israel jung war, gewann ich ihn lieb, ich rief meinen Sohn aus Ägypten ... Mit menschlichen Fesseln zog ich sie an mich, mit den Ketten der Liebe. (Hosea 11,1 und 4)

Denn auch der Menschensohn ist nicht gekommen, um sich dienen zu lassen, sondern um zu dienen und sein Leben hinzugeben als Lösegeld für viele. (Markus 10,45)

Da er die Seinen, die in der Welt waren, liebte, erwies er ihnen seine Liebe bis zur Vollendung. (Johannes 13,1)

Jesus, das Leben und die Liebe

Das ist mein Gebot: Liebt einander, so wie ich euch geliebt habe. (Johannes 15,12)

Was kann uns scheiden von der Liebe Christi? (Römer 8,35)

Denn die Liebe Gottes ist ausgegossen in unsere Herzen durch den Heiligen Geist, der uns gegeben ist. (Römer 5,5)

Wie mich der Vater geliebt hat, so habe auch ich euch geliebt. Bleibt in meiner Liebe! (Johannes 15,9)

Die Liebe Christi zu verstehen, die alle Erkenntnis übersteigt. (Epheser 3,19)

Wer nicht liebt, hat Gott nicht erkannt; denn Gott ist die Liebe. (1 Johannes 4,8)

Deshalb sage ich dir: Ihr sind ihre vielen Sünden vergeben, weil sie (mir) so viel Liebe gezeigt hat. (Lukas 7,47)

Vor allem aber liebt einander, denn die Liebe ist das Band, das alles zusammenhält und vollkommen macht. (Kolosser 3,14)

Und wenn ich meine ganze Habe verschenkte, und wenn ich meinen Leib dem Feuer übergäbe, hätte aber die Liebe nicht, nützte es mir nichts. (1 Korinther 13,3)

Nicht mehr ich lebe, sondern Christus lebt in mir. (Galater 2,20)

Gott ist die Liebe, und wer in der Liebe bleibt, bleibt in Gott, und Gott bleibt in ihm. (1 Johannes 4,16b)

Der neue Mensch

Gott spricht zu Gott: „Lasst uns Menschen machen als unser Abbild, uns ähnlich." Und Gott erschafft den Menschen als sein Abbild, als Abbild Gottes erschafft er ihn. Als Mann und Frau, als Frau und Mann erschafft er sie.

Gott segnet sie und spricht zu ihnen: „Seid fruchtbar, und vermehrt euch, bevölkert die Erde." Mann und Frau, Frau und Mann vereinigen sich mit Leib, Seele und Geist, und schaffen Menschen, Frauen und Männer, Männer und Frauen, als Abbilder Gottes, Gott ähnlich, Menschen mit Leib, Seele und Geist. Eine Erschaffung des Menschen durch Gott und eine Erschaffung des Menschen durch den Menschen hat begonnen und noch kein Ende gefunden.

Der Mensch setzt fort, was Gott durch ihn begonnen hat. So ist der Mensch nur wenig geringer als Gott, er ist ihm ähnlich, er ist sein Abbild. In der Liebe hat Gott sich mit dem Menschen vereinigt. Wenn Menschen sich vereinigen, vereinigen sie sich auch mit Gott. Gott und Mensch vereinigt, vereint.

Der Mensch ist ohne Gott unmöglich. Aber Gott ist nun auch nicht mehr ohne den Menschen möglich. Gott und Mensch sind ein Einiges, ein Einziges geworden. Weil Gott es so wollte. Aus Liebe. Aus Liebe zum Leben. Aus einem Leben voll Liebe.

Gott ist Leben. Gott ist Liebe. Jesus ist Leben. Jesus ist Liebe. Der Mensch muss Liebe werden.

Rede des Wassers

Liebe Menschen! Wenn das Wasser zu euch redet, dann redet eine Mutter zu euch. Zwei Mütter habt ihr: die Erde und das Wasser. Aus Erde und Wasser ist alles Leben hervorgegangen.

Wenn es um das Wasser geht, geht es um das Leben. Denn „Gottes Geist schwebte schon im Anfang über dem Wasser", segnete es und machte es zum Sitz des Lebens. Wenn ich jetzt zu euch rede, verschließt nicht eure Ohren. Sagt nicht: „Die redet aber wie ein Wasserfall!" Wendet euch nicht ab, sondern schaut mir ins Gesicht, schaut in den Wasserspiegel. Ihr werdet darin sehen, wie es um das Leben steht. Wie es um euch steht.

Liebe Menschen! Alles, was lebt, braucht Wasser. Ich lasse mich trinken und brauchen, aufsaugen und verschwenden, verschmutzen und vergiften. Ich lösche den Durst und wasche die Wäsche, ich trage die Schiffe und treibe die Turbinen, ich reinige euren Leib und eure Wunden und besiege das Feuer, ich bringe die Samen zum Keimen und lasse mich verkochen, ich falle aus dem Himmel zur Erde und steige von der Erde in den Himmel. Ich kenne Oben und Unten, ich kenne euch Menschen außen und innen. Wo ich bin, ist Leben. Wo ich fehle, kommt der Tod. Immer diene ich allen. Noch nie habe ich gesagt: Ich will nicht mehr Wasser sein.

Liebe Menschen! Ich denke, ihr könnt von mir etwas lernen. Einfach bin ich wie die Luft und doch vielfältig wie das Leben. Eure Welt aber wird immer komplizierter. Für alles und jedes braucht ihr schon einen Spezialisten. Trotzdem zerfällt euch so vieles und Schätze und Glück zerrinnen euch zwischen den Fingern. Ich lebe in Einheit mit mir und mit euch allen. Ihr aber könnt Seele und Leib nicht mehr zusammenhalten. Vielen von euch fällt die Seele aus dem Leib. In anderen macht die kranke Seele den Leib krank. Denn jeder will sein eigener Herr, jede ihre eigene Frau sein. Familien zerbrechen. Volk steht gegen Volk, Nation gegen Nation, Kontinent gegen Kontinent, Religion gegen Religion, Mann gegen Frau, Kind gegen Eltern, Mensch gegen Mensch und Mensch gegen Natur.

Liebe Menschen! Werdet einfach wie ich, eure Mutter. Dient einander, wie ich euch und allen diene. So wird eure Vielfalt zur Einheit werden. Und neues Leben wird wie fruchtbarer Regen auf die Erde fallen. Schön wird euer Leben werden. Schön wie das Wasser.

Jeder Tautropfen glitzert in der Sonne. In jedem Regentropfen spiegeln sich Himmel und Erde. Die Quelle murmelt ein Lied. Der Bach hüpft über die Steine. Der Strom wandert wie ein ewiger Pilger zum Meer. Lautlos tanzen die

Rede des Wassers

Schneeflocken zur Erde und bemalen alles mit der Farbe der Reinheit und der Unschuld. Wie Zwerge und Riesen, wie Schäfchen und Löwen, wie Köpfe und Herzen ziehen die Wolken in den Lüften dahin. Der Nebel schleicht geheimnisvoll um die Häuser und durch den Wald. Der Regen trommelt seine Rhythmen ans Fenster und aufs Dach. Als Eisblume erblühe ich an jedem Glas und als Raureif kleide ich jeden Halm und jeden Zweig.

Einfach bin ich und doch so schön. Wie ein Nichts ist ein Wassertropfen und doch so kostbar. Begegnen einander zwei Tröpfchen, fließen sie zusammen. In Liebe vereint sich alles Wasser und wird zum unüberschaubaren Meer. Unendlich viele sind wir und doch nur ein Einziges. Das ist der Sinn des Wassers. Das ist mein Sinn. Er ist in mir, kommt aber von dem, der mich erschaffen hat. Einfach, nützlich, köstlich und schön hat er mich gemacht.

Liebe Menschen! Ich bin nicht nur euer Wasser. Ich bin nicht nur in eurem Blut und in eurem Leib. Ich tränke nicht nur die Pflanzen, Tiere und Menschen. Ich bin auch ein Zeichen. Ich bin das Symbol für den Kreislauf des Lebens und für die Kraft der Liebe. Durch mich spricht Gott selbst zu euch: „Bringt Leben in euer Leben!" So lasst doch eure Liebe zu Gott, zu den Menschen und zu allen Geschöpfen strömen. „Alles ist im Flusse", sagte ein Weiser des Altertums. Und der Größte unter euch, der seinen Freunden mit Wasser die Füße wusch, „dieser ist es, der durch Wasser und Blut gekommen ist: Jesus Christus." (1. Johannesbrief 5,6)

Jesus, das Leben und die Liebe

Pinkafeld, Frühjahr 2010

Lieber Bruder Jesus,

als ersten sah ich meinen Bruder Georg sterben. Am 23. November 1945. Wir waren Zwillinge, einander so ähnlich, dass uns manchmal auch die Mutter verwechselte.

Um das Gymnasium in Baden besuchen zu können, mussten wir acht Kilometer von zuhause zur Schule und nach dem Unterricht wieder nachhause gehen. Wir waren müde. Ein Militärauto mit einem Anhänger fuhr ganz langsam an uns vorbei. Wir wollten uns auf den Anhänger setzen und wurden zu Boden geschleudert. Ich blieb unverletzt. Georg wurde auf einem Pferdewagen heimgebracht. Der Arzt kam. Schädelbruch. Mein heißgeliebter Bruder starb in der Nacht im Bett der Mutter. Als seine Augen brachen, sah ich – ich kann es heute noch sehen – ein mildes Licht durchs Fenster gehen. Wir waren damals genau 10½ Jahre alt. Im gleichen Raum starb auch mein Vater. Mit 82 Jahren. Nach einem arbeitsreichen Leben als Bauernsohn und Zimmermann. Zweimal musste er Kriegsdienst leisten in den zwei entsetzlichen Weltkriegen des vorigen Jahrhunderts. Er war stolz darauf, nie einen Schuss auf einen Menschen abgegeben zu haben. Bevor er sein Leben aushauchte, ließ er den Nachbarn rufen. Seit ihren Vätern gab es einen Grundstücksstreit. Mein Vater konnte dem Nachbarn noch sagen: „Ich mache für meine Person Frieden mit dir." Dann schlief er hinüber.

Im gleichen Raum starb meine Mutter. Mit 78 Jahren. Die längste Zeit ihres Lebens hatte sie gegen geringes Entgelt bei den Bauern gearbeitet. Für noch Ärmere hatte sie immer ein offenes Herz und einen gedeckten Tisch. Sie hatte viele Geschichten und Lieder für mich und war die leitende Kraft in unserer Familie. Nun war sie so müde, dass sie nicht mehr essen, sprechen, nicht mehr leben konnte. Aber die Hände wollte sie noch immer falten. So betete ich laut bei ihr. Am Morgen nach der letzten Nacht war sie nach zwei langen Atemzügen für immer still. Ich zeichnete ein Kreuz auf ihre Stirne. Als sie bald darauf in einen Sarg aus dem bescheidenen Elternhaus hinausgetragen wurde, schluchzte ich laut.

Da ich damals schon längst in der Franziskusgemeinschaft lebte, verkaufte ich das Elternhaus. Der Käufer ließ das Häuschen wegbaggern, um ein neues Gebäude errichten zu können. Das war für mich auch ein Sterben eines Teiles von mir.

Als Letzter der kleinen Familie werde ich sterben dürfen. Ich will meinen Tod nicht verdrängen. Denn ich verkünde doch Deinen Tod, lieber Bruder Jesus, und hoffe, von Dir auferweckt zu werden zu ewigem Leben, vereint mit meinem Zwillingsbruder und meinen Eltern.

Dein Bruder Fritz

Die Straße des Abschieds
Auf der Fußwallfahrt von Pinkafeld nach Assisi im September 1993

Alles ist Abschied.
Von Anfang an.
Bis zum Ende.

Alles ist Abschied.
Auf dieser irdischen Erde.
In dieser begrenzten Welt.
In dieser Zeit, die es nicht gibt.
Außer in der Vergangenheit
und in der Zukunft.

Alles ist Abschied.
Die Straße spricht:
Mit jedem Schritt auf mir
gehst du fort.
Von mir. Von ihm. Von ihr.
Von ihnen. Von dir.
Wohin? Zu ihm? Zu ihr?
Zu ihnen? Zu dir?
Zu Gott?

Alles ist Abschied.
Veränderung. Verwandlung.
In jedem Augenblick
verändert sich alles,
verwandelt sich alles.
Kein Leben ohne Veränderung,
ohne Verwandlung.

Alles ist Abschied.
Du willst bleiben?
Du willst festhalten?
Du willst absichern?
Du suchst den Fixpunkt, von dem aus du
Raum und Zeit aus den Angeln hebst?

Jesus, das Leben und die Liebe

Das ist das Ende.
Der Tod.
Auch er ist Abschied
vom Leben des Abschieds
zum Leben ohne Abschied.

Alles ist Abschied.
Die Sonne geht auf und geht unter.
Die Regentropfen fallen zur Erde,
dringen ein und entspringen als Quelle.
Der Funke entzündet das Holz
und verbrennt es zur Asche.
Aus der Knospe entfaltet sich die Blüte
und reift zur abfallenden Frucht.
Aus dem Ei schlüpft das Kücken,
wird zur Henne, die ein Ei legt,
aus dem wieder ein Kücken schlüpft.
Durch die Vereinigung von Ei und Same
zeugen Frau und Mann das Kind.
In der Vereinigung sterben Ei und Same
und verwandeln sich
zu einem neuen Menschen.
In der Vereinigung von Frau und Mann
stirbt etwas von der Frau und vom Mann,
aus dem etwas Neues wird.
Aller Abschied ist Sterben und Werden.

Nimm Abschied.
Vom Dir zum Mir. Vom Mir zum Dir.
Vom Dir zum Uns. Vom Dir zu Gott.

Auch das sagt dir die Straße des Abschieds.
Selig, wer
die Sprache der Straße hört,
begreift, lebt.

Wer entscheidet?

Diese Frage, wer zuletzt alles entscheidet, hat schon den Psalmendichter des Königs David bewegt. Denn es ist die Frage, wer und was der Mensch ist. In welchem Verhältnis steht der Mensch zu Gott? Ist der Mensch nur der Hörende und Gehorchende, oder ist er Partner Gottes, der einen Dialog mit Gott führt?

Im Psalm 8 versteigt sich der Psalmendichter zu folgenden Aussagen: „Was ist der Mensch, dass du (Gott) an ihn denkst, des Menschen Kind, dass du dich seiner annimmst? Du hast ihn nur wenig geringer gemacht als Gott, hast ihn mit Herrlichkeit und Ehre gekrönt. Du hast ihn als Herrscher eingesetzt über das Werk deiner Hände, hast ihm alles zu Füßen gelegt." (Psalm 8, Verse 5-7)

Wenn wir diese Verse ernst nehmen, dann ist der Mensch die Krone der Schöpfung, derjenige, der über Wohl und Wehe der Mitmenschen und der ganzen Welt entscheidet. In unserer Zeit ist es wohl nicht anders, als es schon immer war: Dass einige oder auch viele, einzelne oder ganze Völker die Herrschaft der Entscheidung an sich reißen und nicht mehr aus der Hand geben wollen. Die Mehrzahl, vor allem die Kleinen und Schwachen, die Besitzlosen und Ungebildeten, wird von den Mächtigen und Reichen unterdrückt und resigniert. Fühlen und erleben wir uns, du und ich, nicht oft ohnmächtig? Ziehen wir uns dann nicht zurück in unser ureigenes Dasein mit der Feststellung: „Da ist nichts zu machen. Auf mich kommt es nicht an!"? Denn die Politiker und Manager, die Wissenschaftler und Amtsträger in den Religionen sind die Entscheidungsträger. Die Werbung, die Mode, die Idole und Champions geben den Ton an. Die Trends und Events und ihre mediale Aufbereitung reichen bis in die letzten Winkel unserer Welt. Präsidenten bestimmen über Weltkriege, Diktatoren schlagen jede Opposition nieder, und vor den Besitzern von Atombomben gehen alle in die Knie. Und heute gehört es zum Alltag, dass Terroristen völlig Unschuldige und sich selbst mordend zerfetzen, oft noch im Glauben, damit Gott einen großen Dienst zu erweisen.

Sind die Verse des Psalmendichters nur eine fromme, weltfremde Poesie? Jesus von Nazaret und die vielen Frauen und Männer aller Zeiten und Kulturen und Religionen sind ein Beweis, dass der Mensch, jeder Mensch, auch du und ich, die Möglichkeit hat, zuletzt alles zu entscheiden. Es ist nicht notwendig, unzählige Beispiele dafür anzuführen. Von Buddha bis Franz Jägerstätter, von Jesu Mutter Maria bis Mutter Teresa reichen sie.

Dieser Einsatz zur Entscheidung für Gerechtigkeit und Frieden, für Wahrheit und Liebe, für das Wohl und Glück möglichst vieler, verlangt vom Menschen das, was ich mit drei Zeitwörtern benennen will: teilen – dienen – heilen. Dass dies dem Menschen alles, unter Umständen das Leben kostet, wissen wir nur zu gut.

Jesus, das Leben und die Liebe

Gott aber hat entschieden, dass der Mensch entscheidet. Es kommt immer auf den Menschen an. Auf dich und auf mich. Wir entscheiden zuletzt alles. Das ist die Freiheit, die wir haben. Das ist die Erlösung, die uns Jesus am Kreuz vorgelebt hat und die zur Auferstehung allen Lebens führt. Denn in Jesus ist Gott selbst immer und überall dabei. In Jesus stirbt Gott selbst als Entscheidung zur Liebe.

Die Prüfung vor der Himmelstür

Der alte Kurti stirbt im Altersheim. Still, wie er ein Leben lang gewesen war, schläft er hinüber, der geschickte, kleine Tischler. Immer hatten ihn alle wegen seiner zarten Gestalt Kurti gerufen und damit gab er sich zufrieden. Seine Frau war ihm vor einigen Jahren vorausgegangen. So sagte er oft: „Ich freue mich darauf, meine Herta wiederzusehen. Bald wird es soweit sein." Nun ist es soweit.

Gut gerüstet mit Glaube, Hoffnung und Liebe steht Kurti vor der Himmelstür. Schon seine Mutter hatte ihn oft belehrt, dass er vor der Himmelstür eine Prüfung zu machen habe. Wenn er diese bestehe, dürfe er eintreten. So hatte Kurti im Religionsunterricht gut aufgepasst und sich alle Gebote, Namen und biblischen Geschichten eingeprägt, um für die Prüfung vorbereitet zu sein. Auch die vielen Predigten des Herrn Pfarrers hatte er aufmerksam in sich aufgenommen und in den Jahren im Altersheim hatte er fleißig die Bibel und den Weltkatechismus studiert, um einmal alle Fragen, die er erwartete, beantworten zu können.

Kurti steht vor der Himmelstür. Da er niemand sieht, klopft er beherzt ans Tor und meldet sich mit „Ich bin's, der Kurti, der Tischler." Da tritt zur großen Überraschung von Kurti nicht der erwartete Petrus vor die Tür, sondern es ist die Gottesmutter Maria, die ihn freundlich lächelnd empfängt und ihm die Hand gibt. Und hinter ihr eilt nun Herta, seine Frau, auf ihn zu, umarmt und küsst ihn liebevoll.

Beides überrascht Kurti und verwirrt ihn auch ein wenig, weil es so menschlich ist und er es ganz anders erwartet hatte. „Lieber Kurti, mein Sohn, sei herzlich willkommen", spricht die Gottesmutter den Neuankömmling an. „Ich weiß, du dachtest, dass Petrus dich empfangen wird. Aber da heute der 9. September ist, also mein Geburtstag, wie du weißt, darf ich die Aufnahme in den Himmel vornehmen."

Kurti nickt zustimmend und um zu beweisen, dass er mit dem Aufnahmevorgang vertraut ist, schlägt er sofort vor: „Bitte, liebe Gottesmutter, ich bin zur Prüfung bereit." Maria lächelt geradezu vergnügt und meint: „Was soll ich dich fragen, was hast du gelernt, was kannst du?" Kurtis Antwort kommt sofort: „Ich kann alle Grundgebete, auch den ‚Engel des Herrn' und den Rosenkranz kann ich aufsagen; ich weiß die 10 Gebote Gottes, kenne die Namen aller Apostel, der wichtigsten Heiligen und der letzten Päpste, ich kann alle Geschichten und Wunder Ihres Sohnes Jesus nacherzählen, finde mich in der Bibel zurecht und …" Die Gottesmutter fällt ihm ins Wort: „Lieber Kurti, wunderbar ist das alles, was du weißt. Ich bin überzeugt, dass es so ist. Aber, bitte, sprich mich mit Du an, sag einfach Mutter Maria zu mir."

Jesus, das Leben und die Liebe

Abermals etwas verwirrt nickt Kurti zum Vorschlag Marias, die ihn nun an der Hand nimmt und ein paar Schritte auf eine Wolke zuführt. Und diese Wolke ist ja eine Wiese mit Blumen und Bäumen, mit Schmetterlingen und Vögeln. Schön ist die Himmelswiese, wunderschön.

„Was ist das für ein Baum?", fragt Maria den verdutzten Himmelsanwärter. „Das ist eine herrliche Tanne, so eine, wie wir sie immer als Weihnachtsbaum hatten, nicht wahr, Herta? Wie sollte ich als Tischler eine Tanne nicht erkennen?" Die Gottesmutter fragt auch nach einem Birnbaum, einer Eiche, einem Nussbaum, aber auch nach Gänseblümchen, Lilien und Gladiolen. Kurti weiß von allem die Namen und er fühlt sich überaus wohl dabei, der Gottesmutter persönlich nicht nur Namen sondern auch Eigenschaften der Bäume und Pflanzen erklären zu können. Plötzlich werden Maria, Herta und Kurti von einer lachenden Schar kleiner Engel umringt. Es ist die Sorte dieser herzigen Wesen, die nur aus Kopf und Flügeln bestehen. Maria aber bittet Kurti: „Lieber Sohn, sing ihnen ein Lied, nach dem sie tanzen können." Kurti schaut hilfesuchend zu Maria: „Ein Lied soll ich singen? Aber was für ein Lied denn? Vielleicht das ‚Heilig, heilig' aus der Schubertmesse?" Da lacht die himmlische Frau: „Nein, nicht das ‚Heilig' sondern ein gewöhnliches Kinderlied, wie es die Mutter mit dir gesungen hat." „Wirklich, so eines?", stellt der Prüfling überrascht fest. Dann fängt er zögernd an mit „Ein Männlein steht im Walde ..." und siehe da, die Englein beginnen lustig im Kreis zu tanzen. So wird auch Kurtis Stimme lauter – schließlich hatte er ja viele Jahre im Kirchenchor gesungen und einige Male hatte ihm der Chorleiter das Solo im Agnus Dei zugeteilt.

Nun wundert sich Kurti nicht mehr, dass er auch einen Papierflieger für die Engel falten muss, an einem Tisch mit Senioren, die alle mit ihm im Altersheim und vor ihm gestorben waren, Gugelhupf und Kaffee zu servieren hat, ja, dass er mit seiner Frau eine Runde Donauwalzer vorführen muss. „Aber wann, liebe Gottesmutter", stößt der nach dem Walzer noch keuchende Kurti hervor, „wann kommt denn die Prüfung?" „Mein lieber Sohn", erklärt Maria feierlich, „das war die Prüfung", und die Himmelstür öffnet sich in diesem Augenblick und das unbeschreiblich schöne Land des Glücks steht Kurti offen. Sein „Aber, aber ..." tut nichts mehr zur Sache. Denn vom Himmel her spricht eine sanfte Stimme: „Wenn ihr nicht werdet wie die Kinder ..."

Wüste

Weihbischof Florian Kuntner war Bischofsvikar für das so genannte Vikariat Unter dem Wienerwald, also für den niederösterreichischen Anteil der Erzdiözese Wien im Süden. Mit ihm fuhr ich auf dem Fahrrad im Frühjahr 1976 für einige Tage durch einen Teil des Vikariats, weil er es einmal vom Rad aus visitieren wollte. Dabei kamen wir auch in das kleine Dorf Regelsbrunn, das an der Donau liegt. Dort hatten und haben noch immer die „Kleinen Schwestern von Jesus", die auf den Wüstenheiligen Charles de Foucauld zurückgehen, ein kleines Bauernhaus als Fraternität, wie sie ihr Klösterchen nennen. Dort fanden wir all das, was wir uns mit einigen anderen in vielen Überlegungen und Gesprächen als ein neues, einfaches und anderes Leben, als ein Leben nach dem Evangelium und den Urgemeinden ähnlich vorstellten. Dorthin zog es uns dann immer wieder und dort hielten wir, oder besser erlebten wir „Wüstentage", wie wir das von Anfang an nannten. Bald machten wir Wüstentage und Wüstenwochen auch an anderen Orten, am Berg oberhalb von Kirchberg am Wechsel, in Kampichl, einem Ortsteil in Zöbern, aber auch in Steinabrückl nahe Wiener Neustadt und sogar in Wien. Sehr bald auch in Assisi, später in Spello in den Eremi der „Kleinen Brüder von Jesus", dann und vor allem heute noch im Ruinendörfchen Nottiano, 12 km von Assisi entfernt, hinter dem Monte Subasio, und seit einigen Jahren auch in Bicske in Ungarn und auf einer Almhütte in Bayern oberhalb von Ruhpolding. Einmal hielten wir Wüstentage auch bei einer Radfahrt ab. Denn Wüstentage lassen sich überall, sogar auch in den eigenen vier Wänden machen und erleben.

Da ich beim Zählen der abgehaltenen Wüstentage bei der Zahl 85 aufgehört habe, weiß ich nicht mehr, wie viele ich begleitet habe. Aber vorsichtig geschätzt waren es sicher in den mehr als 30 Jahren seit dem ersten Wochenende im Dezember 1976 weit über 200 Wüstentage und Wüstenwochen. Mehrmals nahm Weihbischof Kuntner teil. Die allermeisten begleitete ich mit Bruder Franz Edlinger, dem Zisterzienser aus Heiligenkreuz, der später das „Haus des Friedens" gründete und führte. Einige tausend Frauen und Männer – wir nennen uns immer Schwestern und Brüder – waren bis heute Teilnehmer.

Und noch immer kommen Neue dazu. Aus den Wüstentagen entstand auch in den späten Siebzigerjahren des vorigen Jahrhunderts eine Bewegung, die plötzlich „Wüstenbewegung" genannt wurde und damit einen Namen hatte. Es gab keine Mitglieder, aber etwa 3.000 Interessenten; und die Zeitschrift „Wüstenkurier" schrieben wir für sie. Kennzeichnend waren die Solidarität mit den Armen in aller Welt, der Einsatz für Gerechtigkeit und Frieden, die Bewahrung der Schöpfung und ein einfacher Lebensstil auf der Basis des Evangeliums.

Jesus, das Leben und die Liebe

Zurück zum Ausgangspunkt, zur Wüste im übertragenen Sinn, zu den Wüstentagen, was sie waren und noch immer sind. In diesen Tagen haben die Teilnehmer die uralte Erfahrung erlebt, dass der Weg in ein neues, einfaches und glückliches Leben durch die „Wüste" führt. Wenn man den Weg in die Wüste nicht scheut. Er lohnt sich. Einmal. Und immer wieder. Eigentlich sind diesen Weg alle Heiligen, alle tief religiösen Menschen, überhaupt alle auf der Suche nach Weisheit und Mitmenschlichkeit, auf der Suche nach Ewigkeit und Gott gegangen. Man muss nur in die Menschheitsgeschichte schauen und wird mehr als viele Beispiele dafür finden.

Einige Grunderfahrungen solcher Wüstenzeiten sollen in diesem Buch beschrieben werden, weil sie in unserer hektischen, technisierten und mit materiellen Gütern übervollen Zeit allgemeine Gültigkeit haben.

Erfahrung

Wir haben uns die ersten Wüstentage „erfahren". Auf dem Rad waren wir unterwegs und kehrten bei den „Kleinen Schwestern" in der Fraternität von Regelsbrunn ein.

Wir erblickten ein neues Leben. Schlichte Einfachheit, fröhliche Herzlichkeit, gläubige Anbetung, fleißige Arbeit, selbstlose Hingabe. Alles war sofort zu sehen. Im Haus. Im Kuhstall. Im Garten. In der Kapelle aus Holz. In den Augen der „Kleinen Schwestern". In dem, was sie uns als Jause bereiteten.

Ich hob im Hof einen Donaustein auf, einen faustgroßen Kiesel, der eine Höhlung hatte und wie ein Gesicht, eigentlich ein Totenkopfgesicht aussah. Ich erbat ihn mir und habe ihn noch immer auf meinem Schreibtisch stehen. Er erinnert mich noch immer an den Kairos, diesen Anstoß zu einem neuen Leben.

Wir wurden schweigsam. Sehr schweigsam. Einiges fragten wir. Blicke tauschten wir. In unserem Inneren begann es zu brodeln. Draußen auf dem Donauuferweg holperten wir auf den Rädern dahin. „Das ist es, was wir suchen und brauchen!", rief mir Bischof Florian Kuntner zu. „Das ist die Wüste, die uns ein neues Leben eröffnet!", war meine Antwort.

Wir fuhren mit anderen hin, um ihnen unsere Entdeckung zu zeigen. Und ich fragte dabei an: „Wäre es möglich, dass einige Interessierte sich hierher zurückziehen? Wüstentage möchte ich das nennen. Ich habe das Wort bei Carlo Carretto aufgeschnappt." „Aber ja, bitte, kommt nur!", war die freundliche Antwort der Schwestern, ohne einen Augenblick lang zu überlegen.

Der erste Prospekt „Wüstentage" flatterte vom Bildungshaus St. Bernhard in Wiener Neustadt hinaus, wo ich als so genannter Erwachsenenbildner arbeitete. Und sofort waren mehr Anmeldungen da als vorhandene Schlafplätze. Das war dann immer so und ist bis heute so.

Wüstentage

Was ist das? So fragt jeder mit Recht. Aber ich kann beim besten Willen keine exakte Antwort geben. Denn Wüstentage lassen sich nicht mit Worten beschreiben, sie lassen sich eigentlich nur erleben. Und jeder erlebt sie anders. Jeder wird sie also auch etwas anders beschreiben.

Alle, die schon in der „Wüste" mit dabei waren, haben in sich und in der Gemeinschaft mit den anderen einen Vorgang erlebt, der sie im Innersten betroffen gemacht hat. Sie gehen als andere, neue, befreite Menschen nach Hause und haben zumindest einen tiefen, unvergesslichen Blick in ein Leben getan, das trotz größter Einfachheit sehr glücklich ist.

Wüstentage führen in die Stille, in der sich aber Entscheidendes ereignet. Heraus aus dem Alltag, aus der Gewohnheit, aus der Bequemlichkeit, aus Stress, Leistungsdruck, Lärmüberflutung, Konsumhaltung. Heraus aus der Schablone, aus dem, was wir zu sein scheinen, aus dem, was wir so nach und nach geworden sind. Und hinein in die Stille der Wüste. Wir beginnen zu hören, zu schauen, zu ahnen, zu staunen. Wir sehen uns selbst, andere, Gott. In den Herzen stößt irgendwer so etwas wie eine Revolution, eine Umwälzung an. Sie erfasst einen, mehrere, fast immer alle. Wenn der Mut da ist, sich erfassen zu lassen. Wir beginnen uns zu öffnen. Ohne Worte oder mit Worten zu sprechen. Auf andere zu hören. Auf Gott zu hören. Wir beten. Wir essen und trinken miteinander. Wir arbeiten miteinander. Wir singen, lachen, freuen uns. Manche spüren den Segen der Tränen. Andere wagen erstmals ein lautes Gebet mit eigenen Worten. Wir feiern Eucharistie. Brot und Wein Jesu wird in uns und unter uns. Ein neues Leben beginnt in uns.

Ein neuer Psychotrip?

Wüstentage sind also ein Rezept, um dem postmodernen Menschen zu helfen, die vielen und vielfältigen Probleme zu bewältigen, die die Konsum- und Spaßgesellschaft als lästige Anhängsel in unser Dasein gebracht haben. – Nein! Wüstentage sind kein Rezept. – Dann sind Wüstentage vielleicht ein Trick aus der Zauberkiste der Psychologie, aus dem Repertoire der Gruppendynamik, eine Mixtur aus den bereits zahlreichen Verfahren der Psychotherapie. Nein! Wüstentage sind kein Trick, keine tiefenpsychologische Methode, kein neuer therapeutischer Kunstgriff. Dazu fehlen den Begleitern Ausbildung und Anwendungspraxis. Selbstverständlich stehen Wüstentage mitten im menschlichen Leben und Erleben und spielen sich daher nicht jenseits der Psychologie, der Psychotherapie und Gruppendynamik ab. Aber die Wüstentage gehen darüber hinaus. Sie gründen auf der Freiheit des einzelnen, auf der Offenheit innerhalb einer Gemeinschaft, auf Zuwendung, Begegnung und Berührung inmitten von Natur, Welt und Kirche, wobei Gott als liebevoller Partner gesucht und gefunden werden kann. Gottes Geist, der allen Menschen verheißen ist, kann empfangen werden, wenn man sich ihm öffnet. Er gilt schon immer als der Beistand für jedes Leben. Dadurch sind Wüstentage auch und besonders ein Geheimnis, das sich ereignet, das sich der Erklärung entzieht und nur den Glaubenden, Hoffenden, Liebenden deutlich wird, die sich auf eine Wüstenwanderung einlassen. Wüstentage sind ein Geschenk. Ein Geschenk Gottes.

Haus

Unter Haus kann man sich vieles vorstellen. Jeder hat ein Wunschhaus in sich. Beim einen mag es ein Palast sein, ein Schloss, eine Villa, beim anderen ist es ein Holzhäuschen, eine Berghütte oder gar nur ein Zelt.

Für uns alle aber ist „Haus" zu Hause sein. Zu Hause sein heißt, sich geborgen wissen, geschützt und hoffentlich glücklich leben können.

Zu Hause sind alle, die wir lieben. Die Eltern und Geschwister, die Ehepartner und Großeltern. Vielleicht eine Tante, ein Onkel oder jemand, den wir aufgenommen haben und der jetzt schon ganz dazugehört.

Zu Hause essen und schlafen wir, zu Hause machen wir es uns bequem, zu Hause machen wir das, was wir gern tun, zu Hause singen, lachen, weinen wir, zu Hause sind wir so, wie wir sind. Denn wir sind zu Hause.

Zu Hause haben wir das, was wir brauchen an Einrichtung, an Lebensmitteln, an Nützlichem und Schönem. Blumen etwa, Bilder, Bücher, Fernseher, Kleidung, Badezimmer, Erinnerungsstücke. Unser Haus gestalten wir uns stets schöner und angenehmer. Je nach Einkommen. Denn unser Haus ist unser Zuhause.

Und in der Wüste sind wir auch in einem Haus. Es ist ein Haus, wie es noch die so genannten armen Leute haben. Ein Haus, wie wir es nach dem Krieg hatten. Es ist ein einfaches, schlichtes, bescheidenes Haus. Ein Haus, in dem es nur Notwendiges und doch auch manch Schönes gibt. Trotzdem: Die Einfachheit – ich wage zu sagen – die Armut stößt uns nicht ab. Nein! Sie zieht uns hinein: In das Haus. Wir sind hier sofort zu Hause.

Kapelle

Wo ist Gott? Du siehst ihn nicht, du hörst ihn nicht, du spürst ihn nicht. Weil du anderes wichtiger nimmst. Weil du auf der Oberfläche schwimmst, statt einzutauchen ins Leben, in die Natur, in deine Person, in das Miteinander mit anderen, in Freude und Leid, in Stille und Gespräch, in das Wort und Brot Gottes, in Gott selber.

Gott ist da. Immer da. Immer in dir und im Mitmenschen, auch in jedem Geschöpf. An manchen Orten ist er ganz besonders erlebbar. Geradezu hörbar, spürbar, sichtbar.

Hier in der Kapelle. In diesem schlichten Zimmer. An der Wand unser gekreuzigter Bruder Christus. Altar, Blumen, Kerzen wie überall in Kirchen. Kleine Schemel zum Knien. Rechts aus einem Balken eine Muttergottes herausgeschnitzt. Links vorne ein kleiner Jesus, wie ihn die „Kleinen Schwestern" aus Ton verfertigen, in einem Strohkörbchen. Oben eine Holzdecke in Zeltform.

Alles ist so wie in einem Wohnraum, in dem ich mich wohlfühle. Heimelig ist alles. Ich denke, dass Petrus sich so einen Raum vorgestellt hat, als er auf dem Taborberg Jesus anbot, drei Hütten zu bauen. Hier ist Jesus. Das spürt jeder, der eintritt. Wir erleben es voll Freude. Wir knien nieder und beginnen zu beten. Voll Herzenslust. Endlich wieder einmal beten, lange beten, frei beten, nichts als beten. Nur so da sein bei Jesus, nur ihn anschauen, sich von ihm anschauen lassen, lächeln, weinen, singen, loben, danken, bitten, um Erbarmen rufen. Alles darf sein. Leise und auch laut. Das ist etwas Wunderbares für das Herz. Denn auch die Kapelle ist wie ein Herz. So geht alles von Herz zu Herz. Die Kapelle ist das Herz der Wüste. Denn auch die Wüste hat ein Herz.

Karotten

Hier in der Wüste stehen auf dem Tisch ganz einfache Speisen: Brot, Butter, Tee, Käse, Erdäpfel, Knackwürste, Salat, Marmeladen und Karotten. Die „Kleinen Schwestern" bauen viele, viele Karotten und lagern sie im Keller. Bei den Wüstentagen werden sie aufgetischt.

„Karotteure aller Länder vereinigt euch!", habe ich als Spaß dazu erfunden, und „Wir sind alle bei der KradKa". KradKa bedeutet „Kraft durch Karotten".

Und alle finden das Essen herrlich. Hier kann keine Rede von Wüste sein, meinen sie. Das schmeckt doch alles prima. Das ist doch besser als das Essen zuhause. Warum? Schon die Gemeinschaft um den großen, einfachen Tisch macht fröhlich. Das Tischgebet deutet an, dass auch das Essen Geschenk Gottes ist. Und die Echtheit der Speisen führt uns zur Natur zurück. Auch Brot und Karotten und Pfefferminztee schmecken wie Leckerbissen.

Da dämmert es in vielen, dass die Natur alles hat, was wir brauchen: Speisen, Wärme, Luft, Blumen, Holz, Heilkraft, Licht, Schönheit, Leben, Sterben, Auferstehen. Wir müssen mit der Natur leben. Wir dürfen sie nicht weiter zerstören, ausbeuten, verdrecken. Wir müssen einsehen, dass wir selbst ein Stück Natur sind. Wir können nicht ohne Karotten leben.

Humor

Humorvoll sein ist eine Eigenschaft, die meistens mit Witzeln und Blödeln verwechselt wird. Manche meinen überhaupt, Humor hätte nur, wer laut herauslacht, wer sich über alles lustig macht, wer im Rausch stundenlang grölt.

Humor aber ist die Schwester der Güte und des Friedens. Humor kommt aus den glücklichen Menschen wie eine frische Quelle. Humor spiegelt sich in den Augen, im Antlitz des Menschen. Humor ist, wenn einer über sich selbst aus ganzem Herzen lachen kann. Humor verletzt nicht, sondern befreit, erheitert. Humor strahlt wie die Sonne über einer Gemeinschaft. Humor ist die Zufriedenheit mit dem Alltäglichen und mit sich selbst.

Auf einmal ist dieser Humor mitten unter uns und in uns. Die Freundlichkeit des einen steckt alle an. Das eiskalte Wasser, die harte Schlafstätte, der schmerzende Rücken bei der ungewohnten Arbeit, dies alles kostet uns nur ein Lächeln. Wir zeigen dies, denn wir sind bereits voller Humor.

Da ereignet sich noch das Wunder mit dem Klopapier. Die Schwestern haben vergessen, dieses wichtige Etwas zu kaufen. Wir sind schon angekommen und der Kaufmannsladen hat gesperrt. Als wir zum Abendessen kommen, ist das Wunder bereits geschehen. Lachend erzählt es eine Schwester. Sie fand plötzlich in einer Zimmerecke einen großen Sack voller Papierrollen. Zufällig – nein, es ist Fügung – hat eine Teilnehmerin WC-Papier als praktisches Geschenk mitgebracht. Womit aus der Not geholfen war und ein Wunder des Humors sich ereignet hatte. Wo Humor ist, wachsen Wunder. Sichtbare, greifbare Wunder. Und unsichtbare, die sich in der Wüste unserer Herzen ereignen. Wir lachen minutenlang und später immer wieder, wenn wir daran denken. Weil unser Herz bereits verwandelt wurde.

Jesus, das Leben und die Liebe

Abschied vom Tabor

Am Berg Tabor sahen Petrus, Jakobus und Johannes ihren Jesus in verklärter Gestalt. Er muss einmalig schön und gut ausgesehen haben, denn die drei Jünger wollen bleiben. Petrus verspricht, für Jesus, Mose und Elia je eine Hütte zu bauen. Aber Jesus lässt sich darauf nicht ein. Er kehrt mit ihnen zurück zu den Menschen ins alltägliche Leben. Taborseligkeit ist nur ein Hineinblicken in den Himmel. Die Apostel sollten Geschmack finden an dem, was Gott denen bereitet hat, die ihn lieben.

Die Wüste hat manches vom Tabor an sich. Der eine begegnet Gott zum ersten Mal ganz persönlich, die andere findet ihn nach langer Zeit wieder, dem dritten gelingt es, sich zu öffnen, die vierte weint alle Bitterkeit aus sich heraus. Das selige Licht des Tabor liegt am Ende der Wüstentage auf unseren Gesichtern und in unseren Herzen. Deshalb wollen manche die Wüste nicht verlassen.

Die Schwestern haben noch eine Jause gerichtet. Wir sitzen noch einmal an diesem uns so vertraut gewordenen Holztisch, wir schlürfen noch einmal den Pfefferminztee oder das Häferl Kaffee. Sie machen einen starken Kaffee, keinen typisch katholischen.

Dann ist Aufbruch. Er muss sein. Wir können ja wieder kommen. Wir werden wiederkommen. Manche waren schon mehrmals bei Wüstentagen. Wüstenschwestern und Wüstenbrüder sind wir geworden. Und die „Kleinen Schwestern" laden alle ein: „Kommt bald wieder! Nehmt eure Ehegatten und eure Kinder mit." Vorm Gartentürl winken sie uns nach.

Als Bettler sind wir gekommen. Als Millionäre gehen wir heim. Teilen wir alles, vor allem unseren Reichtum, die Millionen, die uns Gott zugeworfen hat. Amen. Das darf ich doch sagen. Es heißt nur: So sei es.

Gemeinschaft der Schwestern und Brüder von Nottiano

In der Eremo Abramo in Nottiano bei Assisi
1. November 2009, Allerheiligen

Ich schlage die Bibel auf und finde: „Da rief er ein Kind herbei, stellte es in ihre Mitte und sagte: Amen, das sage ich euch: Wenn ihr nicht umkehrt und wie die Kinder werdet, könnt ihr nicht in das Himmelreich kommen!" (Matthäus 18,2-3)

Seit längerer Zeit bedrängt mich immer wieder folgende Vision:

Gemeinschaft der Schwestern und Brüder von Nottiano:
1. Jesus von Nazaret, der Christus, ist unser Herr und Bruder.
2. Sein Leben und sein Evangelium, insbesondere die Bergpredigt, sind unsere Regel.
3. Wir wollen auf den Spuren von Bruder Franziskus, Schwester Klara und Bruder Giovanni semplice durchs Leben gehen.
4. Wir leben durch Gebet und Arbeit.
5. Wir bewahren und behüten alle Geschöpfe.
6. Wir wollen teilen, dienen und heilen und bieten Gastfreundschaft.
7. Wenigstens alle 2 bis 3 Jahre verbringen wir eine Woche oder länger in Nottiano, um die Umkehr zu einem Leben nach diesen Grundsätzen einzuüben und zu vertiefen.
8. Wir wollen alles im Frieden, in Freude und in Liebe tun.

Amen! So sei es, das sagte Jesus seinen Jüngern, dass sie umkehren und wie die Kinder werden müssen.

Bruder Fritz Giglinger

Bruder Werner Ertel trat am 13. November 2009 in diese Gemeinschaft ein. Wird noch jemand den Eintritt wagen?

Jesus, das Leben und die Liebe

Nottiano, November 2010

Lieber Bruder Jesus,
wie zärtlich hängen die Tautropfen
an Gräsern und Blumen.
Wie zärtlich streicht der Abendwind
durch Hof und Garten.
Wie zärtlich locken einander die Tiere.
Wie zärtlich tröstet die Mutter
ihr weinendes Kind.
Wie zärtlich begegnen einander
mit Blicken, Gesten und Worten
zwei sich liebende Menschen.
Wie zärtlich hat Dir eine Dirne
die Füsse geküsst und gesalbt.
Wie zärtlich lehnte sich
Dein Lieblingsjünger in der
Abschiedsstunde an Deine Brust.
Wie zärtlich hast Du nach Deiner
Auferstehung dieses „Maria!"
zu Magdalena gesprochen.
Wie zärtlich hast Du Petrus gefragt:
„Liebst Du mich mehr als diese?"
Du warst und bist ein
zärtlicher Herr und Bruder,
ein zärtlicher Mensch und Gott.
Zärtlichkeit ist die keusche, dienende,
heilende Kraft der Liebe.
Die Zärtlichkeit kann uns
retten und glücklich machen.
Deine Zärtlichkeit reicht bis ins
Allerheiligste, wo Du Dich
als Brot der Liebe von uns essen lässt,
auch von mir,

Deinem Bruder Fritz

„Coraggio!"
Begegnungen mit Bruder Carlo Carretto

„La luce di Dio brilli sempre nei tuoi occhi belli" – „Das Licht Gottes möge immer in deinen schönen Augen leuchten." Unterschrift: fratel Carlo. Dann reicht er mir mit verschmitztem Lächeln sein Buch „Was uns Franziskus heute sagt", in das er diese Widmung geschrieben hat – und schon kommt der Nächste in der Reihe der Wartenden dran.

Ein Tag in Spello, Besuch bei Carlo Carretto. Das ist immer ein Fixpunkt der „Wüstenwochen" in Assisi, damals in den Achtzigerjahren. Wir wohnen entweder im Cenacolo Francescano, unten in Santa Maria degli Angeli, oder oben in der Stadt bei geistlichen Schwestern, die Pilger aufnehmen. Bei der Ankunft haben wir schon 18 Stunden Bahnfahrt in den Knochen: ab um die Mittagszeit am Wiener Südbahnhof oder in Wiener Neustadt, an tags darauf in der Früh in Assisi; dazwischen Umreihen des Waggons um Mitternacht in Mestre, Umsteigen im Morgengrauen in Terontola/Cortona, nahe dem Trasimenersee. Eine Nacht im Zug, ohne Liegewagen – wer tut sich das heute noch an?

Zum Besuch bei Bruder Carlo sind wir nie angemeldet. Wir fahren mit der Bahn Assisi – Spello, folgen eine Stunde Fußweg den geheimnisvollen roten Pfeilen. Ist er zuhause, in seiner „Eremo Giacobbe", freuen wir uns; wenn nicht, packen wir unter einer Zypresse unsere Jausenbrote aus und hören, was uns Bruder Fritz über fratel Carlo und seine Bücher zu erzählen hat.

Manchmal bindet sich Bruder Carlo spontan eine Schürze um, bekocht uns Österreicher mit Spaghetti. Dann holt er noch ein paar Flaschen umbrischen Weißwein aus dem Keller – und fertig ist das Festmahl beim gastfreundlichen „Kleinen Bruder".

Ein gemeinsames Gebet in seiner Hauskapelle vor dem Allerheiligsten, das in einer schlichten Olivenholz-Monstranz ausgesetzt ist, begleitet Carlo mit meditativen Gedanken; dazwischen schaltet er seinen Kassettenrecorder ein und lässt einen engelgleichen Schwesternchor erklingen. Das ist für mich „wie im Himmel" ...

Zum Abschied stellt sich der gütige „Kleine Bruder" immer auf den Stiegenaufgang und winkt uns nach: „Coraggio, fratelli e sorelle – coraggio!" „Mut, Brüder und Schwestern."

Wenn sich dazu Gelegenheit bietet, dürfen wir ihm Fragen stellen, die uns bewegen, ihn unter vier Augen um einen Rat bitten. Ich erinnere mich zum Beispiel, dass wir im Jahr unseres „Lebensversuchs Teilen" schon ungeduldig in den Startlöchern zu einer verbindlichen Gemeinschaft scharren. Bei einer Wüstenwoche im Frühjahr 1981 nütze ich die Gelegenheit und frage Bruder Carlo, ob ich meine Arbeit beim österreichischen Fernsehen – ich bin damals fix angestellter Redakteur/Reporter – aufgeben soll, um ganz frei zu sein für eine Gemeinschaft: „Vielleicht noch nicht ganz", sagt er mir nur dazu.

Schon Tage zuvor habe ich mich darauf eingestellt, mich an sein prophetisches Wort zu binden; mit Herzklopfen höre ich diese seine Antwort – und nehme sie dankend an, wie sie ist.

Wenige Monate später melde ich mich – es ist der 21. August 1981 – als „Fixstarter" für unsere Franziskusgemeinschaft, kündige meine Anstellung beim ORF. „Bist du wahnsinnig, eine Lebensstellung beim ORF aufzugeben?", ist die Frage, die mir alle im Haus am Küniglberg stellen. Ich biete dem Leiter der Abteilung Religion, Anton Fellner, jedoch gleichzeitig an, als Freier Mitarbeiter weiterzumachen: und das nimmt dieser gerne an.

„Un miracolo"

Im März 1984 werden Bruder Lanfranco und Bruder Heinz von der Franziskusgemeinschaft ausersehen, fratel Carlo und die ihn auf Reisen meist begleitende Krankenschwester Irina abzuholen. Eine Woche lang führen ihn Lanfranco und ich zu den „Oasen" unserer Wüstenbewegung in Ostösterreich. Gerhard Stingl aus Mödling stellt sein Auto zur Verfügung.

Bei einem Abend-Gottesdienst in der Pfarrkirche von Pinkafeld erfragt Bruder Carlo kurz vor Beginn die Tageslesung und nimmt dann in seiner Predigt Bezug auf die Geschichte vom ägyptischen Josef. „Wir werden nicht als Brüder und Schwestern geboren – aber wir können Brüder und Schwestern werden – wenn wir umkehren."

In Katzelsdorf bei Wiener Neustadt strahlt Pater Franz OCist auf den Stufen seines „Hauses des Friedens" vor Freude über den Besuch des „Kleinen Bruders" aus Italien; in Mödling haben Gerhard Stingl, seine Familie und Freunde im Obergeschoß des „Hauses der Hoffnung" – eines stilvoll renovierten Renaissance-Hofs in der Fußgängerzone – ein Festmahl für uns bereitet. In die noch winterkühle Neuklosterkirche in Wiener Neustadt kommen an die 800 Jugendliche, um mit Bruder Carlo eine Jugendvesper zu feiern. Die Atmosphäre dieses Abends erinnert an die „Jugendfeste", die wir mehrfach in Assisi mit Jugendlichen aus dem Vikariat Unter dem Wienerwald gefeiert haben: ein „Fest des Hl. Geistes" nennt fratel Carlo selbst diesen Abend.

Besonders zuhause fühlt sich Bruder Carlo bei den „Kleinen Schwestern von Jesus" in Regelsbrunn an der Donau. An dem einfachen Tisch, an dem Bruder Fritz schon so viele „Wüstentage" abgehalten hat, fragt der Gast aus Italien die Novizinnen, warum sie „Kleine Schwestern" werden wollten, was sie an diesem Leben so anziehend fänden und wie sie sich dazu entschlossen hätten. Erfreulich besonders für Lanfranco und mich sind ihre Berufungsgeschichten: Kommt doch in dieser Zeit der Nachwuchs für Regelsbrunn zu einem guten Teil aus unserer Wüstenbewegung, und oft sind darunter junge Leute, die bei den Jugendfesten in Assisi eine ganz andere Kirche erlebt haben. Ich selber erlebe diese Begegnungen in Regelsbrunn als fast unwirklich schön, wie eine „Vox caelestis" einer Orgel, wie den Flügelschlag des Heiligen Geistes.

Auf der Heimfahrt im Auto beginnen wir spontan zu singen: „La Montanara", eines der Lieblingslieder von fratel Carlo, oder das „Credo" aus der „Missa de Angelis", Gregorianischer Choral, der die Seele zum Schwingen bringt.

Eine ganze Woche lang sind wir Vier 24 Stunden am Tag beisammen, 168 Stunden, in denen etwas vom Ebenbild Gottes in uns Menschen spürbar, wohl auch sichtbar wird.

Jesus, das Leben und die Liebe

Am letzten Abend schauen wir noch bei Susie und Peter Pecha in Eßling, am nördlichen Stadtrand Wiens, vorbei. Carlo Carretto hat am Nachmittag noch einfach und unprätentiös im ORF-Zentrum bei einer Aufzeichnung einer Religionssendung die Fragen von Anton Fellner beantwortet – wie er als „Kleiner Bruder" in Umbrien lebe, als Schriftsteller und als einer, der sich Gedanken über die Zukunft der Kirche mache. Peter Pecha, Primgeiger der Wiener Philharmoniker, hat sich den Besuch Carlos so sehr gewünscht, dass wir spätabends noch kurz zu Besuch kommen. Da zeichnet fratel Carlo plötzlich auf einer Papierserviette das fast verfallene Geburtshaus des Giovanni semplice in Nottiano/Armenzano, einem Ort an der Nordseite des Monte Subasio, 10 km von Assisi entfernt. Der „einfältige Johannes" war der erste Gefährte von Franziskus aus bäuerlicher Herkunft. Wir Österreicher sollen sein Haus renovieren und dann in diesem „Haus der Umkehr" unsere Wüstenwochen abhalten. Das gelang allerdings nie. Jedoch fahren wir seither immer nach Nottiano in die Eremo Abramo, ein gut renoviertes, uraltes Bauernhaus, das der innig mit Carretto befreundeten Familie Morra aus Mailand gehört. Dort versorgen wir uns selbst, beten gemeinsam in der schlichten Hauskapelle, besuchen die Gedenkstätten in der Stadt des Poverello, besteigen den Monte Subasio auf der Assisi abgewandten Seite und gehen dann hinunter zu den „Carceri".

Nottiano, der nur noch aus zwei bewohnbaren Häusern und einigen Ruinen bestehende Ort, hat in seiner Kargheit und seiner absoluten Ruhe eine eigene Ausstrahlung; er ist für viele zu einem Ort der Kraft geworden, wo sich die Sinne auf Weniges, auf Wesentliches konzentrieren können. Auch die Beiträge zu diesem Buch sind mehrheitlich dort entstanden.

Für fratel Carlo ist unsere Franziskusgemeinschaft als verbindliche Gebets-, Lebens-, Arbeits- und Gütergemeinschaft von christlichen Laien wohl der stärkste Eindruck seiner Österreich-Woche gewesen – das erfahren wir später, als Gerhard Stingl und Heinz Handsur, die ihn nach Italien zurückbringen, davon erzählen, wie überschwänglich dieser seinen Freunden von „Pinkafeld" berichtet habe: die Wüstenbewegung sei „ganz großartig" und die Franziskusgemeinschaft ein „wirkliches Wunder". In seinen vielen Schriften, in Vorträgen und Predigten hat Carlo Carretto immer wieder von so einer verbindlichen Gemeinschaft von Christen als dem Evangelium am ehesten entsprechend geträumt; so stellte er sich die Zukunft der Kirche vor.

Bei einer Abschiedsvesper in der Hauskapelle der Gemeinschaft am Kalvarienberg in Pinkafeld meint Carlo über diese unsere Lebensform: „E veramente una pazzia" – „Es ist wirklich eine Narretei", und weiter: „Siete tutti pazzi" – „Ihr seid alle Narren", Narren Gottes.

Jesus, das Leben und die Liebe

Der „Kleine Bruder" aus Spello, dessen Bücher Millionenauflagen erreichen und in so viele Sprachen übersetzt werden – er vermittelt uns, dass wir das verwirklichen, wovon er immer geträumt habe. Ist Franz von Assisi unser Patron, so ist Carlo Carretto unser geistlicher Vater. Seine Bücher haben uns in der Gründung der Gemeinschaft bestärkt und die Begegnungen mit ihm in Spello – und jetzt in Österreich – sind uns Ermutigung, Stärkung, Bestätigung unseres Weges. Als ich Bruder Lanfranco frage, was diese Tage mit Carlo Carretto ihm persönlich bedeutet haben, meint er nur: „Was soll man sagen, wenn man eine Woche mit einem Heiligen unterwegs ist?"

Später, wenige Tage vor seinem Tod, wird der „Kleine Bruder" aus Spello, schwer gezeichnet von Leukämie, den Brüdern Lanfranco und Fritz nur eines mitgeben: „Bleibt eurer Berufung treu!"

An dem schlichten, flachen Grabstein aus rötlichem Kalk in San Girolamo in Spello mit der Aufschrift „fratel Carlo" lasse ich meine Begegnungen mit dem großen „Kleinen Bruder" an mir vorüberziehen. Meiner lieben Frau, die mit mir aus Österreich hierher geradelt ist, erzähle ich, was mir Carlo Carretto bedeutet hat und noch immer bedeutet. So höre ich immer wieder seine Stimme in dem Hörbuch „Io Francesco". An der Stelle, an der er Franziskus „vom Geheimnis der Armut" reden lässt, versagt dem Autor selber fast die Stimme: „... ich erkor mir Frau Armut zur Braut, und alsbald verließ mich jede Furcht. Ich betrat die wahre Freiheit." (Carlo Carretto, Was uns Franziskus heute sagt, Herder, Freiburg 1981, Seite 44).

Der Liedermacher Pierangelo Comi „rettet" über diesen Moment der Rührung mit einem von ihm vertonten Zitat aus Matthäus 22 hinweg: „O poveri del mondo, venite."

So war Bruder Carlo – andere rührend und selbst berührt, suchend und findend, liebend – und doch am Totenbett noch weinend, weil er zu wenig geliebt habe in seinem Leben. Er war für mich ein Mensch, in dessen Gegenwart ich „meine Seele ruhig werden und still" lassen konnte, wie der Psalmist den „Frieden mit Gott" beschreibt; einer, den ich immer besser, glücklicher, zufriedener verließ, als ich zu ihm gekommen war.

Bruder Werner

Lieber Bruder Jesus

Nottiano, November 2007

Lieber Bruder Jesus,

es reut mich nicht, dass ich mein Studium nie vollenden konnte. Aber es schmerzt mich, dass ich Dein Evangelium noch immer nicht auswendig kann.

Es tut mir nicht leid, dass ich nur wenige Länder bereiste. Aber ich bin traurig, dass ich so selten Verwandte, Freunde und Kranke besuchte.

Es kränkt mich nicht, dass ich nur selten Zeit für Lesen und Klavierspielen fand. Aber wie schade, dass ich nur manchmal mit den Kindern sang und spielte.

Das Fernsehen vermisse ich nicht. Aber Stunden, in denen ich nicht auf Wolken und Blumen schaute, Vögeln, Fröschen und Grillen lauschte, solche scheinen mir verloren.

Und weinen muss ich, weil ich meinen Eltern nur wenige Male sagte, wie viel ich ihnen verdanke.

Alle meine Lieblosigkeiten sind wie spitze Steine, auf denen ich einmal barfuß zu Dir gehen muss. Ich habe zu wenig, viel zu wenig geliebt. Noch immer liebe ich zu wenig.

Das bedrückt

Deinen Bruder Fritz

Liebe oder Angst?

Wieso Liebe oder Angst? Muss es nicht heißen: Liebe oder Hass? Liebe und Hass sind Gegensätze. Aber Liebe und Angst sollen auch Gegensätze sein? Ja, ich behaupte, dass der eigentlich tiefe Gegensatz zur Liebe die Angst ist. Hass baut sich erst auf, wenn die Angst ganz groß geworden ist. Beginnt nicht jeder Streit aus Angst? Aus Angst, dass ich wieder benachteiligt werde, dass er wieder Sieger sein wird, dass mir das Meine vorenthalten oder genommen wird, dass mich alle nicht verstehen, dass sie mich eigentlich nicht mögen, dass ich noch nie wirklich geliebt wurde? Und weil ich aus der Erfahrung weiß, dass es mir immer so ergangen ist, verstärkt sich in mir die Angst im Lauf des Lebens. Ich baue mir einerseits „Sicherheiten" auf, dass es gar nicht so weit kommen kann, auf dass ich in Angst verfallen muss. Und ich werde andererseits allen, die mich ängstigen, zum Gegner, zum Feind, und ich werde sie als meine Gegner und Feinde zu hassen beginnen. Weil sie mich ja auch als Gegner und Feind hassen.

Falls du Zeit und Mut hast, dann denke einmal nach, was du alles eigentlich aus Angst vor jemandem oder vor etwas tust. Die Angst ist ein ständiger Begleiter des Menschen. Die Angst vor Unbeholfenheit, Krankheit und Tod. Die Angst, etwas zu versäumen oder benachteiligt zu werden. Die Angst, etwas entscheiden oder verantworten zu müssen, sich zu binden oder ins Ungewisse einzulassen. Die Angst vor Krieg und Katastrophen. Die Angst, die Arbeit zu verlieren und es nicht so weit zu bringen wie der Nachbar. Die Angst, die Liebe des Geliebten zu vertun und von ihm verlassen zu werden. Die Angst um die Kinder und ihre Zukunft. Die Angst vor dem Klimawandel und der Zerstörung der Natur. Aber auch schon die Angst vor einem Regen, vor einer schwarzen Katze, vor einem Fleck auf dem neuen Kleid.

Wenn auch die Angst das Positive für uns bringt, dass sie uns warnt, zur Vorsicht bei riskanten Unternehmungen rät und zu einer notwendigen Sorge antreibt, so müssen wir uns doch die Frage stellen oder gefallen lassen: Was bringt uns die Angst? Sagt man nicht, dass sie im Letzten ein schlechter Berater ist? Ich befürchte Ärgeres. Wenn ich um mich, in mich und in die Welt hineinschaue, dann muss ich feststellen, dass die Angst lähmt. Sie schränkt uns ein. Sie nimmt uns gleichsam die Luft und auch die Lust zum Leben. Sie zwingt uns Dinge auf, die wir nicht wollen und nicht brauchen. Wir beginnen, uns und alles abzusichern. Durch Schlösser, Verträge, Gesetze, Vorschriften, Paragraphen, Geldanlagen, Immobilien, Positionen, Systeme, Bündnisse. Plötzlich starrt die Welt voller Waffen! Wie ist es dazu gekommen? Weil die einen vor den anderen und die anderen vor den einen Angst hatten. Plötzlich gibt es keine Erdäpfel. Weil aus Angst, dass es plötzlich keine geben könnte, alle Erdäpfel in Angstkäufen aufgekauft wurden.

Sogar Gott gegenüber haben wir Angst. Deshalb versuchen wir, uns den „Himmel" oder die Zuwendung Gottes irgendwie zu „erkaufen" durch Gebete, Sakramentenempfang, gute Werke. Aber wir übersehen dabei, dass Gott uns schon immer und ohne Vorbedingung lieb hatte und hat, wie wir auch sein mögen, wie sehr wir versagt haben. So hindert uns die Angst, an einen liebevollen Gott zu glauben.

Ist es nicht so: Der Mensch hat Angst wie noch nie. Er erlebt sich bedroht von allen Seiten. Sein Verstand ist zwar schon fast allmächtig und durch die Elektronik allgegenwärtig geworden. Aber seine Seele kränkelt ohnmächtig dahin. Der Glaube an Fortschritt, Wohlstand und Wirtschaftswachstum – geben wir es zu – ist zusammengebrochen. Vor der Politik ekelt uns. Gott ist für die meisten nicht erkennbar oder tot. So bleibt dem Menschen nur – und das Geld dazu hat er in unseren Wohlstandsländern – die Flucht hinter seine Gartenzäune, Hausmauern, Fernsehschirme, in seine Autokisten, Urlaubsparadiese, Geldanlagen, Glaubenssysteme. Lebendig begraben vegetiert er im Friedhof seiner Ängste. – Ist das zu düster? Wir leben doch in einer Konsum- und Spaßgesellschaft! Etwa auch aus Angst, dass wir uns die wahre Freude nicht kaufen können und nichts mehr zum Lachen haben? Ich glaube, dass das Schlimmste an der Angst dies ist, dass sie die Liebe verhindert. Und gerade die Liebe bringt uns Lösungen, echte Sicherheiten, Sinn, Frieden und Freude ins Leben.

Auf einer Wanderung kam der heilige Franz von Assisi in die Stadt Gubbio. Arg litten die Bewohner durch einen grimmigen Wolf, der sogar Menschen tötete. Alle hatten bittere Angst vor dem Untier. Deshalb herrschte eine tiefe Feindschaft zwischen den Bürgern der Stadt und dem Wolf. Franz aber schritt vors Stadttor und waffenlos auf den Wolf zu, machte das Zeichen des Kreuzes über das Tier und sprach: „Komm zu mir, Bruder Wolf! Im Namen Christi befehle ich dir, mir und niemandem mehr ein Leid zu tun!" Und Franziskus brachte den Wolf in die Stadt und stiftete Frieden zwischen ihm und den Menschen. Diese gaben ihm nun täglich zu essen, er aber wurde sanft und wie ein Lamm. Als der Wolf starb, trauerte ganz Gubbio um ihn.

Jesus und Judas

Jesus: Judas, mein Freund, schon lange spüre ich, dass du mit meinem Weg nicht mehr einverstanden bist. Ein Graben hat sich zwischen uns aufgetan. Gern erfülle ich deinen Wunsch, in dieser Nacht mit dir allein über alles zu sprechen, was dich und mich bewegt.

Judas: Rabbi, ich danke dir, dass du mir deine kostbare Ruhezeit schenkst. Du weißt, dass ich bei den Zeloten, diesen blinden Eiferern war. Aber als ich dich kennen lernte, gingen mir die Augen auf und plötzlich war mir klar, dass ich dir folgen muss. Denn du hattest Worte und Taten des Lebens.

Jesus: Weißt du noch, mein Freund, spürst du noch diesen Augenblick in dir, als wir uns am Jordan trafen, wo Johannes taufte? Als ich aus dem Wasser stieg, standest du neben dem Propheten und hörtest, was er zu mir und über mich sagte. Da blickten wir uns an. Deine Augen versanken in meinen und meine in deinen. Ich musste dir nicht sagen: „Komm, folge mir!" Denn dein Blick war klar und stark. Er sprach zu mir: „Rabbi, ich will mit dir gehen, wohin du willst. Du kannst über mich verfügen."

Judas: Ja, mein geliebter Rabbi, so war es. Wir waren in einem Augenblick ein Herz und eine Seele. Dass du mich dann in die Schar der Zwölf aufnahmst, erfüllte mich mit Stolz und noch nie verspürter Freude. Und ich habe wie die anderen alles getan, alle Entbehrungen auf mich genommen, habe Familie und Besitz aufgegeben, bin herumgezogen, um deine gute Botschaft für die kleinen Leute, für die Armen und Unterdrückten, für unser geliebtes Volk Israel zu verkünden und vorzuleben. Rabbi, war es nicht so?

Jesus: Judas, mein Freund, es war so und ist noch immer so. Ich danke dir für deine Treue in der Nachfolge, für alle Dienste, die du mir und dem Volk getan hast.

Judas: Mein Rabbi, ich habe immer gespürt, dass du meine Begabungen als guter Redner, als kühler Denker und als geübter Kassenverwalter geschätzt hast. Darf ich dir aber jetzt unter vier Augen anvertrauen, was mich geschmerzt hat?

Jesus: Sprich nur, mein Freund. Du kannst mir alles sagen. Ich werde dir ganz offen und ehrlich antworten. Dein Glück liegt mir am Herzen.

Judas: Rabbi, warum hast du immer Simon an die erste Stelle von uns gesetzt? Du hast ihn immer bevorzugt. Ihn, einen starken, tüchtigen, aber auch wilden, ungebildeten Fischer. Kaum, dass er dich als den Messias bekannte, musstest du ihm entgegenschreien: „Weg, Satan!" Trotzdem hast du ihm allein den Titel Petrus, Fels, verliehen. Das hat mir wehgetan. Das hat mich tief geschmerzt. Und andere auch. Es ist dir ja nie entgangen, dass jeder von uns der Erste sein wollte. Nicht aus Machthunger, sondern weil jeder von uns dir der Allernächste sein wollte.

Jesus: Judas, mein Freund, du und jeder von euch ist mir der Allernächste. Denk doch daran, dass der so genannte erste Platz bedeutet, der Diener aller zu sein, so wie ich immer wie ein Diener unter euch lebte und nicht wie ein Herr oder gar wie ein König. Wenn ich Petrus erwählte, dann gerade deshalb, um seine Kraft, seinen Mut, seine Einsatzbereitschaft in einen selbstlosen Dienst für viele, für euch alle umzuwandeln. Darin liegt meine Sendung und eure Berufung zum Dienen und Teilen und Heilen. So wird das Reich Gottes, das Reich meines Vaters, anbrechen und es wird eine neue Erde entstehen, ein Himmel auf Erden. Wenn unsere Liebe zu Gott und unsere Liebe zum Nächsten unser erstes und einziges Gebot ist. Hörst du, mein Freund, nicht mehr die Worte, die ich zu dir, zu euch, zum ganzen Volk am Berg gesprochen habe? Ich weiß, dass du sie noch hörst. Aber ich spüre auch, dass dich deine Eifersucht zu hindern beginnt, meine Botschaft zu leben.

Judas: Nein, Rabbi, es ist nicht die Eifersucht, die mich verwirrt. Es ist – wie soll ich es nennen – deine Weigerung, die göttliche Macht, die du doch hast, zur Errichtung des Gottesreiches einzusetzen. Damals, als du Petrus wie einen Teufel weggestoßen hast, weil er wie wir alle die Prophezeiung deines schmachvollen Todes nicht gelten lassen wollte, damals blitzte in mir die Frage auf: Rabbi, wieso willst du dich und damit uns und damit diesen wunderbaren Beginn einer neuen Erde, ja das ganze Volk im Stich lassen, aufgeben, gleichsam mit in den Tod reißen?

Jesus: Aus Liebe, Judas, geliebter Freund, aus Liebe, nur aus Liebe. Aus Liebe zu dir, zu allen, zum Volk. Und aus Liebe zu meinem Vater. Mein Vater ist die Liebe. Die Liebe greift niemals zu Waffen, die mit Gewalt etwas schaffen, erzwingen wollen. Die Liebe stößt nicht zurück, ist niemandem ein Feind. Die Liebe straft nicht, sondern sie liebt auch den Bösen. Denn die Liebe liebt. So ist sie die größte Macht, die es gibt.

Judas: Ja, Rabbi, du bist ein Liebender. Das wissen wir alle. Deshalb kommen ja alle Menschen zu dir. Weil sie deine Liebe spüren. Aber die Liebe verbietet doch nicht, sein Leben zu retten. Du bist doch bei uns, um das Reich der Liebe zu errichten. Aus Liebe musst du dich und uns retten, wenn dir die mächtigen Feinde das Leben nehmen wollen.

Jesus: Judas, mein lieber Freund, wie jeder Mensch habe ich Angst vor dem Tod. Aber wie könnte ich ihm entgehen, wie könnte ich mein Leben retten?

Jesus, das Leben und die Liebe

Soll ich in ein fremdes Land fliehen? Das darf ich nicht. Denn ich bin für Israel gesandt. Also bliebe mir nur, zu den Waffen zu greifen, wie es so viele getan haben und noch immer tun und dabei im Kampf andere verletzen und töten und selbst verstümmelt und getötet werden. Meine Waffe ist, dass ich auch meinen Gegnern liebevoll entgegentrete und gewaltlos bleibe. Auch dann, wenn sie mich, den Schuldlosen, töten.

Judas: Rabbi, du sagt selbst, dass du dich vor dem Sterben fürchtest. Du weißt also so gut wie ich, dass die Hohepriester und Schriftgelehrten die Römer einschalten werden, um dich loszuwerden. Und die Römer töten alle Revolutionäre am Kreuz. Der Kreuzestod ist der schrecklichste, den es gibt. Ich höre sie schon, unsere religiösen Machthaber, wie sie dich vor den Römern als Feind des Kaisers denunzieren werden. Dann hast du keine Chance mehr, dem Kreuzestod zu entgehen.

Jesus: Judas, mein Freund, alles, was du sagst, weiß ich. Aber wenn das Weizenkorn nicht in die Erde fällt und stirbt, bringt es keine Frucht.

Judas: Das ist doch entsetzlich, das ist gegen jede Vernunft, das ist schon wahnsinnig, das hat nichts mehr mit Liebe zu tun.

Jesus: Mein Freund, so lange warst du schon bei mir und verstehst noch nicht, dass die größte Liebe derjenige hat, der sein Leben für seine Freunde hingibt?

Judas: Rabbi, mein geliebter Rabbi, wieso reden wir aneinander vorbei? Ich will doch wie du nur das Beste für dich und für uns alle. Aber diesen deinen Weg verstehe ich wirklich nicht. Es muss doch einen anderen, besseren geben. Du hast doch schon so viele geheilt. Du hast doch schon die ärgsten Dämonen ausgetrieben. Du hast doch Tausende gespeist, bist bei Sturm über die Wellen gegangen und hast Blinde sehend gemacht. Du musst doch auch den Hohen Rat für dich gewinnen können. Du musst doch durch ein Riesenwunder allen vor Augen führen können, dass du der Sohn Gottes bist.

Jesus: Und nach ein paar Tagen oder Wochen wäre alles wie jetzt. Denn ich müsste wie jetzt alle Missstände beim Namen nennen, ich müsste wie jetzt zur Umkehr und zur Liebe aufrufen, ich würde wieder ihre Gegnerschaft erwecken. Judas, mein Freund, ein Graben hat sich zwischen dir und mir aufgetan. Spring herüber zu mir, bevor aus dem Graben eine unüberwindbare Schlucht wird. Vertraue darauf, dass ich den Willen meines Vaters erfüllen will. Glaube an mich und an meine Sendung.

Judas: Rabbi, denken wir gemeinsam weiter. Angenommen, sie töten dich. Wer wird dann die Sendung, die du hattest, weiterführen? Wer wird sich zu einem bekennen, der wie ein Schwerverbrecher hingerichtet wurde? Ange-

	nommen, Petrus und noch ein paar von uns tun es. Mit ihnen werden die Mächtigen noch schneller und leichter fertig als mit dir. Siehst du das nicht?
Jesus:	Das sehe ich wie du. Und ich habe es euch oft genug gesagt, dass es den Jüngern nicht besser gehen wird als dem Meister. Aber eines Tages werden es so viele sein, die mir nachfolgen, dass sie kein Herrscher mehr ausrotten kann.
Judas:	Eines Tages? Wann ist dieser Tag? Aber selbst wenn dieser Tag kommt, was wird dann sein? Rabbi, ich habe alles gut durchdacht. Du kennst mich als kühlen Denker. Ich sage dir: Wenn man deine Jünger nicht mehr verfolgen und töten wird, dann wird man sie in Dienst nehmen. Irgendein Mächtiger wird so schlau sein, dass er die große Schar der liebevollen Jesus-Jünger in seine Ziele einspannt. Er wird sie zu seinem Thron holen, wird ihnen Besitz und Ämter übergeben, damit sie mit ihrem Glauben und ihrer Nächstenliebe seine Herrschaft stützen. Und dann werden die Besten der Jünger mächtige religiöse Führer und weltliche Herrscher werden. Und es wird nicht allzu lange dauern, bis sie wie unsere Hohepriester und Schriftgelehrten über die Völker herrschen werden. Und das Reich Gottes wird nach wie vor höchstens eine Vision von einigen Narren sein, die man entweder wieder verfolgt oder nicht ernst nimmt. Siehst du das nicht? Rabbi, siehst du das nicht?
Jesus:	Alles, was du sagst, Judas, das sehe ich schon lange so. Gerade dies ist mein größter Schmerz. Es presst mir das Blut aus den Adern. Aber auch wenn ich jetzt, wie du es willst, mein Leben rettete, könnte ich genau dies nicht verhindern. Denn einmal muss ich ja doch sterben. Wenn ich aber aus reiner Liebe mein Leben hingebe, dann werde ich von den Toten auferstehen, wie ich euch ja eindringlich bezeugt habe. Und wenn Gott die Macht hat, mich von den Toten auferstehen zu lassen, dann hat er auch die Macht, mir Nachkommen zu erwecken, die in Liebe die Welt verändern werden. Denn was den Menschen unmöglich ist, ist Gott möglich.
Judas:	Rabbi, hilf mir! Lass mich nicht allein. Lass mich nicht untergehen. Ich, ich ... ich brauche eine Zeit ohne dich. Gib mir ein paar Tage Urlaub, damit ich mit mir ins Reine kommen kann. Aber verfluche mich nicht, wie du den Feigenbaum verflucht hast.
Jesus:	Judas, mein geliebter Freund, mein Bruder, nie werde ich dich verlassen. Nie könnte ich dich verfluchen. Könntest du doch heute meine Stimme in deinem Herzen hören. Du bist frei wie jeder Mensch. Ich brauche dir keinen Urlaub geben. Aber getrennt von mir bist du in höchster Gefahr, das Falsche zu erwählen. Denn getrennt von mir könnt ihr nicht in der Liebe bleiben.

Jesus, das Leben und die Liebe

Judas: Rabbi, und wenn sie dich fangen, einkerkern, verhören, vor die Römer schleppen, wenn sie dich misshandeln, geißeln und kreuzigen? Wenn ich dann komme mit meinen alten Freunden, den Zeloten, wenn wir dich den Römern entreißen und zum König von Israel ausrufen, wirst du dann endlich das Reich Gottes in Israel aufrichten?

Jesus: Freund, Judas, wovon redest du? Das ist keine Vision, das ist ein Trugbild, das dir der Teufel ins Herz gelegt hat und dem du dich hingibst. Lösch es aus!

Judas: Rabbi, ich werde den Hohen Rat mit List bezwingen. Wenn ich dich mit einem Kuss vor ihren Knechten bezeuge, dann wird dies für dich das Zeichen sein, dass ich schon mit meinen Freunden bereitstehe, dich aus den Händen der Feinde zu befreien.

Jesus: Wenn du mich mit einem Kuss, dem innigsten Zeichen der Liebe, ihnen auslieferst, wirst du in Ohnmacht versinken, dich selbst verfluchen und in den Tod stürzen. In diesem Augenblick deines totalen Untergangs werde ich als Auferstandener plötzlich bei dir sein und dich ins Paradies tragen. Meine Liebe wird deine Verzweiflung vernichten. Judas, mein Freund und Bruder, du wirst mit mir auferstehen. – Judas, mein geliebter Freund, hast du das noch gehört? Warum bist du so plötzlich ohne Abschied weggelaufen? Meine Liebe wird dich finden.

Der Vorrang der Gewaltlosigkeit

Carlo Carretto schrieb in seinem Buch „Was uns Franziskus heute sagt" (Herder, Freiburg 1981, S. 106, italienisches Original: Carlo Carretto, „Io, Francesco") über die Gewaltlosigkeit:

„Die Gewaltlosigkeit betrifft zuallererst die Natur, Himmel und Meer, die Bodenschätze im Berginnern, die Wälder, die Luft, das Wasser, das Haus.

Diesen Dingen vor allem darf man nicht Gewalt antun, und leider habt ihr diese Sünde hemmungslos begangen, ich weiß nicht, ob ihr euch noch retten könnt.

Ihr habt die Wälder ermordet, die Meere verschmutzt, alles und jedes ausgeplündert wie Banditen. Eure Schreckensherrschaft über die Natur kennt keine Grenzen. Gäbe es einen Richterstuhl des Himmels, der Meere und Bergminen, ihr würdet alle oder fast alle zum Tode verurteilt.

Doch vielleicht gibt es diesen Richterstuhl, wenn auch unsichtbar. Ihr fangt ja schon an zu zahlen.

Die Luft ist nicht mehr zum atmen, die Nahrung steckt voll Gift, der Krebs schlägt zu. Heute, nachdem ihr fast alles zerstört habt, ernennt ihr mich zum Heiligen der ökologischen Bewegung. Ein wenig spät, gebt es zu. Ich weiß nicht, was wir unternehmen können.

Ihr seid an eine unhaltbare Grenze gelangt und habt kein Recht, euch zu beklagen. Ihr seid gewissenlos.

Ihr hört nicht auf, das Falsche zu produzieren und das Rechte verkommen zu lassen. Ihr verbraucht Unmengen von Rohstoffen und Kapital und lasst die Kräfte brachliegen, die hilfreich wären.

Ihr fabriziert Akademiker, die arbeitslos, enttäuscht und angeekelt in den Städten herumlungern, und bemüht euch nicht, junge Menschen so heranzubilden, dass sie konstruktive, einfache, handwerkliche, bäuerliche Arbeit lieben und dass sie mehr als Geld einen sauber gearbeiteten Gegenstand oder ein Stück kräftiges Brot schätzen.

... Nicht nur die Bauern, alle müssten zusammen helfen, dass die Wälder am Leben bleiben, dass die Bäche, Flüsse und Gräben gereinigt und die Landschaften gegen Zerstörung und Vernachlässigung verteidigt werden.

Wenn ein Junge sein Motorrad verkauft und sich dafür ein Fahrrad zulegt, gebt ihm eine Prämie, wenn ein Bauernhof sich umstellt, elektrische Energie mit einer Windmühle oder durch Abfallverbrennung zu erzeugen, so bringt ihn groß in die Zeitung.

Wer eine Wiese zuschanden macht, den sollt ihr einsperren, und wer einen Baum ohne Not umhaut, dem nehmt eine kräftige Geldbuße ab.

Aber jetzt merke ich, dass ich euch noch immer Sachen nach Art der „Fioretti" erzähle, über die ihr bloß lächelt und an die ihr nicht glaubt.
Ich bin eben ein Träumer
Ich bin Franz von Assisi."

Lieber Bruder Jesus

Pinkafeld, Frühjahr 2010

Lieber Bruder Jesus,

schon vor langem wurde es mir klar, dass Du die Frauen sehr lieb hattest, vielleicht sogar lieber als die Männer. Nicht nur Deine Mutter Maria, sondern auch andere, junge, intelligente, attraktive Frauen wie die Maria von Magdala oder die Schwestern des Lazarus oder die Ehebrecherin, die Du so elegant vor der Steinigung gerettet hast.

Du hattest eine tiefe Freundschaft und Liebe zu Deinen Freunden, zum stürmischen Petrus und zum sanften Johannes, zum schlauen Matthäus und auch zum leidenschaftlichen Judas. Aber die Frauen, glaube ich, hast Du anders geliebt. Wie eben ein Mann Frauen liebt. Und Du warst ja ein Mann und kein ungeschlechtliches Wesen. Wenn Du als Mensch ein Mann warst, dann musst Du auch den Frauen wie ein Mann, wie jeder Mann begegnet sein, musst sie wie ein Mann geliebt haben. Was wirklich nicht bedeutet, dass Du intime Beziehungen mit einer Frau hattest. Aber höflich, entgegenkommend, beschützend, verständnisvoll, zärtlich hast Du die Frauen sicher geliebt. Auch die Dirne, die Dich beim Gastmahl salbte, Deine Füße küsste und mit Tränen übergoss und mit ihren Haaren trocknete. Denn Du hast die lästigen Nörgler zurechtgewiesen und ihre Liebe zu Dir verteidigt mit der kühnen Behauptung, dass ihr viele Sünden vergeben werden, weil sie viel Liebe gezeigt hat. Eine beachtliche Kurzpredigt und Lektion über menschliche Liebe. Liebe kann Sünden löschen.

Ganz tief ergreift mich immer wieder diese Szene am Ostermorgen, als Du als Auferstandener Maria Magdalena begegnest, die Dich zunächst für den Gärtner hält, weil sie Dich ja als Leichnam im Grab wusste. Aber Dein „Maria!" – wie vertraut und zärtlich musst Du das gesagt haben? –, und dann Marias Versuch, Dich zu umfassen. Ja, die Berührung zwischen Dir und Frauen – Heilungswunder sind dabei geschehen. Als die Frau mit der unstillbaren Blutung Dein Gewand berührte. Als Deine Augen und Dein Herz sich von der Todesangst der Ehebrecherin berühren ließen und die zur Steinigung bereiten Gerechten ihre Mordwerkzeuge aus den Händen fallen ließen. Wie oft wird Dich Deine Mutter wie jede Mutter getragen, gestreichelt, geküsst, gewaschen und gesalbt haben, so dass Du gesund und selbstbewusst, sensibel und ehrfürchtig, zärtlich und liebevoll aufgewachsen und geworden bis.

So hast Du uns auch vorgelebt, welche wunderbare Kraft in der Begegnung, Berührung und Vereinigung zwischen Mann und Frau schlummert und geweckt werden darf. Denn am größten ist die Liebe, formulierte es Paulus. Und es geht auch um die Liebe zwischen Mann und Frau in geistiger, seelischer und körperlicher Weise. Denn der Mensch ist ein Ganzes. Und Du warst ein ganzer Mensch.

Jesus, das Leben und die Liebe

Gott sei Dank, dass wir ganze Menschen sein können. Wie es im Paradies war. Das Paradiesische des Menschseins hast Du uns zurückgebracht.

Zuletzt wage ich es noch, das, was ich selbst nicht verstehen kann, auch diejenigen als ganze Menschen hereinzunehmen in meinen Brief an Dich, deren Liebe sich dem gleichen Geschlecht zuwendet. Denn was weiß ich armer, kleiner Mensch denn schon über die Größe der Liebe, die Gott in die gesamte Schöpfung eingegossen, hineingeschaffen hat? Fast nichts weiß ich, manches erahne ich, über alles will ich mich freuen, was echte Liebe ist, ehrfürchtige, zärtliche, die anderen glücklich machende Liebe. Denn Gott ist die Liebe, heißt es im Johannesbrief.

Lieber Bruder Jesus, ich liebe Dich. Du weißt, dass ich Dich liebe. Danke für Deine Liebe.

Dein Bruder Fritz

Die Straße der Angst
Auf der Fußwallfahrt von Pinkafeld nach Assisi im September 1993

Siehst du, wie sie
auf dich lauert,
die Angst,
am Morgen im Haus,
zu Mittag auf der Straße,
am Abend im Wald,
in der Nacht am Bett?

Hörst du, was sie
dir vorjammert,
die Angst,
welche Unglücke dir zustoßen können,
den Deinen allen, der ganzen Welt,
jetzt, dann, immer,
hier, dort, überall?

Fühlst du, wie sie
dich anrührt, befällt, packt,
schüttelt, bindet,
die Angst,
in dein Haus einzieht,
dein Land besetzt,
dein Leben bestimmt,
deine Gedanken fesselt,
in dir zum Riesen wird,
dich Wurm in den Staub wirft,
dein einziger Herr wird?

Kein Mensch ohne Angst.
Kein Leben ohne Angst.
Keine Straße ohne Angst.
Die Angst ist eine Straße,
eine schier unendlich lange,
an deren Ende der Tod wartet,
der Tod, der das Nichts ist,
das Nichts, das die Sinnlosigkeit ist.

Denn alles kann sterben:
Kind und Frau,
Job und Hobby,
Gesundheit und gute Laune,
Geld und Schönheit,
Ideal und Heiligkeit,
Brücke und Augen,
Ruhm und Liebe,
Vergangenheit, Gegenwart und Zukunft,
Glaube und Hoffnung,
Rosen, Linde im Hof, Lieblingskatze,
Frühling und Freund,
Ehrfurcht und Unschuld,
Frieden und Eltern,
du, ich, Erde, Kosmos.

Die schlimmste Angst ist,
dass alles keinen Sinn hat,
gehabt hat, nie mehr haben wird.
Gäbe es die Liebe nicht,
hätte wahrhaftig alles keinen Sinn.
Aber es gibt die Liebe!
Es muss die Liebe geben!
Es gibt die Liebe, die Liebe, die Liebe ...

Nun siehst du der Angst ins Auge
und durchschaust sie.
Nun hörst du das Pochen der Angst in dir
und nimmst dir ein Herz
zum Hinaus auf die Straße der Freiheit,
zum Miteinander auf der Straße der Liebe.
Auf der Straße der Liebe,
die dir geschenkt wird,
die du jemand schenkst.
Diese Liebe besiegt alle Angst.

Die Straße der Angst

Was wären wir ohne Angst?
Öffnet sie uns nicht die Tür zur Liebe?
Nach und nach oder mit einem Ruck?
Ja, sie zwingt uns zur Liebe
und damit zum Leben
und damit zu Jesus,
der dich und mich
und alle und alles liebt.

Jesus, das Leben und die Liebe

Zum Gründungstag der Franziskusgemeinschaft

Liebe Geschwister,

spontan möchte ich euch zum Gründungstag schreiben. Als wir am 21. August 1981 die Gemeinschaft gegründet haben, wollten wir die Welt verbessern – uns selbst und damit auch die Welt. Heute, eine Generation später, ist die Welt noch immer nicht so, wie wir es uns damals erträumt haben.

Wir sind von unserem Gewissen aufgerufen, die Welt neuerlich zu verbessern.

Alle fünf Sekunden stirbt ein Menschenkind an Hunger. Das darf uns einfach nicht kalt lassen.

Die ungerechte Verteilung der Güter auf dieser Welt schreit zum Himmel. Wo ist dieser Himmel? – In uns. Wir sind es, die den „Himmel machen" oder anderen eine „Hölle bereiten" – schon in diesem Leben; denn es gibt ein Leben vor dem Tod.

Wir müssen etwas tun, liebe Geschwister – und zwar dort, dort wo wir stehen, sitzen, liegen, arbeiten, dort wo wir zuhause sind. Wenn andere Menschen so unglücklich sind, wenn sie vom kannibalischen System des Kapitalismus buchstäblich „aufgefressen" werden, wenn sie von anderen beschossen, umgebracht, ermordet werden, wenn ihr Tod in Kauf genommen wird, damit einige wenige in Luxus und Überfluss leben können – dann müssen wir etwas tun dagegen.

Jeder von uns hat ein Gewissen mitbekommen; jeder trägt etwas von Gott in sich, das es zu entfalten gilt – wie bei Jesus. Er hat „den Vater" in sich getragen, hat seine Stimme gehört, hat diese Stimme zu seiner eigenen gemacht.

Auch wir müssen hören, sehen, müssen uns betreffen lassen vom Elend des „Bruders in Not", der „Schwester in Not".

Dass wir unsere Lebensweise ändern, einfacher leben, weniger verbrauchen – damit andere das bekommen, was sie brauchen – damit haben wir vor knapp dreißig Jahren mit der Gründung der Gemeinschaft schon begonnen. Jetzt gilt, diese Gemeinschaft wieder neu zu gründen. Wir müssen uns der Ideale besinnen, die damals zur Gründung geführt haben und müssen unser Leben erneut in die Waagschale werfen, damit auch andere das Leben haben. Wir können nicht „in Ruhe" und „in Frieden" leben, solange es Schwestern und Brüdern auf dieser Mutter Erde so schrecklich geht. Hören wir nicht auf, etwas zu tun und der Stimme unseres Gewissens zu folgen.

Was wollen wir dereinst unserem eigenen Tod entgegensetzen – wenn nicht eine unbedingte Treue zu unseren Idealen der Liebe und Mitmenschlichkeit?

Seid mir alle gesegnet, die ihr euch einsetzt, euch engagiert, die ihr danach brennt, etwas zu tun, was diese unsere Welt verbessert.

Euer Bruder Werner

Bicske, November 2008

Lieber Bruder Jesus,

heue früh beim Morgenlob mit Bruder Fritz habe ich hier in Bicske die Stelle von der Gütergemeinschaft der Urgemeinde in der Apostelgeschichte aufgeschlagen – nach langen Jahren wieder einmal.

„Die Gemeinde der Gläubigen war ein Herz und eine Seele", heißt es da über die ersten Christen, und weiter: „Keiner nannte etwas von dem, was er hatte, sein Eigentum, sondern sie hatten alles gemeinsam."

Christlicher Urkommunismus wird das gerne genannt, von den Kommunisten des 20. Jahrhunderts in Europa genauso wie von der Befreiungstheologie in Lateinamerika. Bei den Indianern Nordamerikas waren es Grund und Boden, die sie immer gemeinsam hatten – bis die Weißen kamen und sie vertrieben.

Was in keinem Grundbuch eingetragen ist, gehört niemandem, das kann man sich einfach nehmen, war die Devise. Das Recht des Stärkeren siegte. Das römische Recht.

In Palästina selber kehrten zweitausend Jahre nach der Urgemeinde Juden in ihr „gelobtes Land" zurück – ohne dass sie mit Dir als Messias etwas zu tun hätten – und bewirtschafteten als Kibbuzim Grund und Boden gemeinsam.

Bei mir selbst war die Sehnsucht nach Gemeinschaft und Gemeinschaftseigentum immer stärker als der Wunsch nach Privateigentum. Das traue ich mich aus den Erfahrungen meines Lebens so sagen.

Mit der Unterstufe im erzbischöflichen Knabenseminar in Hollabrunn verbinde ich bessere Erinnerungen als viele meiner damaligen Mitschüler. Wir waren eine gute Klassengemeinschaft, wir lernten, spielten, aßen und feierten gemeinsam. Sogar in einem großen Schlafsaal waren wir dreißig alle untergebracht. Meine Wäschenummer 17, in alle Kleidungsstücke eingenäht, ließ mich meine Hemden und Hosen aus den Bergen von Wäsche problemlos finden.

Meine Mutter unterlag im jahrelangen Kampf gegen ein Lymphogranolom und starb, als ich dreizehn war. Erst Jahrzehnte später hörte ich ihre Schwester, meine Tante, einmal nebenbei erwähnen, dass meine Mutter mich möglicherweise oder wahrscheinlich sogar Dir, Jesus, als Priester versprochen habe, falls sie wieder gesund werden würde.

Meinen ansonsten so stillen und introvertierten Vater hatte der Tod seiner Frau so schwer getroffen, dass er in der Pfarrkirche am Wolfersberg in Wien-Hütteldorf laut schreiend die Inneneinrichtung demolierte. In einer Wiener Nervenklinik wurde er wieder „ruhig gestellt". Mein Großvater erzählte mir später, dass er in seinem ganzen Leben keine größere Liebe gesehen hatte als zwischen seiner Tochter Else und meinem Vater.

Jesus, das Leben und die Liebe

In der Oberstufe des Wiener Schottengymnasiums – mein Vater hatte sich inzwischen um eine „Ersatzmutter" für meinen acht Jahre jüngeren Bruder und mich umgesehen, auf Druck der Verwandtschaft umsehen müssen und wieder geheiratet – in Wien also suchte ich wiederum Anschluss an Gemeinschaften wie die „Marianische Kongregation" und ein nachmittägliches Halbinternat der Jesuiten am Ignaz-Seipel-Platz. Ich kann mich nicht erinnern, dass ich damals alleine zuhause gelernt hätte. Da waren immer Gleichaltrige, mit denen gelernt, Tischtennis oder Fußball gespielt wurde. Erst abends kam ich nach Hause, gleichzeitig mit der Stiefmutter, Professorin in einer Bundeserziehungsanstalt für Mädchen, und meinem Vater, Jurist in einer Versicherung. Mein Bruder war in einem Internat der Salesianer Don Boscos.

Das Schottengymnasium war damals noch eine reine Bubenschule. Mädchen lernte ich in der Tanzschule oder beim Theaterspielen in der „Kongre", der „Marianischen Kongregation", kennen. Ich lernte sie kennen und lieben. Trotzdem entschied ich mich nach der Matura zunächst fürs Studium der Theologie und fand im Priesterseminar in der Boltzmanngasse meine früheren Schulfreunde aus Hollabrunn wieder.

Dem Eintritt ins Seminar war der schwerste Abschied meines Lebens vorausgegangen. Als ich meiner Freundin bei einem Spaziergang am Donaukanal eröffnete, dass ich ins Priesterseminar gehen wolle, verschwamm sie völlig in Tränen. Sie ging fort, und nie mehr sollte ich sie wieder sehen. Von ihrem Bruder hörte ich später einmal, dass sie nach Amerika emigriert sei, dort geheiratet und einige Kinder bekommen habe.

„Alles Große wächst aus dem Verzicht!"? Nicht so bei mir. Das Fehlen des „Du" wirkte weiter. Die Gemeinschaft unter uns Studenten war nicht mehr so locker und unbelastet wie früher, besonders als wir mit dem Talar eingekleidet wurden. Zumindest empfand ich das so. Beim Radfahren zur Universität war dieses bodenlange Kleidungsstück mehr als hinderlich. Und auch sonst, auf der Straße oder in öffentlichen Verkehrsmitteln, war ich plötzlich ein anderer.

Die Verhaltensregeln und Vorschriften im Haus in der Boltzmanngasse unter Regenz Franz Steiner hatten nichts mit akademischer Freiheit zu tun, im Gegenteil. Und mit dem hehren Priesterbild, das uns vermittelt wurde, konnte ich wenig anfangen.

Das war es nicht, was ich gesucht hatte.

Im zweiten Semester schon trat ich wieder aus. Freunde von mir hielten es einige Semester länger aus. Aber auch nicht bis zur Weihe.

Die letzte Sehnsucht nach Gemeinschaft sollte erst Jahre später wieder Erfüllung finden. Über meinen Beruf als Journalist stieß ich auf Friedrich Giglinger im Vikariat Unter dem Wienerwald.

Lieber Bruder Jesus

Ich teilte seine Vision von einem Leben nach dem Evangelium, einem möglichst authentischen und wahrhaftigen Leben in Deiner Nachfolge, Jesus. Und plötzlich waren wir acht Frauen und Männer, die – wie heute früh in der Bibel aufgeschlagen – „nichts mehr von dem, was sie hatten, ihr Eigentum nannten, sondern sie hatten alles gemeinsam". Alle, die wir Grundstücke oder Häuser besaßen, verkauften unseren Besitz und legten den Erlös voreinander zu Füßen.

Daraus entstand 1981 die Franziskusgemeinschaft in Pinkafeld im Burgenland. Heute hat sie 17 Mitglieder, die sich Brüder und Schwestern nennen.

Nur eines steht für mich über Besitzlosigkeit und Gütergemeinschaft um des Himmelreichs willen: die Liebe.

Bruder Jesus, hilf mir, die Liebe zu leben.

Liebe und Treue.

Dein Bruder Werner

Gottes Sehnsucht

Sehnsucht ist eine Sucht, eine Suche, die unser Leben bestimmt. Wir sehnen uns nach kleinen Dingen und großen Zielen, nach materiellen Gütern und geistigen Fähigkeiten, nach dem, was uns gut tut, was positiv bewertet wird, und leider auch oft nach dem, was uns schadet und anderen auch. Wir sehnen uns danach und suchen es zu erreichen, zu erringen, zu besitzen. Wir glauben, unser Glück dort zu finden, wohin unsere Sehnsucht uns zieht. Haben wir das Angestrebte erreicht, in Besitz genommen, erfüllt uns Zufriedenheit und Freude. Aber oft nur für kurze Zeit. Denn rasch taucht etwas Größeres, Besseres auf, das neue Sehnsucht in uns erweckt. Und schon streben wir das neue Ziel an. Süchtig sind wir nach Erfüllung unserer Wünsche, Träume, Visionen, Sehnsüchte.

Was aber ist das Höchste, das Größte, das Beste, wonach wir ein Leben lang Ausschau halten? Was ist das, was den Hunger unserer Sehnsüchte stillen könnte? Liegt es vielleicht gar darin, dass wir unsere Sehnsucht abschalten, sterben lassen, begraben müssen? Oder gibt es einen Weg zu „dem", von „dem" wir uns das höchste Glück erwarten? Ohne „ihn" oder „sie" oder „es" zu kennen? Jedenfalls treibt uns die Sehnsucht voran, durchwirkt und gestaltet unser Leben. Auch wenn wir dies gar nicht spüren und nicht so recht bedenken. Unser „Herz" ist und bleibt unruhig, bis wir das Höchste, Größte, Beste erreicht haben.

Wer die Natur, unsere Mitwelt, immer wieder betrachtet, wer in ihr und mit ihr lebt, der wird immer mehr entdecken, dass alles Leben mit dieser Sehnsucht begabt ist. Dieses Sehnen ist eine Gabe, damit das Leben weitergeht, damit sich Neues, Besseres entwickelt. „Alles ist im Flusse", behauptete schon ein griechischer Philosoph der Antike. Alles ist im Flusse der Sehnsucht.

Kann das, was allem Irdischen eigen ist, auch in dem höchsten Wesen sein, das wir Gott nennen? Er ist doch außerhalb von Raum und Zeit, kennt keine Vergangenheit, Gegenwart oder Zukunft, hat nichts, was verbessert werden müsste. Er ist der Vollkommene, dem nichts fehlt, der wunschlos ist, nichts braucht, um im „ewigen Glück" zu existieren. Wonach sollte Gott Sehnsucht haben? Eine Frage, die theologisch und wohl auch philosophisch ein Unsinn ist.

Damit ist die Sache erledigt. Schließlich bin ich weder Theologe noch Philosoph mit wissenschaftlicher Ausbildung und daher nicht kompetent. Aber als Mensch bin ich wie jeder Mensch auch Theologe und Philosoph in der Erfahrung des Lebens. Wie jeder stelle ich mir Fragen nach Gott und suche nach Antworten. Und meine Frage, nach wem Gott Sehnsucht hat, beantworte ich damit, dass Gott sich nach dem Menschen, nach jedem Menschen sehnt. Gott will dem

Menschen nahe sein, ihm möglichst nahe kommen, ganz knapp bei ihm sein. Gott will mit dem Menschen leben als Lebenspartner des Menschen.

Schon ein kurzer Blick in die Menschheitsgeschichte, ein rasches Überfliegen des vorigen Jahrhunderts mit Not und Krieg, Völkermord und Elend, oder ein Durchblättern einer Zeitung mit Informationen über Unglücke, Katastrophen und Grausamkeiten in aller Welt spricht über die Nähe Gottes zum Menschen ein hartes Urteil. Wenn der unendlich gute Gott beim Menschen sein will, wie kann er dann zuschauen und zulassen, dass sein Partner leiden muss, gequält wird, im Elend versinkt oder massenweise ermordet wird? Schaut er weg? Will er nicht helfen? Kann er nicht eingreifen? Oder ist seine Nähe zum Menschen nur eine fromme Einbildung all derer, die an ihn glauben? Hat nicht sogar Jesus, den die Christen als seinen Sohn ausgeben, im unschuldigen Sterben am Kreuz hinausgeschrieen: Mein Gott, warum hast du mich verlassen!?

Ich bleibe dabei: Gottes Sehnsucht ist der Mensch. Gott will beim Menschen sein, möglichst nahe bei ihm. Er schaut nicht weg, wenn der Mensch leidet. Sondern er leidet mit ihm. Er will helfen und hilft auch, soweit es ihm möglich ist. Seine Hilfe ist aber nicht die eines Deus ex machina, oder eines Tausendsassas, der alles repariert, was mutwillige Kinder ruinieren. Gott ist kein Diktator, der alles mit Gewalt durchsetzt, kein Allmächtiger, nach dessen Vorstellungen und Befehlen alles ablaufen muss. Er ist es auch dann nicht, wenn es um seinen Plan, um seinen Willen, um das Gute für den einzelnen Menschen, für viele, für alles, für die ganze Welt geht. Er ist es nicht, weil er den Menschen in seiner Freiheit ernst nimmt. Er bestärkt den Menschen in der Freiheit für das Gute, für das Bessere und Beste, für Gerechtigkeit, Frieden und Barmherzigkeit. Er stiftet ihn an zur Solidarität, zur Caritas, zum Heil für die ganze Erde. Aber er zwingt ihn nicht dazu.

Ich glaube – und dieser Glaube ist in mir langsam gewachsen – dass Gott kein „Machtgott" ist, wie ein Mensch ein „Machtmensch" sein kann. Er nimmt in Kauf, dass wir ihn als Zuschauer, als entfernten Desinteressierten in seinem Himmel, als den ganz Anderen, den Fremden, den Ohnmächtigen hinstellen und uns deshalb von ihm abwenden, ihn verlachen, ihn leugnen, ihn für tot oder nicht existent erklären. Im Vergleich dazu geht es ja auch Eltern so, wenn ein Kind auf Abwege kommt, rauschgiftsüchtig oder ein Verbrecher wird. Auch sie können nur raten, beschwören, Hilfe anbieten und letztlich können sie nur mitleiden. Im schlimmsten Fall – und das ist nicht selten so – müssen sie ohnmächtig zuschauen, wie ihr Kind in den Abgrund stürzt.

Ich habe die gesamte Bibel, angefangen von der Genesis bis zur Offenbarung des Johannes, schon dreimal ganz, alles genau, langsam und betrachtend gelesen und habe immer stärker herausgehört, dass Gott mitten unter uns Menschen auf dieser unserer Erde ist, dass er jedem Menschen und auch jedem Geschöpf nahe ist, dass er dem Menschen und der Natur innewohnt. Diese Botschaft ist sicher aus allen heiligen Schriften aller Religionen herauszulesen und wird auch durch Kunstwerke, Ergebnisse der Wissenschaften und Grundsätze der Politik direkt oder indirekt bestätigt. Die Erde und der Mensch sind von Gott durchdrungen. Sie sind „göttlich" geprägt. Auch dann, wenn die Menschen in Gott einen Allherrscher, Diktator, Richter, Polizisten oder gar Rächer sehen. Auch dann, wenn Atheisten verschiedenster Art ihn als Hirngespinst, Produkt der Phantasie oder als schädliches Opium abtun. Ist es nicht gerade heute so, was Soziologen immer wieder feststellen, dass immer mehr Menschen trotz Ablehnung von religiösen Institutionen und deren geistlichen Führungen sich eine Religion, einen Glauben, einen eigenen Gott ausdenken, sich ihm auf persönliche Art zuwenden, ihn in ihr Leben integrieren? Warum? Weil der Mensch nicht ohne „Gott" sein will, sein kann. Ich füge hinzu: Weil „Gott" auch nicht ohne den Menschen sein will, sein kann.

Mein Bild von Gott verdanke ich Jesus von Nazaret, den das Neue Testament als Sohn Gottes ausweist und glaubhaft macht. Jesus verkündet Gott als Vater, als „Abba" – was so viel wie lieber Papa heißt – und nicht als Patriarchen, der über die Seinen verfügt, als Freund und nie als Feind, als einen Lebendigen und Liebevollen mitten unter uns und nicht als einen Unnahbaren und Herzlosen, der schaltet und waltet, als wären wir nur Marionetten.

Für mich ist neben vielen Erzählungen und Gleichnissen Jesu über Gott und uns Menschen die eine Geschichte, die im Lukasevangelium (Lukas 15,11-21) zu lesen ist, die entscheidende: das Gleichnis vom Vater und seinem verlorenen Sohn. Der jüngere Sohn will weg vom Vater und von zuhause. Er will ein eigenes, sein Leben aufbauen. Dazu braucht er und verlangt er sein Erbteil. Sicher spricht der Vater lange mit ihm darüber und warnt ihn vor den Gefahren in der Fremde fern der Familie. Er appelliert vielleicht auch an den Gehorsam, darauf, dass der Sohn auf ihn hören soll. Aber der bleibt bei seinem Entschluss. Schon hier wird klar, dass für den Vater Gehorsam bedeutet, mit dem Sohn ein Zwiegespräch, einen Dialog zu führen, ohne ihn zu dem zu zwingen, was er für das Bessere hält. Da der Sohn nicht hören kann oder hören will, lässt ihn der Vater ziehen. Auch auf die Gefahr hin, dass der Sohn scheitern kann. In dieser schmerzlichen Situation der Trennung muss der Vater zuschauen, wie sein Liebling heiter und voll Tatendrang mit dem Erbanteil davonmarschiert. Er verabschiedet ihn herzlich, gibt ihm Wünsche und Segen mit auf den Weg und schaut ihm nach, bis er seinen Augen entschwindet. Aber sein Herz geht mit dem Sohn. Die Vaterliebe begleitet den Auswanderer. Täglich denkt der Vater oft an ihn. Vielleicht bekommt er auch eine Nachricht, dass der Sohn auf die schiefe Bahn gekommen ist, dass er sein Erbe verschleudert. Trotzdem glaubt er an die unzerreißbaren Bande zwischen ihm und seinem Sohn. Deshalb geht er nun jeden Tag vors Haus hinaus bis auf die Straße und schaut voll Sehnsucht in die Ferne, ob sein ins Elend gestürzter, sein verlorener Sohn heimkehrt. Und wirklich, eines Tages sieht er ihn von weitem kommen. Mühsam schleppt sich der Halbverhungerte dahin. Da läuft der Vater in seinem Mitleid sofort dem Ungehorsamen entgegen, fällt ihm um den Hals und küsst ihn. Und nach dem reuevollen Bekenntnis des Sohnes kommt kein einziges Wort eines Vorwurfs, keine Drohung mit einer Strafe aus dem Munde des Vaters, sondern im Gegenteil, er lässt den Sohn neu und prächtig einkleiden und ordnet ein Fest des Wiedersehens an.

Wenn Jesus mit dem Vater Gott selbst, seinen Vater meint, wer möchte dann nicht so einen Vater haben? Ich füge aus heutiger Sicht noch an: Wer möchte dann nicht so eine Mutter, so einen Bruder, so eine Schwester, so einen Freund, so einen Gott haben?

Wenn ich nun noch hinzunehme, was die Christen zu Weihnachten feiern, dann untermauert die Menschwerdung Gottes in seinem Jesus meinen Glauben an einen Gott, dessen Sehnsucht der Mensch ist. Gott verzaubert sich nicht in einen Menschen, er verwandelt sich auch nicht in einen Menschen, sondern er wird Mensch wie jeder andere, wie du einer bist, wie ich einer bin. Und er kommt als gewöhnlicher Mensch auf die Welt, er wird in der Armut eines Viehstalles geboren, er wächst in dem Nest Nazaret auf, er schuftet als Bauarbeiter ein Leben lang, bis er für kurze Zeit mitten unter sein Volk tritt, um ihm die gute, frohe Botschaft vom liebenden Vater für alle zu bringen und genau dafür sein Leben hinzugeben. Jesus stirbt nicht deshalb am Kreuz, weil Gott gleichsam sein Blut braucht, um damit die Menschheit aller Zeiten von aller Schuld reinzuwaschen. Das widerspricht doch jedem menschlichen Empfinden und all dem, was Jesus von Gott erzählt. Jesus wird ans Kreuz gebracht, weil er mit seinem Gottesbild und der Befreiung der Menschen vom drückenden Joch der Mächtigen und Besitzenden in Religion und Politik für diese Potentaten unerträglich geworden ist. Denn seine Botschaft und sein Leben entzieht ihnen die Berechtigung, die Basis für ihre Herrschaft. Jesus stellt an die Spitze aller Werte die Liebe Gottes und seine eigene Liebe bis zu einem Tod aus Liebe.

Jesus ist ein religiös-sozialer Revolutionär, ein göttlich-liebevoller Umwälzer im tiefsten Sinn, ein Gefährte, Freund und Bruder der Armen, der Unterdrückten, der Ausgegrenzten, der Leute aus dem Volk. Diesen weist er den direkten Weg zum Vatergott und behauptet, was ich ihm glaube: Gott liebt jede, jeden so sehr, dass er im Menschensohn Mensch wurde, um für jede und jeden ohnmächtig

Jesus, das Leben und die Liebe

und arm ganz bei ihm sein zu können, so nahe, dass jede und jeder erleben kann, wie Gott für alle lebt und alles liebt. Alles, was wir Mitmenschlichkeit, Nächstenliebe, Solidarität, Caritas, soziales Verhalten oder ähnlich benennen, bekommt durch Jesu Leben, Sterben und durch seine Botschaft die tiefste Begründung, die es gibt: Gott ist Liebe. Daraus ergibt sich aber auch, dass ich ein Liebender werden muss, der den Weg Jesu nachgeht.

Nachfolge Jesu bedeutet für mich vor allem, zwei seiner Aufforderungen ganz ernst zu nehmen. Ich betrachte diese beiden Leitsätze als den Kern seiner Lehre.

Der erste Kernsatz ist: „Wer der Größte sein will, soll der Diener aller sein." Denn alle sind als Kinder Gottes Brüder und Schwestern. Diese Worte sind eine klare Absage an das Machtstreben in jedem Menschen. Er sagt sie seinen Jüngern, als sie um die ersten und obersten Plätze streiten. Deshalb lässt sich Jesus auch nicht zum König machen, wie es das Johannesevangelium berichtet. Er will nicht einmal vom Volk zu einem Herrscher gekürt werden, er will nie und nimmer einer der vielen Herrschenden sein, die sich von Zeit zu Zeit herablassend unter die Leute mischen und jovial Hände schütteln, ein paar nette Worte sagen und allen zuwinken, aber in Wirklichkeit alle unterdrücken und ausbeuten. Jesus will auch kein Hierarch sein, der allein weiß und anordnet, was zu glauben und zu tun ist, damit der Mensch gottgefällig lebt. Er will es nicht sein und verlangt es ebenso von den Seinen.

Der zweite Kernsatz Jesu ist: „Ihr könnt nicht beiden dienen, Gott und dem Mammon." Jede Macht stützt sich auf Besitz. Der kleine und der große Mächtige rafft zusammen, was ihm möglich ist. Je mehr Macht einer hat, umso mehr will er auch besitzen. Je mehr einer besitzt, umso mehr Macht kann er gewinnen. Jede „Macht" will ein Monopol erreichen. Das Mittel zur Monopolisierung der Macht ist der Mammon, dieses Streben nach Mitteln, um alles und alle an sich zu reißen. Wir erleben das täglich in der Politik und in der Wirtschaft. Aber nicht anders ist es in den Religionen und auch in unserem kleinen Alltag. Machtlos und besitzlos ging Jesus, der Gottes- und Menschensohn seinen Weg. Das ist Gottes Plan. Nur so konnte er in der Menschheitsgeschichte, nur so kann er bis heute seine Sehnsucht nach dem Menschen stillen. Er will, dass der Mensch mit ihm lebt, dass der Mensch ihn liebt. In freier Zuwendung zu ihm. Daraus kommen Gerechtigkeit, Barmherzigkeit, Glück für alle. Die Großen der Menschheit – ich nenne als Beispiele Franz von Assisi, Mahatma Gandhi, Roger Schutz, Mutter Teresa – sind diesen Weg Jesu gegangen. Es gibt nur diesen Weg, der zur Erlösung führt.

Gottes Sehnsucht ist der Mensch. Der Mensch hier und jetzt auf Erden und nicht erst im Himmel. Der geliebte, liebende, glückliche Mensch.

Ausführliches Inhaltsverzeichnis

Widmung und Einleitung: 7

Martha Heizer: Vorwort 9
P. Jakob Mitterhöfer: Vorwort 11
Lieber Bruder Jesus 13
Lieber Bruder Jesus 15
Lieber Bruder Jesus 17
Lieber Bruder Jesus 18

Jesus, der Mann aus Nazaret 21

Die drei Bücher Gottes 23
Kann denn ...? 24
Lieber Bruder Jesus 28
Jesus und Josef 30
Rede des Baumes 33
Mein lieber Jesus 35
Die Mystik der Straße 36
Lieber Bruder Jesus 39
Sehr geehrter Herr Jesus 42
Rede des Steines 43
Arbeitslos – ein hartes Los 45
Gott der Christen – Kemal 47
Nottiano – Erfahrungen der Kargheit 48
Mein lieber Herr 50
Rede der Erde 51

Jesus, der arme Wanderer 53

Lieber Bruder Jesus 55
Lieber Bruder Jesus 58
Die Straße der Armen *oder: Selig, die arm sind vor Gott* 61
Das Brot der Freude 64
Herbergsuche in der „Stadt des Geldes"
   oder: Ein Hauch der „vollkommenen Freude" 65
Die Freude – die Schwester der Liebe 67
Straßen lachen – Lachen auf Straßen 68
Armut *Aus dem Munde des „Kleinen Bruders" Carlo Carretto* 70

Auf der Straße der Geister	71
Armut *Aus dem Munde von Bischof Florian Kuntner*	73
Lieber Bruder Jesus	74
Armer reicher Jesus	77
Was ist ein Grashalm wert?	78
Armer, glücklicher Jesus	82
Rede des Unkrauts	83
Mitten auf der Strecke nach Kopenhagen	85
Am Ende der Straße	89
Gehen	91

Jesus, der fragende Erzähler 93

Lieber Bruder Jesus	95
Lieber Bruder Jesus	97
Rede der Vögel	98
Sahel: newTree im Ödland *Die Vision des Schweizer Arztes Felix Küchler*	100
Der Mensch ist ein Bettler	104
Rede der Sonne	106
Singen	108
Der Sonnengesang	110
Da liegt einer, der rührt sich nicht!	115
Lieber Bruder Jesus	123
Niger: „Blutgruppe B positiv" gesucht	125
Lieber Bruder Jesus	127
Die Sprache der Straße	130

Jesus, der heilende Hirte 133

Segnen	135
Ein Stück Holz	137
Jesus, wo bist du?	138
Einsamkeit	140
Malaysischer Psalm	143
Lieber Bruder Jesus	144
Lieber Bruder Jesus	148
Die Umarmung der Barbarin	152
Kinderschicksal	155
Jesus und die Blinden vor Jericho	160
Rede des Huhns	162

Jesus, der revolutionäre Mystiker 165

Die Evolution auf der Straße 167
Sorelle, fratelli, coraggio! 169
Wie 174
Ausdauer und Geduld – Geduld und Ausdauer 175
Jesus und Franz von Assisi 176
Begegnungen 178
Lieber Bruder Jesus 180
Als barfüßiger Fernsehjournalist unterwegs 182
Drahteseleien 186
Lieber Bruder Jesus 191
Die Straße der Kontemplation 192
Beten 195
Lieber Bruder Jesus 196
Mutter / Vater unser 199
Vertrauensvolle Bitte einer Frau 200
Jesus und die Sünderin 201
Allerhöchster Herr 203
Es geht ums Geld 204
alles allen 206
Supercoolgeil 207
Rede des Windes 208
Jenseits der Straße 210

Jesus, der Freund und Bruder 215

Lieber Bruder Jesus 217
Auch ein Credo? Mein Credo! 219
Jesus ist für mich der ewige Bruder *(Schalom Ben-Chorin)* 222
Lieber Bruder Jesus 223
Liebe Schwester Maria 225
Straßenbrüder 227
Als Fremder 229
Lieber Jesus 231
Schwester – Bruder – Geschwisterlichkeit 232
Tisch und Apfel 234
Geliebte Frau 235

Jesus, der Christus und die Kirche 237

Lieber Bruder Jesus 239

Jesus	242
hört ihr sie nicht	243
Günther Zgubic – Seelsorger hinter Gittern	244
Jesus und der Schächer Salmon	248
Gekreuzigter Jesus	250
Das Kreuz mit dem Kreuz	251
Hauskapelle	253
Lieber Herrgott	255
Die Straße als Sakrament	256
Netze	257
Zum Thema der Themen	259
Straßen-Gemeinschaft	262
Teilen	264
Lieber Bruder Jesus	266
Der christusähnliche Franziskus	269
Liebe Mutter Kirche	272
Vor der Himmelstür	274

Jesus, das Wort und das Brot 275

Das ist mein Leib *(Peter Trummer)*	277
Es geht ums Brot	279
Gib dem Menschen Brot	282
Am 24. Dezember 1945	284
Lieber Bruder Jesus	285
„Wir erkannten sie am Brotbrechen"	287
Von Ratten angefressen	289
„Tut dies zu meinem Gedächtnis" *(Hans Peter Hurka)*	292
Das wichtigste Möbelstück der Kirche *(Kard. Dr. Franz König)*	295

Jesus, das Leben und die Liebe 297

Der neue Mensch	299
Rede des Wassers	300
Lieber Bruder Jesus	302
Die Straße des Abschieds	303
Wer entscheidet?	305
Die Prüfung vor der Himmelstür	307
Wüste	309
Erfahrung	311
Wüstentage	312

Ein neuer Psychotrip?	313
Haus	314
Kapelle	315
Karotten	316
Humor	317
Abschied vom Tabor	318
Gemeinschaft der Schwestern und Brüder von Nottiano	319
Lieber Bruder Jesus	320
„Coraggio!" *Begegnungen mit Bruder Carlo Carretto*	321
„Un miracolo"	323
Lieber Bruder Jesus	327
Liebe oder Angst?	328
Jesus und Judas	330
Der Vorrang der Gewaltlosigkeit *(Carlo Carretto)*	335
Die Straße der Angst	339
Zum Gründungstag der Franziskusgemeinschaft	342
Lieber Bruder Jesus	343
Gottes Sehnsucht	346